现代城市管理丛书

城市社区管理

吴开松　刘国旗　杨照东　何科方　编著

科学出版社
北　京

内 容 简 介

本书在已有研究成果的基础上，对城市社区管理进行了系统论述。全书共有10章：首先，对我国城市社区管理进行总体性介绍，即城市社区管理的历史背景、理论基础和现实条件；其次，介绍了社区、城市社区的概念、性质、类型、功能，并对改革开放前后我国城市社区管理的变革历程进行了归纳；再次，对城市社区管理的主体和运行机制进行了分析，并深入讨论了城市社区的民主政治、公共服务、经济发展问题，这是本书的重点；最后，结合国外的经验，对城市社区管理中的物业管理进行了专题分析。

本书既可作为公共管理等相关专业研究生、本科生的学习教材，也可作为社会在职人员以及对社区管理感兴趣的读者的参考用书。

图书在版编目(CIP)数据

城市社区管理/吴开松等编著. —北京：科学出版社，2006

（现代城市管理丛书）

ISBN 978-7-03-017460-4

I. 城… II. 吴… III. 城市–社区–管理–中国 IV. D669.3

中国版本图书馆 CIP 数据核字(2006)第 067263 号

责任编辑：陈 亮 王京苏/责任校对：桂伟利

责任印制：徐晓晨/封面设计：陈 敬

科学出版社出版

北京东黄城根北街16号

邮政编码：100717

http://www.sciencep.com

北京中石油彩色印刷有限责任公司 印刷

科学出版社发行 各地新华书店经销

*

2006年8月第 一 版 开本：B5 (720×1000)

2018年2月第十二次印刷 印张：13 3/4

字数：256 000

定价：35.00 元

（如有印装质量问题，我社负责调换）

前　言

城市化是现代城市发展进程中不可逆转的潮流。截至 2004 年底，我国城市的数量达到 668 个，城镇人口达到 5.4 亿，城市化水平已超过 41.76%。根据国际城市化进程的历史经验，当一个国家的城市化水平达到 30%时，也是这个国家加速城市化发展的时期。目前，我国城市化正处在这一加速起点上，1992 年以后城市化率每年提高 1.19%，相当于同期世界城市化率平均速度的三倍。到 2020 年，我国城市化水平可能达到 60%左右，这就意味着城市的数量将会进一步增长，城市的规模将会不断扩大，城市管理的任务将会日益繁重。

随着我国经济体制改革和政治体制改革的深入，社会生活的各个领域发生了翻天覆地的变化，一些旧的社会组织、管理体制已经不能适应现代社会的发展。在城市，由原有“单位制”解体所剥离出来的社会职能和一些政府职能逐步还给社会，由社区来承担，社区的职能和作用日益凸显。在此背景下，如果一切还像过去那样什么都靠政府包办，忽视发挥城市基层社区的作用，将很难提升城市管理的水平。所以在这一重要的社会转型时期，要搞好城市管理，就必须注意搞好城市社区建设和管理，让社区在城市管理方面担当更重要的角色，发挥更大的作用。

目前，我国各级政府对城市社区管理十分重视，理论界也对该领域进行了一些研究。本书在已有研究成果的基础上，对城市社区管理进行系统论述。全书共分为 10 章。第 1 章，对我国城市社区管理进行总体性介绍，即城市社区管理的历史背景、理论基础和现实条件。第 2 章至第 4 章，介绍了社区、城市社区的概念、性质、类型、功能，并对改革开放前后我国城市社区管理的变革历程进行了归纳。第 5 章至第 9 章，对城市社区管理的主体和运行机制进行了分析，并深入讨论了城市社区的民主政治、公共服务、经济发展问题，这是本书的重要部分。第 10 章，基于我国城市居民区正在由散居、院落型的传统居住区向较大规模的新型住宅区转变，由传统的福利型公房管理模式向现代物业管理模式转变这一现实情况，本书结合国内外的经验，对城市社区管理中的物业管理进行了专题分析。

城市社区管理是一门实用性较强的交叉学科，它融政治学、社会学、管理学、经济学、历史学等学科于一体，注重解决实际问题，具有很强的综合性和专业性。

由于水平所限，书中难免有些错漏之处，敬请广大读者批评指正，以使本书更加完善。

编著者

2006年春月

目　录

第1章

导　　言

从20世纪70年代末开始，中国大地上进行的历史性巨变已经持续了20多年。在这场史无前例的变革中，中国以全新的姿态进入了世界主流文明，取得了举世瞩目的成就，也经历了前进中的阵痛。中国正经历波澜壮阔的多重转变：从乡村到城市化的转变，从农业化社会向工业化社会、信息化社会的转变；从传统高度集中的计划经济体制向社会主义市场经济体制的转变；从封闭半封闭、自我发展的经济体系向外向型、国际化的经济体系的转变；从以个人权威为基础的高度集权的管理体制向民主与法制并重的多元化治理体制的转变；计划经济体制下的利益格局被市场经济体制下的社会多元利益格局所取代。在这些变革过程中，城市社区管理作为一门新兴学科，近年来越来越多地被列入城市经济社会发展战略，政府和学术界对此也给予了极大的关注。与此同时，注重城市社区的建设和管理也是当今世界的共同潮流。

■1.1　中国城市社区管理的历史背景

1.1.1　国外城市社区发展和管理的宏观历史背景

第二次世界大战（以下简称二战）以来，社区发展已从农村扩展到城市、从发展中国家扩展到发达国家。社区发展在世界范围内的广泛推行和日益重视，与各国社会发展观的转变有着密切的联系。在20世纪五六十年代，一大批发展中国家相继摆脱西方列强的殖民统治，获得了政治上的独立。为了尽快改变贫穷落后的面貌，巩固新生的国家政权，这些国家普遍采用了以经济增长特别是国民生产总值增长为目标的发展战略。这种模仿西方发达国家现代化模式的发展战略，虽曾使一些国家获得了一时的经济增长，但同时也带来了诸如资源浪费、环境恶化、社会不公等一系列弊端。由于这种发展观片面注重经济增长而忽视社会全面协调发展，客观上使社区在社会生活中的作用趋于下降。① 20 世纪 70 年代开始，“增长第一”的发展战略被逐渐扬弃，代之而起的是以满足人的基本需要为目标的发展战略和以经济社会综合发展为目标的发展战略，以人为中心推动社会全面进步的发展观受到世界各国的高度重视。在实践上，这种发展观要求社区充分发挥其社会整合和社会控制等多重职能，使之成为满足人的需要、体现人的价值、实现社会整体发展和进步的基地。20 世纪 80 年代以来，可持续发展战略已日益成为世界各国的共同选择，使社会发展观从以人为本上升到以人和自然为本的新阶段。与这种科学的发展观相联系，作为社会生活和社会运行基础的社区，也被视为实施可持续发展战略的重要依托。②

如果说以人为本和以人与自然的和谐为核心的发展观为社区发展提供了必要的思想基础，那么对现代化理论的批判和反思则为确立城市社区发展观提供了更为具体的理论依据。现代化理论是以西方社会特别是美国样板提出来的，因此其观点往往带有明显的西方色彩。该理论强烈谴责一切带有传统印记的东西。在初期的社会二分法中，把社会划分为传统社会和现代社会，认为两者截然对立，两者之间不存在中间状态。之后虽然出现了三分法，把社会分为传统社会、过渡性社会和现代社会，但仍然认为在传统社会中一切都是落后的，过渡性社会则是矛盾重重，只有依靠城市化和工业化才能使两者迈向现代社会。西方的各种现代化理论中往往不同程度地隐含着这样的观点，即社区是传统社会的产物，是与现代社会相对立的。因而在迈向现代化过程中，应该抛弃社区而不是倡导社区。例如，社会学界具有广泛影响的帕森斯，在提出和阐述他认为最全面的现代化模式时就认为，对一般社会对象持冷漠态度而不是感情冲动是构成现代化社会价值观念的重要变量。③ 现代化理论中的上述观点片面夸大了社区与社会之间的差异和矛盾，对许多国家社区发展观的形成曾产生了很大的负面影响。二战以来，许多学者特别是来自发展中国家的学者对以西方社会为样板的现代化理论纷纷进行了批判和反思，并逐步达成了这样的共识：倡导社区发展并不是为了构筑封闭的社区从而阻碍社会更大尺度的发展。恰恰相反，传统与现代并不是截然对立的，社区发展和社会发展在本质上是一致的。社区发展可以通过充分利用社区内的各种资

① 陈涛：《社区发展：历史、理论和模式》，《中国人口、资源和环境》，1997 年，第 1 期。
② 姚俭建、杨志明：《当代发展战略理论和实践》，上海三联书店，1997 年，5～9。
③ 周忠德、严炬新：《现代化问题探索》，知识出版社，1983 年，31、32。

源，加速社区向现代化方向的转变并为整个社会的发展提供坚实的基础。

从实践上看，各国社会发展中大量社会问题的存在是社区发展运动的直接动力。早在18世纪中叶，一些欧洲国家为解决工业化引发的一系列社会问题，就开始倡导社区成员通过自助和互助来增进社区福利。20世纪初，许多欧美国家都曾兴起“睦邻运动”，试图借此促进社区成员之间的沟通和融合，培养社区成员的自治精神和互助精神，改善社区的生活条件。到了20世纪中叶，面对战后重建的繁重任务，许多国家都体会到仅靠政府力量难以解决诸如贫困、失业、经济萧条等一系列社会问题，于是纷纷把社区发展和管理提到了议事日程。在此背景下，联合国成立伊始便开始鼓励各国推进以社区为单位的社会发展。从1951年开始，联合国相继通过了“社区福利中心计划”和“社区发展计划”等议案，支持和援助发展中国家开展以乡村社区为单位的社区发展运动。之后，这项计划又推广到了英美等发达国家的城市社区，试图通过社区发展应对工业化和城市化过程中出现的一系列问题。时至今日，重视城乡社区发展和管理已成为全球性的潮流，世界上已有100多个国家制定并正在实施全国性的城市社区发展计划。[①]

1.1.2 国内城市社区发展和管理的历史背景

城市社区管理是在我国经济社会体制转型和城市现代化进程的宏观背景下提出的一项重大课题。我国长期实行计划经济体制给国家的管理机制带来两大弊端：一是国家与社会关系模糊不清、国家代替社会的现象十分严重，而城市的社会职能却日益萎缩；二是城市管理以垂直型高度集中的行政调控为主，城市经济社会生活缺乏分级综合调控的机制。随着社会主义市场经济体制的逐步建立、完善和城市化进程的加快推进，市民社会和“弱政府、强社会”的趋势进一步发展。在此背景下，一方面国家与社会的职能分化正在加速进行，政府和企事业单位长期承担的许多社会职能正在向社会转移，其中相当一部分职能需要由城市社区承担；另一方面，城市规模的不断扩大、城市职能和居民生活的多样化又推动了城市管理重心向基层社区转移。而我国城市社区管理的发展历程是特定的历史环境和时代条件的产物。

新中国成立后，我国的社区管理曾经长期实行了一套行政全能主义的“亚社会”管理体制。直到改革开放以后，尤其是进入20世纪90年代以后，这种体制的弊端才日益为人们所认识，而构建与社会主义市场经济相适应的现代社区管理体制的必要性和紧迫性才日益为人们所理解。我国城市社区管理的实践，也在社区管理体制的改革和创新上做了许多富有成效的探索。

---

① 程玉申：《中国城市社区发展研究》，华东师范大学出版社，2002年，48、49。

1. 行政全能主义的“单位人管理”与“地区管理”

所谓行政全能主义，实际上是指一种崇拜国家行政权力体系的极端性社会思潮、管理行为和管理模式。作为一种社会思潮，它信奉国家权力的至高无上性和绝对支配性，认为国家行政权力应当无所不在、无所不能。作为一种管理行为和管理模式，它置国家行政权力为组织与管理经济生活、政治生活和社会生活等的唯一主体，强调行政权力体系在经济与社会发展中资源配置的绝对支配地位，并且总是排斥非政府组织或民间组织在经济、政治与社会发展等各方面的应有地位、能力和实际作用。

发端和形成于奴隶社会与封建社会的国家专制主义，可谓行政全能主义的早期形态，也可以说是现代行政全能主义重要的文化渊源。一些社会主义国家在20世纪曾经实行的计划经济体制和高度集权的社会管理体制、政治体制，实际上就是现代行政全能主义的重要表现或实践模式，而对职工和农民的“单位人管理”，以及对微观地域性社会的“地区管理”，则是这种模式的重要组成部分。

众所周知，新中国成立不久，面临着严峻的国际、国内形势，为了巩固新生的人民政权和维护社会主义国家的进一步发展，也为了在较短时间内建立起较完整的国民经济体系和国防工业，加快生产力水平的升级，客观上要求有计划地对全国有限的人力、物力和财力资源等加以集中并有效地整合与利用。正是在这一背景下，国家通过行政权力体系和计划控制手段统揽了经济领域的管理权，建立起依靠计划控制手段配置经济资源的、高度集权的计划经济体制。与此同时，为了保证计划经济体制的有效运转，必然要求人们的政治生活和社会生活的管理体制与计划经济体制相适应，要求采取高度集权的政治体制和社会管理体制。因此，政府作为国家利益的代表，也就成了组织和管理经济、政治和社会生活的唯一主体，当然也就成为地域社会管理的唯一主体。至于各类工商企业、事业单位和社会团体，包括农村的人民公社和生产队，实际上都成为执行政府计划与意志的“附属单位”。在这种情况下，国家或政府的行政权力与职能膨胀为“行政全能主义”也就十分自然了。

国家行政全能主义的支配地位，体现在人们的经济生活、政治生活、文化生活和社会生活等各个方面。在通常情况下，这种支配地位又总是通过人们的工作单位来实现的。由此，产生了一种特殊的“单位人”现象。所谓的“单位人”现象，就是在整个国家高度行政化的体制框架内，国家通过职工所在的单位实现对公民的政治控制、社会管理、社会服务、社会福利与社会保障等，通过农民所在的生产队实现政治上的控制和社会管理以及社会保障（如一度存在的“赤脚医生”和统筹医疗制度、“五保户”制度）等。单位在这里不仅成为国家与民众现实关系最重要的中介体，同时也成为职工与农民的身份、地位及人身依附关系最重要的载体。对于职工和农民来说，单位不仅是他们工作谋生的基本场所，也是他们获取社会支持和社会保护的最基本场所。也正因为此，他们对于自己所属的单位有着高度的依赖性和依附性、强烈的认同感与安全感，而对于自己的居住地则始终无法生成社区归属感、社区认同感和社区意识。

那么，在高度行政化的体制框架内，国家对于人们的居住地这一微观地域社会又是如何实现其全能主义的支配地位呢？其实，国家在体制上采取的是“地区管理”，而非“社区管理”。对此，大体上可以从三个层面上来看：其一，地方政府的基层组织对于没有工作的城镇非在业者、丧失劳动能力的残疾人、无子女赡养的孤寡老人以及军烈属，既提供基本的社会救助、社会保障等社会支持，又进行直接的社会管理和社会控制。其二，通过城市政府的有关职能部门、街道办事处这一政府派出机构、居民委员会这一行政化、官方化了的居民组织，对在业者、非在业者、在校学生等所有的居民及其居住地进行计划性和控制性极强的地区管理。其内容主要表现为流动性极差而身份特征特别强的户籍登记与户籍管理、社会治安管理、计划生育管理、环境卫生管理、刑满释放与劳教解除人员管理等。其三，通过政府的有关职能部门和人民公社这一政治、经济、军事、社会、教育等多项职能合一的准政府机构，对农民进行计划性和控制性极强的地区管理，其内容与城市地区管理的内容有颇多的相同或相似之处。

2. 我国社会转型期城市社区管理的体制性矛盾

第一，行政化管理主体与多元化管理之现实要求的矛盾。在传统的计划经济体制时代，政府作为全社会利益的唯一合法代表，自然可以对全社会实施单一行政化的全能主义管理。但在市场经济条件下，随着“单位人”向“社会人”的转变，逐渐形成了具有不同利益需求的个人主体以及组织化的新的利益主体。这些个人和组织，已经不再是政府的附属单位以及具有人身依附关系的主体。这些个人和组织，由于身在社区，利益与社区的关系日益紧密，因而自然有表达自己的利益诉求和参与社区管理的内在需求、内在冲动，有营造社区自治管理新体制的强烈愿望。但在另一方面，尽管政府通过“单位”全面干预社会生活的地位和职能有所弱化，但因为出于政府部门自身利益和社会稳定的考虑，政府作为单一行政化的管理主体在社区建设和社区发展的实践中却不同程度地得到了强化。这种单一行政化管理主体与社区自治组织和居民个人参与社区管理的多元化需求的矛盾，通常以牺牲社区自治、强化政府职能的权威为解决问题的代价。而政府权威的强化，无不要求政府承担更多的经济成本、政治成本和道义成本。这既不利于新时期政府权威的合法性塑造与维护，也不利于行政效能的提高，不利于现代社区管理多主体的有机构成及其所属社会资源的有效配置与利用，不利于居民和各类社区组织的多方面社会需求的满足。

第二，政府行政体制在社区管理中“条”与“块”的矛盾。这里的“条”是指行政权力的纵向体系，亦即各级政府职能部门自上而下的运作和管理，如民政、公安、司法、文化等依据本系统上级部门对社区实施的管理。这里的“块”则是指行政权力的横向体系，亦即在街道社区、集镇社区等基层社区层面上政府或其派出机构的综合运用和横向管理。在计划经济体制下，政府对地区的管理是以条为主、以块为辅，街道办事处及乡、镇政府的权力相当有限，所以在地区管理上条块之间的矛盾并不突出。在市场经济条件下，随着城市现代化、农村现代化及乡村城市化进程的加快，随着现代社区建设和发展事业的推进，各级政府及其职能部门下放权力以加强基层政府的权力及其管理能力成为必需。尽管如此，但因现代社区的建设与发展毕竟还处于起步阶段，适应社区发展的新体制尚处于探索阶段，且新体制又不得不依靠原有的行政组织去实现，因此，政府行政构架中的条块矛盾就无法避免，有时还相当尖锐。政府行政在社区管理中存在的问题，最突出的表现就在于条块分割、各自为政、相互扯皮、缺乏协同与相互制约机制。这种体制上的条块分割与矛盾，必然降低社区行政管理的效能，造成行政资源的浪费和行政效率的下降。

第三，社区建设实践中政府行政机构在组织职能上的“政社不分”、“政社混淆”的矛盾。这里的“政”，是指政府在社会服务、社会福利、社会保障以及社区文化、社区自治与社区民主、社区环境、社区安全等社会事务方面所承担的依法行政的管理职能。这里的“社”，则是指由专业机构、专业社团、社区自治组织等非政府组织所承担的社会服务、社会福利、社区文化、社区环境、社区自治等社会事务的事务性职能。在一个相对成熟的工业社会里，在现代社区中，政府对社会事务的发展具有义不容辞的责任。但是，这种职责并不等于由政府部门直接进行事务性管理。在绝大多数情况下，按照“政社职能分开”的原则，政府只是通过政策导向和项目竞标及过程管理等形式，将社会性事务交由或委托给专业机构和专业社团等非政府组织去经营、去实施，结果就会使政府机构既精简又高效，而各种专业化机构和社团则相当发达；政府与非政府组织之间既分工又合作，处于一种良性互动的状态和不断追求双赢的过程之中。然而，由于我国还处于社会的转型期，在现代社区建设和发展的初期，新旧两种社会管理体制并存的现象难以避免。①

3. 我国城市社区管理和基础设施的不足表现

城市基础设施建设是城市社区发展所必需的外部环境基础。而在我国城市化进程推进的过程中，基础设施建设的滞后成了不容忽视的问题。从城市管理上看，

---

① 徐永祥：《社区发展论》，华东理工大学出版社，2000 年，144、145，148～150。

由于城市管理还没有完全摆脱计划经济的模式，导致城市管理机构重叠、职能交叉、政出多门、分散管理等，这些都在一定程度上削弱了城市管理权威，使城市整体功能难以得到充分发挥。20世纪80年代以来，中国自下而上城市化发展最快的地区是农村地区和城郊地区，这些地区在计划经济时期处于市政投资范围规划之外，改革开放后，随着非国有经济的发展，人口及非农产业较快聚集从而自发地推动了城镇的发展。然而，正是由于这些城镇的形成和发展处于计划体制下，政府在自下而上城市化发展的过程中，并未将其纳入自己规划的管理范围内。因此，大多数自下而上形成的镇的发展缺乏长远的、总体的市镇基础设施建设构架、人口迁入计划、土地使用规划、房地产开发计划，基础设施建设滞后或不配套，人口迁入和土地使用处于分散自发半自发状态，城镇发展往往呈现出由老城区沿着过境公路向两端呈带状伸展的态势，不仅没有形成依靠土地地租收入投资城镇基础设施的机制，丧失了城区土地再增值的收益效应，同时还产生了城镇发展与过境交通混乱、乱占农田的不良后果。①“重建设轻管理”、“先建设后管理”、重视经济效益，忽视社会效益；重视眼前利益，忽视长远利益的观念还没有真正扭转过来。突出表现在重产业规划，忽视社会发展的同步调控，单纯追求经济总量，盲目铺摊子，城市管理立法滞后，尤其是城市立法工作难以适应城市化快速发展的需要，城市行业主管部门搞单一执法，“执法内耗”的情况屡见不鲜。行政管理手段单一，忽略对经济、法律、教育、咨询、目标管理等手段的综合运用，人为地随机性较大，使管理缺乏科学性。城市管理中的控制、激励、保障和监督机制均有待完善。公用事业缺乏自我发展的机制，依靠国家财政补贴过日子的被动局面没有得到根本改观。城市化建设初期，基础设施投资巨大，单一靠财政投入难以负担高额的资金投入压力，尤其是还处于吃财政饭的状态下的乡镇更是无力负担。②

综上所述，政府、居民自治组织和介入社区事务的专业机构等构成了现代社区的三个主体。而改革与发展、建立和完善社会主义市场经济，培育和催生各类社会要素与非政府的社会组织，推进城市社区的发展，都需要改变政府的职能，需要政府的主导、介入和推动。离开了这一代表公共利益的公权主体，就谈不上社区的发展。当然，我们也应清醒地看到，社会领域的转型与改革，打破了行政全能主义的绝对支配地位，客观上也提升或凸现了城市社区内在价值及其人们的内在联系，并且也为现代城市社区管理新体制的重塑奠定了坚实的基础。因此，作为政府，应乘势而上，适时地改变和转变政府职能，按照政企分开、政事分开、政社分开的原则，将属于企业、事业单位和社会团体及社区的职能剥离出来，使之回归本来的角色。这种剥离和回归可以促进市场经济的健康发展，也会促进社

---

① 刘传江：《中国自下而上城市化发展的制度潜力与创新》，《城市问题》，1998年，第3期。
② 张玉枝：《转型中的社区发展——政府与社会分析视角》，上海社会科学出版社，2003年，218、219。

会与城市社区的良性发展，促进我国城市管理沿着制度化和法制化的轨道发展。

■1.2 城市社区管理的理论基础

城市社区管理的根本问题就是要切实推进城市社区治理体系的转换，就是要建立由单一行政管理模式向政府和社区组织、各种非政府组织积极互动的良性治理结构。而这种体制转换的实质，是政府权力与公民权利相互依赖着的转型，是坚持以人为本的精神、努力构建和谐社会、全面推进小康社会建设的需要，也是完成党和政府的“十一五”规划战略部署的需要。为此，我国要建立政府依法行政和社区各个非政府组织积极参与的互动机制，逐步构建“小政府、大社会”的现代城市社区管理框架。党和政府必须以切实推进政府职能的转变和自身创新为先导，以培育和壮大城市社区自治能力、各种非政府组织积极参与的治理格局为前提条件，最终实现城市社区健全的政府管理体制和发育完善的城市社区自治体系的完美结合。通过法律、制度、政策的作用，在各种资源支持系统的支持下，通过全面整合的各种组织和社会协作，以达到有效的管理城市社区的目的。而这一管理体系的发育、建立和健全代表了一种管理的基本制度安排，代表了一种政府管理的哲学和理念，代表了政府管理一种成熟的整合流程和一套科学的管理方法，从而达到提升政府管理能力和实现社会的正常运转和可持续发展。

1.2.1 改善政府在城市社区管理上目标定位的理论基础

从“善政”走向“善治”，是20世纪90年代以来政府管理体系改革的大势所趋。政府管理体系要由“善政”转向“善治”，根源在于“善政”所存在的且政府自身难以克服的困境。“善政最主要的意义就是能给官员带来清明和威严的公道和廉洁，各级官吏像父母一样热爱和对待自己的子民，没有私心，没有偏爱”①。善政理念是与公民社会不发达，即社会缺乏自主管理能力相适应的；在社会缺乏自主管理能力的情况下，公民倾向于依附清官的庇护，以维持自己的利益，因而“清官”思想和“官本位”思想盛行。

一般地讲，“善政”困境集中表现在以下三个方面：首先，委托–代理问题难以克服。“清明、威严、公道、廉洁”的政府机构及其官员行为，本身就是一种公共产品，在缺乏社会有力监督的情况下，很有可能出现委托–代理问题，即代理人（政府官员）利用自己所掌握的优势信息（这些信息往往是普通公民难以获取的）损害公民利益，以获取自己的利益，其典型的表现就是权力腐败问题。其次，“政府失灵”问题难以克服。在公共产品和公共服务的供给上，“善政”也面临“政

① 俞可平：《治理与善治》，社会科学文献出版社，2000年，8。

府失灵”问题。“在居民对公共产品的偏好存在较大差异的情况下，政府如何做出选择呢？Weisbord 证明，政府对公共产品的提供倾向于反映中位选民（median voter）的偏好。这样做的结果是，一部分人对公共物品的过度需求（excess demand）得不到满足；另一部分人的特殊需求（differentiated tayes）也得不到满足”[①]。这就是所谓的“政府失灵”。再次，“高成本低效益”问题难以克服。在“善政”体制下，政府往往是公共产品的垄断者，自己安排公共产品，自己生产公共产品，自己评估公共产品。由于缺乏必要的社会分工，又没有引进必要的市场竞争机制，在没有任何竞争的情况下，政府往往不计成本，导致公共产品供给的低效率。[②]

20 世纪 90 年代以来，走出“善政”困境，提高公共管理效能，已成为世界各国改善政府管理体系的焦点。“面对全球化和不确定性日益增加的大变革时代，各个发达国家和发展中国家都在寻找一种更好地适应环境的新的治理形式，以便在经济的竞争中赢得优势并让社会获得有质量的持续增长，治理理论正成为回应这一变革的强势政治理论话语。支持这一话语体系的价值观和与之相一致的知识文本，修正了主流政治学的统治理论，并在全球范围引起政治家、学者以及官员、实业家的共识。立于中国公共管理实际，理解治理理论时，我们深感治理理论对重构中国民主政治知识体系，寻求善治的制度平台，转换公共政策制定模式，摆脱市场化进程中公共管理的低效甚至多方面的失败，在理论和运作上均有十分重要的借鉴意义”。“善治”体制取代“善政”体制，成为政府管理体系改革的趋势。所谓“善治”，“就是使公共利益最大化的社会管理过程。善治的本质特征在于它是政府与公民对公共生活的合作管理，是政治国家与公民社会的一种新颖关系，是两者的最佳状态”。“善治”的基本要素包括以下六个方面：

（1）合法性（legitimacy）。它指的是社会秩序和权威被自觉认可和服从的性质和状态。它与法律规范没有直接的关系，从法律的角度看是合法的（legal）东西，并不必然具有合法性。只有那些被一定范围内的人们内心所体认的权威和秩序，才具有政治学中所说的合法性。合法性越大，善治的程度便越高。取得和增大合法性的主要途径是尽可能增加公民的共识和政治认同感。所以，善治要求有关的管理机构和管理者最大限度地协调各种公民之间以及公民与政府之间的利益矛盾，以便使公共管理活动取得公民最大限度的同意和认可。

（2）透明性（transparency）。它指的是政治信息的公开性。每一个公民都有权获得与自己的利益相关的政府政策的信息，包括立法活动、政策制定、法律条款、政策实施、行政预算、公共开支以及其他有关的政治信息。透明性要求上述这些政治信息能够及时通过各种传媒为公民所知，以便公民能够有效地参与公共决策过程，并且对公共管理过程实施有效的监督。透明程度愈高，善治的程度也

① 王绍光：《多元与统一——第三部门国际比较研究》，浙江人民出版社，1999 年，32。
② 尹维真：《中国城市基层管理体制创新》，中国社会科学出版社，2003 年，135、136。

愈高。

（3）责任性（accountability）。它指的是人们应当对其自己的行为负责。在公共管理中，它特别指与某一特定职位或机构相连的职责及相应的义务。责任性意味着管理人员及管理机构由于其承担的职务而必须履行一定的职能和义务。没有履行或不适当地履行他应当履行的职能和义务，就是失职，或者说缺乏责任性。公众，尤其是公职人员和管理机构的责任性越大，表明善治的程度越高。在这方面，善治要求运用法律和道义的双重手段，增大个人及机构的责任性。

（4）法治（rule of law）。法治的基本意义是，法律是公共政治管理的最高准则，任何政府官员和公民都必须依法行事，在法律面前人人平等。法治的直接目标是规范公民的行为，管理社会事务，维持正常的社会生活秩序，但其最终目标在于保护公民的自由、平等及其他基本政治权利。从这个意义上说，法治与人治相对立，它既规范公民的行为，但更制约政府的行为，它是政治专制的死敌。法治是善治的基本要求，没有健全的法制，没有对法律的充分尊重，没有建立在法律之上的社会秩序，就没有善治。

（5）回应（responsiveness）。这一点与上述责任性密切相关，从某种意义上说是责任性的延伸。它的基本意义是，公共管理人员和管理机构必须对公民的要求做出及时的和负责的反应，不得无故拖延或没有下文。在必要时还应当定期地、主动地向公民征询意见、解释政策和回答问题。回应性越大，善治的程度也就越高。

（6）有效（effectiveness）。这主要指管理的效率。它有两方面的基本意义：一是管理机构设置合理，管理程序科学，管理活动灵活；二是最大限度地降低管理成本。善治概念与无效的或低效的管理活动格格不入。善治程度越高，管理的有效性也就越高。[①]

实质上，“善治”是国家与社会关系的重构，是要在公共产品的提供与生产、公益事业建设项目的确定与运作等方面形成政府与公民社会合作互动的治理格局。

1.2.2 城市社区自身的特点要求城市社区管理的多元化

（1）城市社区是一个异质性的、利益多样化的生活共同体。这种异质性不仅表现在社区成员职业、收入、受教育程度、社会地位等客观方面，也深刻地表现在人们的价值观和生活态度等主观方面，由此必然产生人们利益的多元化。一方面是异质性的社会结构和多元化的利益；另一方面是共同的居住空间和生活场景，这样，利益的矛盾、文化与观念的冲突就在所难免。各种不同的利益和要求都需要找到相应的表达渠道，都需要得到最大可能的实现和满足。这样，以民主选举、

① 俞可平：《治理与善治——一种新的政治分析框架》，《南京社会科学》，2001年，第9期。

民主决策、民主管理和民主监督为主要内容的多元社区管理架构就是必然的。

（2）城市社区的主要内容是社区居民的日常生活，涉及千家万户和社会生活的各个方面，在政府职能转变和单位社会职能剥离出来的情况下，城市社区的公共事务空前骤增，主要涉及社区服务、社区治安、社区环境、社区文化等方面。这样依靠某种单一的管理机构，仅靠外在的他律机制显然已经不能满足管理社区公共事务的需要，也会大大增加成本。因此，构建起社区居民自我管理、自我教育、自我服务、自我监督的社区居民管理体系，就成了当前中国城市社区管理体制建设的必然要求。

（3）社区成员多样化的利益要求与社区成员平等、自由、人权的理念相结合，形成了社区成员高度的权利义务意识。因此，以人为本的社区发展也要求城市社区管理的多元化。①

1.2.3 我国开展多元化的城市社区管理具有重大现实意义

（1）不断提高社区成员的生活水平和生活质量，是城市社区管理的主旨。社区管理以提高社区居民的生活水平和生活质量为主旨，是“三个代表”重要思想和情为民所系、权为民所用、利为民所谋的体现。生活水平和生活质量的不断提高，是社区成员追求的最大利益，因而，必然是社区管理追求的崇高目标。社区管理的这个主旨要求各级政府和各个非政府组织，一方面要始终以提高社区成员生活水平和生活质量为努力方向；另一方面要以社区成员生活水平和生活质量是否有所提高及提高的水平高低来作为检验社区管理工作优劣的尺度。

（2）促进城市社区政治、经济、文化、环境协调发展，是实现城市社区管理主旨的必然要求，是社区成员生活水平和生活质量提高的前提和条件。同时，强化社区功能，解决社区问题，是社区管理的关键。依靠社区力量，利用社区资源，是实现社区管理主旨的方法和手段，也是社区管理的要义之所在。

1.2.4 社区管理是一个历史性的范畴

随着时代条件的变化和发展，社区管理的性质、要素和对象也在不断地变化和发展；在工业化与后工业化的时代条件下，现代社区管理的性质是一种社会事务的管理以及与此相关的政治事务的管理；社区管理的要素或主要内容包括社区社会服务、社区社会保障、社区社会救助、社区物业、社区环境、社区公共设施、社区公共卫生与保健、社区文化、社区体育健身活动、社区治安、社区道德与社区风尚、社区赠权、社区宗教事务以及社区社会民主与政治民主等，社区管理的对象则包括个人、家庭、社群、宗教社团、社会服务机构、政党及政治团体等，

---

① 徐勇、陈伟东：《中国城市社区自治》，武汉出版社，2002年，29、30。

社区管理的实践贯穿于社区规划、社区建设、社区发展和社区工作的全过程。上述城市社区方方面面的内容也充分说明调整政府在社区中的角色，构筑政府主导与社会自治相结合的管理模式，是建立现代城市社区管理体制的当然目标。

总之，党和政府的领导是实现城市社区管理主旨的重要保障。我们的党是执政党，是我国社会主义事业的领导核心，是广大人民根本利益的代表，社区管理只有坚持党的领导，才能保持正确的方向，才能将人民的利益实现好、维护好、发展好，社区居民的生活水平和生活质量才能提高。同时，我们也应看到，城市社区的管理过程也是推进我国治道变革和多元治理结构形成的过程，是利益重新调整的过程，涉及方方面面，所以，推进社区依法治理、多元治理是一个漫长的、逐步推进的过程。必须坚持党和政府的统一领导，协调各部门共同开展工作，以促进我国和谐社会的构建和党的各项战略部署的实现。

■1.3 中国城市社区管理的现实条件

20 世纪 80 年代以来，随着我国城市政治经济体制改革的深化和社会主义市场经济体制的逐步建立和完善，城市管理的重心逐步下移，城市居民对生活质量的要求也越来越高。这客观上使城市基层社区在城市社会生活中的地位和作用日益增强，并凸现出我国城市社区管理体制和方式滞后于城市社区的发展，为我国改进城市社区管理方式提供了契机，同时也为改进城市社区管理体制创造了有利条件，具体表现在以下方面。

1.3.1 我国的城市化步伐不断加快

截至 2004 年底，我国城市的数量达到 668 个，城镇人口达到 5.4 亿，城市化水平已超过 41.76%。根据国际城市化进程的历史经验，当一个国家的城市化水平达到 30%时，也是这个国家加速城市化发展的时期。目前，我国城市化正处在这一加速起点上，1992 年以后城市化率每年提高 1.19%，相当于同期世界城市化率平均速度的三倍。到 2020 年，我国城市化水平可能达到 60%左右，这就意味着城市的数量将会进一步增长，城市的规模将会不断扩大，城市管理的任务将会日益繁重。在此背景下，如果一切还像过去那样什么都靠政府包办，而忽视发挥城市基层社区的作用，将很难提升城市社区管理的水平。所以要搞好城市社区管理，就必须注意搞好城市社区建设和管理，让社区在城市管理方面担当更重要的角色，发挥更大的功能。

一方面，迅速的城市化带来层出不穷的城市社会问题，而原有以行政隶属关系和行政命令建立起来的城市管理体制却不能适应这种变化了的形势。城市，特别是大城市、特大城市，人口迅速增加，原有的城市管理体制却迟迟不肯将这些城市新增人口纳入正常的组织管理渠道，由此带来一系列城市问题，导致城市生存环境恶化，以致环境、交通、治安、卫生、就业、入学等问题，成了困扰居民和政府的头等大事。政府面对日益增加的外来人口、恶化的小区卫生环境和治安状况、人们日益增加的各种需求等，却变得越来越无能为力，总是感到管理漏洞百出，纵向不到底横向不到边。这种现行的城市管理体制是各个部门缺乏足够的横向联系，每个部门都感到自己有责任，但又不是全部责任，因此相互推诿扯皮，使许多问题长期得不到解决，引发了居民的不满，损害了政府的权威形象和社会公信力。由此也凸现了我国城市社区多元管理体制构建的紧迫性和极端重要性。

另一方面，迅速的城市化、郊区化，迫使我们不得不重建城市社区。行政命令阻挡不住城市人口的增加和规模的扩大（如某些城市用城市增容费来控制人口增加的企图显然并不理想），在大城市、特大城市中，郊区化已初见端倪。例如，北京市内城人口每平方千米下降近1000人，上海下降1200多人，沈阳和大连下降2000多人。北京市内城人口密度在五万人以上的街道由20世纪80年代的6个，下降到20世纪90年代的1个；而距市中心5至15千米的人口增长较快，已出现明显的人口近郊化倾向。[①]中国许多大城市和特大城市正处在由向心式发展向外向扩张式发展的转折时期，为了避免因内城环境恶化而导致被迫的郊区化和城市中心空洞化就必须重建城市社区，加快构建多元的城市社区管理体制，充分调动各个非政府组织的力量共同建设美好社区，只有这样才能让城市充满生机，城市才能持续发展，才能提升城市的生活质量和生存质量，才能对外来投资者和本地居住者具有永久的吸引力。

1.3.2 改革的深化和政府的强力推动

我国的社区服务也好，社区建设也好，其最根本的缘起是改革开放。经济体制改革对我国社会带来的最根本性改变，在于从根本上改变了国家、社会、企业和个人之间的关系，改变了计划体制下由国家统一配置资源的模式，实现市场配置；经济体制改革所倡导的政企分开、政社分开，把企业从办社会、办行政、办福利中解脱出来，成为纯粹的、真正的市场生产和经营主体，纯粹履行其经济职能，由市场主体所分离出来的社会职能就应回归社会。但是社会如何承接，由谁来承接、消化这些职能？历史和现实证明，只有城市社区才是承担此任的最好载体。此外，企业要发展，除了需要其他相关条件外，一个良好的社会环境、人文环境和自然环境是必不可少的，这种良好的环境建立，不是靠谁给予的，而是需要企业与生活在同一地域的人群共同建造的。因此，企业的发展需要社区的存在，

① 孟延春：《城市面临空心化》，《中华工商时报》，2000年5月29日。

需要社区的支持。

按照经典理论，社会历来就有，国家则是社会发展到一定历史阶段的产物。将来即使国家消亡了，而社会仍将存在。所谓“国家必须社会化”，要从“政治国家”转向“国家社会”，也就是说未来的国家体制不会再以国家为主体，而是以社会为主体。因此，国家需要调整自己，要分权、要放权，要走小政府大社会的路子。而社区成为承接政府分离出来和释放出来的权力载体，社区的生成与发展也是加速政府放权、还权和社会化进程的最好形式。

政府推动社区建设、重构社区的主要目的是寻求新的管理体制和组织体系，寻求政治社会的稳定。对于高层决策者而言，宏观层面上的社会失范是下决心推进社区建设的触发因素。现代化进程本身所引发的动荡性，使得城市社区无时无刻不处于改革发展的风口浪尖。下岗职工、社会保险、老龄人口保障等问题如果长期得不到解决，社会群体中会普遍产生被剥夺感，进而导致社会冲突和合法性危机，甚至带来亨廷顿所谓的“普力夺”现象。[①]在基层政府官员看来，社会结构和利益分配格局调整带来的焦虑和迁怒，已经使得稍微的管理不力就会使社会冲突的负面效应放大。出于这种担忧，中央和地方政府大力推进社区建设的举措足可以理解，并且这种自上而下的推动力非常强大。

1.3.3 社会转型带来各种社会问题

改革是对传统的挑战，也是对传统的反叛。传统既是一种宝贵的资源，也是一种历史的惰性。在我国的社会转型时期，人们的生活方式和价值取向都将发生很大的变化，“价值法则是评判所有社会行为的共同标准”，理性、极强的社会观念、崇尚因果、个人主义、漠然、社会规范、功利主义、竞争、关系疏远、世俗化、参与、自由、民主这些都将成为都市现代人的特征。在社会转型时期和现代化以后，“就业即保障”体制的解体，将促使“单位人”向“社会人”、“社区人”的转化；就业的市场化和住房商品化，将使人员流动的频率大大增加；人们对现代化的认识和生活质量的提高，将使核心家庭增多，改革开放以来的城市非公有制经济的迅速发展，使数千万城镇社会成员游离于传统体制之外，从一开始就属于非传统单位人员，随着人口的老龄化，上亿的离退休老年人员成为有单位但单位已难以管理的人员，其中相当一部分原单位已不存在。伴随着工业化和城市化的发展，特别是农村剩余劳动力的转移，上亿农民进城务工经商，但由于土地和户籍的限制以及经济条件等原因，使他们工作和生活在城市，但并没有真正为城市所接纳，由于市场竞争对劳动力素质要求的日益提高和用工单位自主权扩大，使成千上万的社会弱势群体难以进入市场竞争，还有，市场经济不可能实现充分

① [美]亨廷顿 S.P.:《变化社会中的政治秩序》，王冠华等译，三联书店，1989 年。

就业，相反它还内在地要求有一支供市场再选择的劳动力后备军，特别是城市企业改革和产业结构的调整，出现了大量的下岗工人。劳动力就业问题、青少年教育问题、环境问题、可持续发展问题等都将成为社会性的热点和难点，而所有这些问题的落脚点最后都将回到社区，回到人们生活居住的场所。

从另一个角度看，人本主义认为，所有这些问题都与人有关，而人又无不是生活在社区。所有这些人的社会问题都在社区中得到体现，又主要依靠社区力量加以解决。社区是社会的基础和细胞，只有使社区成为哺育文明、和谐人际关系、激励人奋发向上、让大家安居乐业的摇篮，才能真正成为消化各种社会矛盾、解决社会矛盾的第一道防线。所有这些问题的解决都给我国社区管理提出新的课题。

1.3.4 基层民主建设进程加快

民主既是社会主义现代化建设的目标之一，又是我国国体和政体的体现。没有民主就不能调动人民群众的积极性，就不能实现安定团结；没有民主，就没有社会主义，就没有社会主义现代化。但是，民主的实现受制于一定的管理体制，需要相应的主客观条件。与传统计划经济体制相适应的全能政府同时是全权政府，即管理社会的治权高度集中于各级政府官员，实行命令式管理。这不仅使“中华人民共和国的一切权利属于人民”的宪法原则难以体现，而且可能造成权力的变异，即邓小平所说高高在上、滥用权力的官僚主义问题。[①]其后果会严重影响广大人民群众发展生产力的积极性。正因为如此，中国启动了市场化为导向的经济改革和民主化为导向的政治改革，其目的就是调动广大人民群众的积极性。政治民主化意味着扩大公民的政治参与，保障实现公民享受参与管理国家和社会事务的民主权利。同时，政治民主化又是一个长期的过程，需要相应的基点和条件。

但是，民主从来都不是抽象的，而是具体的。我们还权于民、还权于社会、还权于社区、还权于基层，就是要增强民主意识，提高群众参与管理基层公共事务的积极性，使他们既关心国家大事，又关心社区小事，把社区小事与国家大事统一起来。社区是社会的细胞和基础，一个社区的成员对社区事务的参与度越高，说明这个社区的社会发展程度和民主化程度越高。社区建设的生命线就是要把社区成员参与社区公共事务的积极性充分调动起来，使他们在社区建设中充分行使民主选举、民主决策、民主管理和民主监督的权利，进而参与到国家大政方针的制定和实施中去。因而，从这个意义上说，社区是社区成员涉足政治参与、学习政治参与的第一场所，也是社区成员走向更大、更广泛的公民参与舞台的起点。

在经济社会发展水平尚不高的现阶段，政治民主化要从做得到的事做起，从与人们切身利益密切相关的事情做起。随着“单位制”的解体和“社区制”社会

---

① 邓小平：《党和国家领导制度的改革》，《邓小平文选》第2卷，人民出版社，1994年。

的构建，群众与社区的关系日益密切，越来越需要依靠社区力量解决日常生活中的问题，对社区公共事务也越来越关心。因此，通过社区多元化的管理结构，为社区成员提供参与他们日常生活密切相关的公共事务的管理，是扩大公民政治参与的重要渠道。同时，我们还应看到，在市场经济发展中，公共权力的自我意识越来越强，受经济利益的影响越来越大。通过社区多元化的社区管理体制，促使公共权力重心下移，使社区居民有渠道表达自己的意见，平等享受公民和政治权利，将他们纳入到政治体系之中，这不仅可以将社区公共权力直接置于社区成员的监督之下，而且可以促进政府改善管理，重构政府管理的权威基础。[①]

1.3.5 社会发展条件下民间的参与需求增强

历史上有三种社会发展观：第一种是以经济为本的社会发展观，第二种是以社会为本的社会发展观，第三种是以人为本的社会发展观。[②]所谓以人为本的社会发展观，就是强调把社区发展作为社会发展的基础，体现人的价值，满足人性的需求，同时满足社会健康存在和运行的需求，实现真正平衡、持久和合理的社会发展。以人为本的社会发展是可持续发展、良性发展，也是经济与社会的协调发展。无论是宏观经济的发展还是社会的发展，其发展的计划指标都要落实到社会基本单位和社区。经济的发展和社会的发展不能离开社区发展，如果没有社区的发展，社区发展就没有根基。所以，社区发展是实现社会进步、乃至整个经济与社会发展的必不可少的组成部分。从社会发展的现实来看，旧有的计划经济体制正在逐步被市场经济体制所取代，大锅饭、福利分房已经或行将消失，户籍制度受到普遍质疑，中国社会科学院“十大阶层”的研究结果使人们对社会分化的速度瞠目结舌。在文化传统方面，基于家族观念的中国伦理观和社会转型期人们孤独、受挫的心理也可为社区发展提供人本动力。“文化大革命”以来，尽管人与人的信任急转直下，传统儒家思想的复兴也还只是学者的目标，但毋庸置疑的是城市社区形成的经济文化和社会条件已诸事具备。更为重要的是，社会转型的实质乃是代表国家行使权力的政府与各种社会组织关系的调整，代表着社会组织能力的提升，“官民”关系重构的要求不可逆转。

单位制解体后，“单位办社会”所负担的多元化职能必然要回归社会，回归社区，体制外的民工、流动人口等社会空间急剧膨胀，加上市民物质生活水平的提高，这些都对社区安全、社区服务、社区环境等提出了更高的要求。值得关注的是，在市场失灵或政府失灵之外，社会危机也从另一个角度凸现了中国公共领域的缺乏。无论是根据马斯洛的需求层次理论，还是如亨廷顿所言“一切新的和老的、现代的和传统的集团，越来越意识到它们自己是集团，越来越意识到它们相

① 徐勇、陈伟东：《中国城市社区自治》，武汉出版社，2002年，20～29。
② 王青山：《社区建设与发展读本》，中共中央党校出版社，2001年，9。

对于其他集团的利益和权利，进而急起动员参与政治”[①]，随着时间的推移，自治和组织参与的渴望必然会从对现实利益的追求中衍生出来，而当社会分层进一步加剧的时候，一部分未能进入国家权力体系的经济精英，也会转身把社区作为实现自己政治抱负的场所。当然，民间需求也只是一种渐进的必然，和政府强大的推动力相比，参与的途径和公民意识的不足，使得当前社区的自觉力量相对弱小，这是一个典型的“强政府、弱社会”的二元动力格局。

在上述现实条件下，城市居民和政府同时把希望的目光集中于居住小区。政府希望社区能够通过提供多种满足居民需要的服务，担当起现代城市管理的重任。而居民则希望社区能够成为环境优美、服务周到、管理规范、组织完善、且能代表居民利益、替居民说话办事的具有地域性的利益共同体，一个居民可以依赖的“家”。在社会结构的转型期，社区作为城市政府重新联结广大居民百姓的地域性利益组织而日益凸现出来。[②]

改革开放的实践已经并将继续证明，我国之所以能够初步建立起社会主义市场经济的新体制，GDP 之所以能够保持高速的增长，人民生活水平之所以初步达到小康，政治和社会秩序之所以能够保持长久的稳定都有赖于我国政府职能的初步转变。当然，国家与社会在城市社区发展中的关系模式、社会职能还有待于实践的发展而随之发展。从我国城市社区目前的建设和管理现状来看，由于我国还处于现代社区发展的起步阶段，社会主义市场经济体制还不完善，各种法律制度还不健全，非政府组织和社会资源还相当稀缺，因此，短期内建立以政府主导为基础的政府与社区平等的伙伴关系还需时日。但是，现代城市社区的建设和发展，需要调动国家、社会与社区组织等多方面合作的管理趋势不可逆转。

① [美]亨廷顿 S.P.：《变化社会中的政治秩序》，王冠华等译，三联书店，1989 年。
② 窦泽秀：《社区行政——社区发展的公共行政学视角》，山东人民出版社，2003 年，35～38。

第2章

社区概述

社区是现代文明发展，尤其是当今人类社会经济生活发展的必然产物。随着社会主义市场经济体制的逐步完善，同时伴随着我国从集权管理体制向民主和法制并重的多元治理体制的转变，社区在社会管理中的地位将日益增强。社区是满足居民生活的微观空间，是我国全面建设小康社会和构筑社会主义和谐社会的重要载体。本章从社区的内涵、基本要素、主要类型以及社区的主要社会功能等多个角度分析社区、认识社区，进而试图建立起一个全方位的社区概念。

■2.1 社区的内涵

2.1.1 社区的含义

社区是社会学中的一个通用范畴。在古代汉语中，并没有“社区”这一词汇。它是19世纪末期以来中西方文化交流的产物。它来源于拉丁语，本意为关系密切的伙伴和共同体。1871年英国学者H. S. 梅因出版的《东西方村落社区》一书，首先使用了社区这个名称[①]。1881年德国社会学家斐迪南·滕尼斯（F. J. Tonnies）将 gemeinschaft（一般译为社区、集体、团体、共同体、公社等）一词用于社会学[②]，1887年他进而在其所著的 *Gemeinschaft und Gesellschaft*（德语，译为《社区

① 袁秉达、孟临：《社区论》，中国纺织大学出版社，2005年，2。

② 唐忠新：《中国城市社区建设概论》，天津人民出版社，2000年，1。

与社会》）中最早从社会学理论研究的角度频繁使用了社区的概念。滕尼斯将 gemeinschaft 解释为一种由同质人口组成的具有价值观念一致、关系密切、出入相友、守望相助的富有人情味的社会群体[①]。滕尼斯将 gemeinschaft 同 gesellschaft（一般译为社会）进行对比分析，用来说明社会变迁的趋势和两种不同的社会团体。这一概念也折射出 19 世纪后期西方社会在工业化、城市化、现代化迅速发展的过程中，社会关系日益复杂，人际关系日趋冷漠的社会现实和发展趋势。透过滕尼斯对社区所具有的亲密无间的人际关系的描述，使人们隐约看到他对工业化、城市化、现代化进程的反思和忧虑，反映出一种对传统社区精神的呼唤和向传统的欧洲乡村社区模式复归的愿望[②]。此后，美国学者查尔斯·罗密斯（C. P. Loomis）在英译滕尼斯的这一著作时，书名为 *Fundamental Concept of Society*（《社会学的基础概念》），把德语 gemeinschaft 翻译为英语的 community（译为公社、团体、共同体等）。community 来源于拉丁文 communis，意为伴侣或共同的关系和感情。后来，罗尔斯再一次把该书修订为 *Community and Society*（《社区和社会》）。英文社区（community）一词由此产生。

第一次世界大战后，人们普遍对资本主义社会制度造成的社会秩序混乱和人际关系冷漠感到厌恶，滕尼斯的著作和他提出的社区的概念才得到广泛重视。美国社会学家内斯比特（Robert A. Nesbit）认为，“社区是最基本、最广泛的社会学单位概念。毫无疑问，社区的重新发现标志着 19 世纪社会思想最引人注目的发现——其他任何概念都不能如此清晰地将 19 世纪与前一时代，即理性时代区别开来”[③]。起初，美国社会学界在使用 community 这一概念时，不强调地域性。随着美国经验社会学研究的兴起，许多社会学家在研究社会共同体的过程中发现，要具体研究城市、研究各类居民的共同体，必须从低于共同体入手，因此更多的看到了“关系”、“社会组织”同“地域”的相关性，在使用 community 一词时赋予其更多的“地域”含义。二战后，美国经验主义社会学又影响了德、法社会学界，从而使原来不带“地域”的德文词 gemeinschaft 和法文词 communaute 的词义也向地域共同体靠拢，带上了“地域”的含义。20 世纪 30 年代初，费孝通等一些燕京大学社会学系学生在系统介绍和引入西方社会学经典著作时，把英文“community”译成“社区”[④⑤]。

费孝通在其论文《二十年来之中国社区研究》中说：“当初，community 这个字介绍到中国来的时候，那时的译法是‘地方社会’，而不是‘社区’。当我们翻译腾尼斯的 community 和 society 两个不同概念时，感到 community 不是 society，

---

① 章人英：《普通社会学》，上海教育出版社，1990 年，145。
② 袁秉达、孟临：《社区论》，中国纺织大学出版社，2005 年，2。
③ [美]内斯比特：《社会学研究》，纽约巴斯克出版公司，1986 年，44。
④ 黎熙元、何肇发：《现代社区概论》，中山大学出版社，1998 年，1。
⑤ 张玉枝：《转型中的社区发展——政府与社会分析视角》，上海社会科学出版社，2003 年，23。

成了互相矛盾的不解之辞，因此，我们感到‘地方社会’一词的不恰当，那时，我还在燕京大学读书，大家谈到如何找一个确切的概念。偶然间，我就想到了‘社区’这么两个字样，最后大家沿用了，慢慢流行。这就是‘社区’一词的由来。”①

现在社区已成为社会学中一个通用的范畴。但人们在界定这一概念时却观点各异。直到今天，据有关专家粗略统计，有关社区的定义有140多种。比较有代表性的有：美国学者R. E. 帕克认为，社区是“占据在一块被或多或少明确地限定了的地域上的人群汇集”。他还说：“一个社区不仅仅是人的汇集，也是组织制度的汇集。”美国学者F. M. 罗吉斯与L. G. 伯德格认为，“社区是一个群体，它由彼此联系，具有共同利益和纽带、具有共同地域的一群人所组成。社区是一种简单群体，其成员之间的关系是建立在地域的基础上”。美国社会学家B.菲利浦斯认为，“社区是居住在某一特定区域的、共同实现多元目标的人所构成的群体。在社区中，每个成员可以过着完整的社会生活”②。美国社会学家戴维·波谱诺在其所著的《社会学》一书中认为，社区是指“在一个地理区域内围绕着日常交往组织起立的一群人”。日本社会学者横山宁夫在其《社会学概论》中指出，“社区具有一定的空间地区，它是一种综合性的生活共同体”。我国学者费孝通对社区概念的表述为:“社区是若干个社会群体或社会组织聚集在某一地域里形成的一个在生活上相互关联的大集体。”社会学家袁方认为，“社区是由聚集在某一地域内按一定社会制度和社会关系组织起来的、具有共同人口特征的地域生活共同体”。郑杭生教授认为,“社区是进行一定的社会活动，具有某种互动关系和共同文化维系力的人类群体及其活动区域”。关于对社区地域性的不同认识，持功能主义观点的学者往往倾向于认为社区姓“社”而不姓“区”，强调社区的本质是它的社会结构，而不是它的空间结构，而社区结构并没有严格的地域限制。而持地域观点的学者则认为社区是一定地域范围内社会互动的产物,因而社区既姓“社”又姓“区”，地域性应当成为社区概念的一部分。这种观点至少在20世纪初就已存在并且一直延续至今。

对社区概念的历史演变，北京大学社会学教授夏学銮先生将之总结为三个阶段：

第一阶段，“组织”论阶段。从1887年德国社会学家滕尼斯的《社区和社会》一书问世，至1917年英国社会学家麦基文的《社区》一书出版，这30年是社区概念界定的“组织”论时代，即把自然社区（即农村）看成是与理性社会（即城市）相对立的组织形态，它们之间的差别是以人际关系的远近亲疏为特征的。在自然社区这种原始的组织中，人际关系具有熟悉、同情、信任、相互依赖和社会

---

① 于燕燕:《社区建设基础知识》，中国劳动社会保障出版社，2001年，4。
② 方明、王颖:《观察社会的新视角——社区新论》，世界知识出版社，1991年，4、5。

粘着等典型特征；而在理性社会这种人造的组织中，人际关系则具有陌生、反感、不信任、相互独立和社会联结等典型特征。这种关于“社区”与“社会”的绝对划分与交互界定，为现代社会学的分析奠定了基础。

第二阶段，“区域”论阶段。从1917年麦基文《社区》一书发表到1975年桑德斯《社区论》（第三版）的发表，这半个多世纪为社区概念界定的“区域”论时代，即把社区看成是人们在其中共同生活的区域，“社区”不再是与“社会”截然对立的绝对体，而变成与人们的生活区域范围有关的相对物，村庄、城镇、街道是社区，区、城市也是社区，更大的地区、国家甚至整个地球都可以看作一个社区，一个社区可以看作是另外一个更大社区的有机组成部分。这种关于社区概念的“区域”论界定，为在区、城市、地区、国家甚至全球层面引入社区规划和社区发展概念，奠定了理论基础。

第三阶段，“综合”论阶段。从1975年桑德斯的《社区论》发表至今，30多年来是社区概念界定的“综合”论时代，即把社区既看成是一个互动的体系，又看作是一个冲突的场所，还看作是一个行动的场域。这种关于社区的“综合”界定为社区发展的方案论、过程论、运动论和方法论模式提供了理论支持。①

综合以上观点可以得出，社区实质上就是一个区域性社会，是一定地域范围内人们社会生活的共同体。社区包含以下四层基本含义：第一，社区都有一个相对稳定、相对独立的地理空间。任何一种社区都存在于一定的地理空间中，而不管其规模大小。第二，社区都有以特定社会关系为纽带形成的一定数量的人口。社区的存在总离不开一定的人群。一定数量的人口是社区各种活动展开的主体。第三，生活在该地域的人们具有一种地缘上的归属感和心理文化上的认同感。在社区的共同生活中，人们基于某种共同的利益、共同的问题、共同的需要而产生了某些共同的行为规范、生活方式及社区意识，这些形成了社区人群的文化维系力。第四，社区的核心内容是社区中人们的各种社会活动及其互动关系。人们在经济的、政治的、文化的各种活动和日常生活中产生互动，形成了各种关系，并由此聚居在一起，形成了不同类型的社区。

2.1.2 社区与社会、行政区的区别

1. 社区与社会

社区与社会既有联系又有区别。社区可看作地区社会，是社会的缩影，是社会的一部分。但社区与社会又有明显的区别：首先，社会关系体现差异性，社区关系体现共同性。社会中的各种关系纷繁复杂，并不都强调“共同”，而社区则十分强调共同的亚文化和共同的社区意识等。其次，社会不注重地域性，社区则注

① 梁万福：《中国特色的城市社区建设》（上），辽宁大学出版社，2001年，31、32。

重地域性。社会更强调它的社会关系空间，通常指人们活动的内容范围以及活动在其中的社会组织，社区则是社会关系空间与地理空间的结合体。再次，社区中的各种关系比社会中的关系更紧密。与社会相比，同一社区的人们交往频率高，社区的“共同生活”是社区联系较社会更紧密的重要原因之一。最后，社区经济活动及其功能与社会相比具有更明确和专门化的特征。另外，社区是相对封闭的、自给自足的，而社会则是相对开放的，相互依存的；社区往往是单一价值取向的，而社会则是多元价值取向的；社区是人们感情和身份的重要源泉，而社会则是人们理性和角色的大舞台。

2. 社区与行政区

社区与行政区既有相同之处，也由不同之处。社区与行政区确有重合部分，有些小规模的行政区，同时也是一个社区，例如，乡、建制镇，城市里的行政区、街道办事处所辖的街区等，既是行政区又是社区。尤其在我国，两者的相同性更大。在西方国家，社区大多数是自然形成的。而在我国的城市中，以往政府将街道办事处管辖区域界定为社区。近些年来，有些城市或城区又将居委会管辖区域界定为社区。但社区与行政区两者之间又有着明显的区别。它们的区别主要表现在以下两点：第一，行政区是基于社会管理的方便或基于某些政治、经济、历史等方面原因而人为划定的，而社区则是人们在长期的共同社会生活中自然形成的。因此，行政区的边界是清晰的，而社区的边界是相对模糊的。第二，社区由于主要的社会活动或者生活方式基本上属于同一类型，因此只能是单一形态的，而行政区则可为多形态的。也就是说，一个行政区内可同时包括城市、农村、城镇等不同类型的社区。①

■2.2 社区的基本要素与特征

2.2.1 社区的基本要素

社区作为一个社会实体和生活共同体，必然有自己特定的构成要素。所谓社区的要素就是构成社区的主要元素，这些元素之间相互独立而又彼此联系，相互发生作用。这些要素具体规定着社区的本质内涵和外延。对社区要素的分析是我们研究社区、认识社区的一个基本出发点。

然而，与社区的定义众说纷纭一样，国内外学者对社区构成要素的重要程度的认识也并不完全一致。G. A. 希勒里从1955年收集的资料发现，在已经存在的

---

① 娄成武、孙萍：《社区管理》，高等教育出版社，2003年，3、4。

94 个社区定义中，有 69 个认为社区的本质因素有三个：①社会互动；②地区；③共同约束。而姜纳森的研究表明，大部分社区研究者都同意社区含有以下因素：①人口；②地域；③部分与劳动分工的互赖体系；④具有文化和社会活动的特质；⑤归属感；⑥自我维持与发展。

在国内，不同的学者其侧重点是有差别的，有代表性的观点主要由以下几种：①北京大学社会学系的观点，认为社区由以下因素构成：一是以一定的社会关系为基础组织起来的、进行共同生活的人群；二是一定的地域条件；三是各方面的生活服务设施；四是自己特有的文化；五是居民对自己所属社区的认同感。[①]②中国人民大学郑杭生教授等人认为，社区的构成主要包括五个因素，即地域环境、人的因素、文化、社会活动和时间的分配。其中，地域环境包括地理环境、资源环境和人工环境三部分；人的因素包括人口、社会群体和个人体系；文化则包括社区物质生活方式和精神生活方式两大方面等。[②]③学者袁秉达等认为，社区要素应依次为人口、地域、结构、社会心理。④奚从清等认为，人口、地域、设施、文化和归属感是社区的五大要素。

综合各家观点，构成社区的主要要素包括以下几个方面。

第一，地域要素。任何一个社区存在和发展的基本条件就是一定范围的地域空间。它是社区居民活动的载体和依托，社区成员的活动具有特定社区的印记，地域空间具有相对稳定、相对独立的特性。因而地域空间是社区最重要的因素。作为地域性的社会共同体，社区总是存在于特定的自然地理和人文地理空间复杂结合中，包括很多内涵，如地形、地质、生态、界限、规模以及代表相对位置的区位情况等。其中，地形、地质、生态、区位会在很大程度上制约该社区的发展。社区是在人们长期共同生活中自然形成的，与法定的行政区相比，社区的边界具有很大的模糊性。特别是现代社会世界各国的社区研究，都是围绕着城市、县、镇、乡、街区等范围进行的。

第二，人口因素。一定数量的人口是构成一个社区的元件，以一定社会关系为基础组织起来进行共同生活的人群，是构成社区人口的首要因素，是社区产生、存在的前提。按照马克思主义的观点，任何人类社会的第一个前提是人群的存在。换句话说，社区人口是社区活动和生活的主体，是社区生活的创造者，是社区物质文明和精神文明的创造者，是构筑社会主义和谐社会的微观基础，是社区里的社会关系的承担者。社区居民在社会交往中形成了一定的社会关系，这些关系既是他们活动的结果，又是他们进行活动的条件。从本质上说，他们是社区社会关系的总和。其中生产关系是最基本的社会关系，也是决定社区居民社会属性的最根本条件。由于生产关系随着生产力的发展而发展，因此，作

① 北京大学社会学系编：《社会学教程》，北京大学出版社，1987 年，204、205。
② 郑杭生：《社会学概论新修》，中国人民大学出版社，1994，357～364。

为生产关系的承担者的社区居民的社会特征也在变化。社区人口一般包括四个方面：人口的数量、质量、构成和分布、流动状况。社区居民是社区生活和社区发展的内生动力，社区的发展与完善都有赖于社区人口的数量、集散的疏密程度以及居民的素质等。在市场经济条件下，随着人口流动的加大与加快，城镇化进程的进一步加快，人口的数量和构成分布发生了很大变化，尤其是在城市，人口的异质性大，构成复杂，分布较为广泛，流动性大。因此，无论是对社区建设实践还是社区研究，及时准确的掌握社区人口的基本情况，大力提高社区居民的文化素质、身体素质、思想道德素质等，所有这些对社区的发展都具有重要的意义。

第三，公共设施服务系统要素。一整套相对完备的公共设施是一个成熟社区生活必不可少的组成部分，是一个社区构成的硬件，是满足社区人们物质生活和精神生活需要的必要载体。一个相对成熟的社区通常集生产、生活、工作、商业、服务业、文化、通信网络、健身以及其他社会福利设施于一身，还包括党政机关、学校、医院、科研单位、政府职能部门的派出机构、居民委员会、业主委员会等以及社区居民自发的各种群众团体。我们也看到社区组织变得越来越多，如外资企业、合资企业、各类新经济组织等。而且，随着时代的发展和社会的进步，公共设施理应更多，服务水平也就相应提高。相反，如果缺少这些公共设施或者这些设施不完备，就会影响社区居民的生活和交往，影响社区的稳定和长期发展。但从另一方面看，随着社区职能机构、社区单位和群众团体的增加，它们之间的关系也越来越复杂，这种复杂而密切的关系存在，使社区的结构已变得更加复杂。因此，从一定意义上说，一个社区服务生活的公共设施是否相对完备，是衡量一个社区是否完善的重要尺度。

第四，文化要素。文化是一个极其抽象的概念，社区文化同样不易说清楚。但每个社区又都有自己特定的文化特征，每个社区居民在共同的生活中往往会形成有别于其他社区的富有自己个性的文化。不仅如此，由于不同社区的形成过程、历史传统、地理条件、发展水平、结构、性质等有明显差异，在此基础上产生、形成的社区文化也各具特色。各具特色的社区文化是社区居民在长期的共同生活中积淀而成的，是许多社区能够成为相对完整和相对独立的社会实体的一个条件。一般来说，社区文化的内涵包括以下方面：行为方式、历史传统、生活方式、价值观念、伦理观念、精神状态、宗教信仰、语言风俗等。同时我们也应看到，随着社会主义市场经济的进一步完善，市场功能的进一步增强，社会分工的进一步细化，城乡人口互动频率的加强，落后的观念被改造，先进的思想和文化被接受，所以社区文化也表现出多样化和开放性的特征。在此基础上，特定社区文化氛围以及社区居民的文化层次、职业结构、本社区的区域历史传统是影响社区文化的重要因素。

第五，社区居民心理上的归属感与认同感要素。社区居民心理上的归属感与认同感是社区居民对自己所属社区在心理和感情上的认同感。这种心理归属感和认同感是一种社会意识，它直接影响社区居民的日常生活和行为方式，是维系社区良好秩序和发展的精神纽带。任何一个社区成员都会有“我是某一个地方的人”的意识，这种心理认同感和归属感既有对个体身份的确认，也带有对自己所属社区整体的认同感，包括对自己社区事务的参与等。尤其是在传统社区，人们之间的这种认同感非常深厚，社区居民对自己故乡和亲情特别看重。

第六，社区组织机构要素。社区作为人们利益的共同体都需要公共机构和组织维护该地域和社区居民的公共利益和秩序，为社区提供公共产品和公共服务。那么，对作为公共产品的主要提供者的政府应当调整自己在社区管理中的角色定位，以适应现代社区建设和发展中的需要。政府组织作为社会公共利益的代表，作为社区建设、发展和管理中的公权主体，最主要的就是转变政府职能，剥离那些原本就属于非政府组织所应具备的社会职能，政府应当逐步缩小其所扮演的角色范围，实现公共行政管理的分权化，政府通过委托、授权等方式，把政府的部分社区管理职能转移给社区里的社区自治组织、企业乃至个人，政府只扮演监督者的角色。从现代社区发展的角度来看，公共行政管理分权应是社区管理发展的一种必然趋势。总之，在当代，任何一个被组织化的社区里，社区组织是人们参与社会公共事务管理的重要渠道，其表现形式是通过公共组织与居民的良好互动。一般而言，社区组织包括政府组织和非政府组织，它应涉及社区政治、经济、文化、福利等。社区组织是维系社区成员和推动社区各项事业发展的重要因素，而我国社区组织的发展相对滞后，因此，进一步探索社区组织的建设和健全是社区研究的关键环节，也是社区其他建设的首要条件。

社区的各构成要素之间并不是孤立存在的，而是相互联系、相互依赖的。从社区实践来看，社区生活的物质设施、组织结构以及管理机制等的建立和社区意识、社区文化、归属感、认同感等的发育原本就是同一过程。社区的整体意识、认同感、归属感以及凝聚力，都只能从社区成员通过自己的力量共同解决他们面临的问题，并在共同享有整体利益的过程中产生，而不是在政府或其他什么力量解决了他们的“硬件”问题之后再慢慢发育。因此，我们反对那种在社区实践中将硬件建设与软件建设割裂开来的做法。①

2.2.2　社区的特征

根据社区的定义和要素我们可以归纳出社区的以下几方面的特征。

① 窦泽秀：《社区行政——社区发展的公共行政学观点》，山东人民出版社，2003 年，23。

1. 社区是社会的缩影

社会是一个具体的、有限的地域共同体。在社区内，社区成员以家庭为单位消费各种生活资料，解决最基本的社会生活需要。因此，社区的各种联系更直接、更具体。社区生活内容是多方面的，既包括经济生活，又包括政治、文化生活；社区成员的关系也是多方面的，既形成了一定的经济关系，又形成了血缘、地缘等其他社会关系。可以说社区是社会成员的生活基地，也是一个社会实体。

社区的这一特征使社区与社会组织、社区与社会有所区别。社会组织是为了完成某一特定的社会目标、执行某一特定的社会职能而形成的社会单位，它一般只能满足人们的某种或某几种需要，而不能满足人们生存与发展的多种需要，组织成员的关系也是围绕实现组织的某一特定目标所形成的。与社会相比，社区内的社会生活具有直观性，并能反映社会的部分性质。社会不是众多社区的简单拼合，而是各种社会单位、社会现象、社会关系有机结合而成的整体，它具有超越各个具体社区的性质和特征，有着和具体社区不尽相同的发展规律和运行机制。

2. 社区是聚落的承载体

所谓聚落，是指人类各种形式的居住场所，它不单纯是房屋建筑的集合体，还包括与居住直接有关的其他生活设施和生产设施。

人类从生存发展的需要出发，寻求适合自己的居住场所和各种活动的基地，并逐步向临时的、永久的方向转化，形成了以多所房屋组成的居住地，记忆聚落为主体的居住生活方式。

社区的一切构成要素都是聚集在聚落之中的，人类社会生活的大部分活动都是在聚落这一地域空间内进行的。聚落是人类改造环境的产物，聚落作为人类活动的中心，既是人们居住、生活、休息和进行社交活动的处所，又是人类进行生产劳动的场所。所以，我国的聚落形式有村落、集镇、县城和城市等，它们都是社区的承载体。正是这些承载体的不同，造就了不同类型结构的社区。社区的这一特征是区分社区与行政区、社会区域的关键。

3. 社区有自己特有的文化

由于每个社区的经济条件、政治条件、社会条件以及历史文化传统、居民职业结构的不同，各个社区都有自身的文化特点，以区别于其他社区甚至临近社区。因此，社区在生活方式、风俗习惯等各方面形成了很大的差别，即通常所说的“一方水土养一方人”。现代社区文化建设目的在于构建适应现代都市要求的全新生活理念，这种生活理念集中表现在居民生活丰富有益，以及促进人的全面发展。

4. 社区居民具有共同的社区意识

社区意识也叫社区认同感和归属感。它是指社区居民对自己所属社区在感情上和心理上产生的一种认同感。人们长期在特定的社区内生活，自然形成一种认同的心理从而形成某些共同的意识，包括共同的荣誉感、共同的价值观、共同的伦理观等。社区意识既是社区的构成要素之一，又是界定社区的重要标准。

5. 社区是不断变迁的

人类进入农业社会，形成了村落，有了现代意义上的社区，或者说社区最早的形式是农村。随着社会的发展，城市诞生了，部分农村社区又变迁为城市社区。城市社区在几千年的演变过程中，其内部结构、社会性质等发生了巨大的变化。可以说，这些变迁是整个社会变迁的结果，其中起决定作用的是生产力的进步。进入现代化社会以后，社区的变迁速度不断加快，并随着生产力的进步而步入良性运行阶段。社区环境得到不断改善，社区人口素质不断提高，特别是职能化社区的出现将是社区变迁过程中的一个崭新形式。①

■2.3 社区的主要类型

分类是探讨不同类事物的特征和确定事物之间相似性和差异性的基本手段。对社区进行分类的目的是为了探索不同社区的结构、形态和存在发展的规律性。社区作为区域性社会，种类繁多，类型复杂。国内外学者依据不同的标准、不同的角度对社区提出了不同的分类方法。这对于我们从深层次上认识社区、做好社区工作有重要的意义。

2.3.1 国外学者的分类

国外关于社区最为常见的分类方法是以社会关系特点、地理范围、主要生计方式或功能以及综合指标或变量为分类标准。最早对社区加以分类的还是滕尼斯，他把社区分为三类：一是地区社区，也称地理的或空间的社区，像邻里、村庄、城镇等为其代表；二是“精神社区”，这种社区包括宗教团体和某种职业群体等；三是亲属社区，也称血缘社区，由具有血缘关系的成员构成的社区。他还认为，划分社区的主要衡量标准是社会交往与社会关系中的情感因素。②

美国社会学家区分社会与社区的主要标准是两者内各社会成员间的社会关系的异同。美国学者帕克认为，划分社区的主要因素应该是人口因素、生态体制、

---

① 娄成武、孙萍：《社区管理》，高等教育出版社，2003年，4、5。
② 滕尼斯：《共同体与社会》，林荣远译，商务印书馆，1999年。

经济组织、文化和政治体制、地理环境等。齐摩尔曼则根据地理范围将社区划分为地方性与世界性两类：地方性社区内的人把社区看作是我属团体，认同感强烈，人与人之间的关系建立在多层面的基础上，且比较牢固，大家都不喜欢变迁；世界性社区则相反。雷德非则以生活方式作为社区分类的基础和标准，他认为，社区是介于民俗型和都市型之间的连接带，每一社区都有逐渐从民俗型演变为都市型的特点。他将划分社区的标准分为五个方面：一是人口的同质性与异质性；二是居民的孤立性与移动性；三是文化的组织性与解然性；四是社会的神圣性与世俗性；五是行为的集体性与个人性。赛乔波格则依据都市社区的区位与社会生态、经济和社会组织等因素将社区划分为工业前的都市社区与工业性的都市社区。瓦纳则以社区自主性的有无以及大小作为分类依据，将社区分为自主性与非自主性社区两类。[①]

2.3.2 我国学者的分类

1. 按社区的结构和它的综合表现分类

这种分法可以把社区分为农村社区和城市社区。

农村社区，主要从事第一产业即农业生产，其人口密度较低，人口聚居规模较小，社会结构相对简单。城市社区，以第二、三产业为基础，人口规模较高，人口聚居规模较大，社会结构相对复杂。如果按其规模、层次来分，还可以将其细分为特大型城市社区（人口在 100 万以上）、大型城市社区（50 万～100 万人）和中型城市社区（20 万～50 万人）、小型城市社区（20 万人以下）。

2. 按社区功能分类

依据社区对社会所发挥的功能进行分类，可把社区分为经济社区、政治社区、文化社区、旅游社区、军事社区和特殊社区等。

经济社区又可根据从事经济活动种类不同，分为工业社区、农业社区、商业社区、林业社区、第三产业社区集中的服务性社区等。

政治社区是作为政治中心和行政领导机构所在地所进行的分类，如省会城市、地市级城市、县级城市等。另外，城市中各类行政管理机构、政府各种机关的聚集区也可视为政治社区。

文化社区是指高等院校、科研机构、文化艺术单位比较集中的地区，如英国的大学城、美国的硅谷、日本的筑波、北京的中关村等。

军事社区是指以军事目的为中心所形成的社区，如军营、军事基地、军事要地等。

---

① 窦泽秀：《社区行政——社区发展的公共行政学视角》，山东人民出版社，2003 年，26。

特殊社区，如劳改农场、精神病院、传染隔离区等。

3. 按社区内部组织形式分类

这种分法可以把社区分为整体社区和局部社区。

整体社区是指由相对意义和具备社会生活所包括的基本方面的比较完整的社区。如果一个社区中既有生产活动设施，又有政治、文化活动以及其他社会活动所需要的设施、服务行业等，大多数社区成员可以在社区内从事生产、生活等基本社会活动，这样的社区就是整体社区。一个城市、一个独立村落，都属于这类社区。局部社区尽管也具有社区的总体特征，在功能与结构方面具有相对独立性，但社区活动所包含的内容不像整体社区那么全面。

4. 按社区成员的互动关系分类

这种分法可以把社区分为具体社区和抽象社区。

具体社区是指一个村庄、一个街区等规模不大的社区。在具体社区中，人们能够直接的发生多方面关系，互动频率比较高，互动方式比较直接，社区成员的相互了解比较全面而深刻。抽象社区是指聚落规模比较大、构成较为复杂的社区。在这个社区中，尽管社区成员共同生活在一个聚落之中，共享一种社区文化，但彼此之间只在特定的场合发生单一的关系，甚至不发生关系。如较大规模的城市一般都是抽象社区，而城市中的街区和村落一般都是具体社区。

总之，环顾国内外社区的发展现实，社区的类型经历了一个从单一到不断多样的历程，社区中人们的生活质量也经历了一个从低级向高级的演变过程。社区的类型丰富多彩并从多个角度、多个方面影响着人们的生活方式和生活质量。

吸收国内外以往的观点，现在的社区分类通常主要的有两类：一是从纵向角度按时间顺序和历史线索分类；一是从横向角度按空间特征分类。按第一种方法，一般将社区分成三种类型：传统社区，即小农经济占统治地位的社区；发展中社区，即保留了传统社区的特征又吸收了现代社区内容的社区；现代社区，亦称发达社区，其表现为城乡差别基本消失，整个社会的生产方式和生活方式均实现了现代化。按第二种方法，可将社区分为空间性社区和非空间性社区。空间性社区具有明显的地域空间特征，它又包括三类：法定社区，即国家依法划定的地方行政区；自然社区，即人类在生产和生活中自然形成的居住区，如城市、乡镇和村落等，实际上，自然社区在很多情况下是与法定社区重合的；专门社区，指人们由于从事专门的活动而在一定地域空间内聚居形成的社区，如矿山、大学、军营等即属此类。非空间性社区也叫精神社区，其成员没有明显的共居地，但却有着共同的价值观念、生活方式和信仰，如宗教社区等。①

■2.4 社区的社会功能

社区是一个客观存在的社会现象，任何一个社区只要存在，就会产生一定的功能。社区的功能对于社区居民和社区社会发展具有重要意义，社区功能的大小和强弱影响着社区的存在和质量，尤其在我国社会转型的关键时期，社区功能的发挥对于维护社会稳定，推进社会主义新农村建设，进一步促进我国民主与法治社会的构建具有重大的意义。

从早期的社会学家 A. 孔德、H. 斯宾塞、E. 迪尔凯姆，一直到现代社会学家 T. 帕森斯、R. 默顿和 N. 卢曼以及马克思主义的社会思想家，许多人都非常重视对社会结构、要素、行为等进行功能的分析和研究。今天，功能分析已被学界“公认为解释社会研究材料最有成效和最有前途的方法。同时，功能分析又是西方社会学者探索社会稳定的重要工具”②。当然，关于“社区功能”的解释，仁者见仁、智者见智，存在不同的见解。概括起来，对“社会功能”主要有以下三种理解或视角：一是立足社会成员需求的满足程度，考察社会制度、组织、文化等的作用和功能，即把“满足程度”作为界定社会功能的尺度；二是立足人们的社会关系，考察容纳于此中关系之中的人际交往的行动、行为的功能；三是立足社会的结构，考察构成社会结构的诸要素的功能以及诸要素相互作用而产生的整体性功能。③

章人英④指出，社区的功能是指社区成员、社区自身以及社会所起作用的总和。社区功能既受社区自身关系结构的制约，也受社区与外界社会环境关系结构的影响。社区的自身结构决定着社区功能的性质和方式，是社区功能得以发生的内在依据。而社区环境则决定、影响着社区功能的导向和规模，是社区功能变化发展的重要依据。因此，根据社区功能作用对象的指向，可以将社区功能分为内部功能和外部功能，当社区功能作用对象是社区自身及社区内部成员时，这种社区功能就是社区的内部功能；当社区功能作用对象是外界社会环境时，这种社会功能就是社区的外部功能。因此，这一种分法为全面分析社区功能提供了一个很好的分析框架。

---

① 窦泽秀：《社区行政——社区发展的公共行政学视角》，山东人民出版社，2003 年，27。
② 宋林飞：《西方社会学理论》，南京大学出版社，1997 年，83。
③ 徐永祥：《社区发展论》，华东理工大学出版社，2000 年，89。
④ 章人英：《普通社会学》，上海教育出版社，1990 年，151。

2.4.1　社区的内部功能

内部功能可以从两个角度来看，一是从社区对于居民客观影响的角度考察，一是人们对于社区生活的功能期望。我们认为，社区的内部功能主要包括：居住功能、休闲娱乐功能、文化教育功能、社区互助功能等。

（1）居住功能。社区是居民的居住生活空间，社区对居民的意义首先是居住功能。随着人们生活水平的提高，人们对社区的居住功能提出了更高的要求，不仅要可以住，还要求住的好。居民的日常生活、业余生活以及休闲娱乐的大部分时间在社区中度过，因此居民对于社区居住的适宜性，包括房型结构、小区环境、居民层次、文化氛围等，十分重视。近几年在城市社区建设发展过程中，房型结构不断推陈出新，小区环境更趋生态化，设施建设逐步人性化的发展，反映了城市居民对社区居住功能的要求已经全面拓展。

（2）休闲娱乐功能。休闲娱乐是人们的一种生活需求，尤其在基本的生存要求得到满足之后。社区邻里之间自发的社区群众性活动，都反映了人们对休闲娱乐生活的需求。愉快的社区生活离不开健康的社区休闲娱乐，休闲娱乐是社区的另一项重要功能。例如，在有的社区建设中涌现的拳操队、社区艺术节、社区运动会、社区健身苑、老年活动室、社区活动中心等大量的社区群众组织、活动和设施，就是满足居民日益增长的文化娱乐生活需要、不断挖掘和拓展社区休闲娱乐功能的结果。这些休闲设施的建设和娱乐活动的组织发展，大大活跃了居民社区生活，受到了社区居民的普遍欢迎。

（3）文化教育功能。社区是一个公共生活的空间，在共同的生活中的，社区居民会逐步建立并服从群体生活的共同规则，这一过程实际上就是社区文化教育功能发挥作用的体现。黎熙元等[①]认为将社区的文化教育功能主要表现在这三个方面：一是教化作用，特别是为儿童学习社会生活提供空间。二是认同作用，在共同的生活中，居民个体会逐步形成与其他成员相似的行为或观念取向，能够与他人沟通，认同他人并得到他人的支持与认同。三是社区的凝聚与延续作用，社区文化能够产生强大的凝聚力，使社区成员紧紧团结在一起；同时，当社区快速变化或受到外来力量的压迫时，原有文化中可能有相当部分已不再适应形势，但一些基本的文化趋向却会成为社区秩序重构的依据。世界各地有华人的地方，大多都会聚集形成唐人街华人社区的现象，便是一个典型的例子。因此，社区的文化教育功能是一种客观存在，是人类群体生活的必然要求，在新时期的社区建设中，我们既要开发利用本社区的人文资源，打破条块分割所造成的单位文化封闭管理的状况，也要注重使传统与现代的、本土与外来的、民族与国际的文化互相

---

① 黎熙元、何肇发：《现代社区概论》，中山大学出版社，1998 年，787。

融合，从而形成富有时代气息的特色社区文化。所以，我们应当善于把握这种规律性，在社区建设中适当加以引导，形成健康的社区文化氛围，促进社区居民素质的提高。

（4）社区互助功能。俗话说“人有旦夕祸福”，人与人之间需要相互扶助。还有这样一句俗语，“好亲戚不如赖邻居”，讲的就是社区互助功能。邻里之间需要相互照顾、相互关心、疾病相抚、守望相助，长期的共同生活往往使得邻里之间的交往透出浓浓的亲情，这正是社区互助的结果。社区互助功能的存在和发挥，是社区归属感形成建立的基础。在当前的社区建设中，倡导的“社区是我家”的观念，就是要在居民心目中树立起社区共同体的意识、社区大家庭的意识，彼此关心、互帮互助、融洽相处，携手共创美好的社区生活。在社区建设中涌现出的大量的社区帮困、志愿服务，便是社区互助功能的具体体现。

2.4.2 社区的外部功能

也称社区的社会功能，即社区生活在社会层面的作用和影响。社区是区域性社会，社区功能不是孤立的社会现象，而是社会系统整体功能的一部分，社区生活的好坏，社区建设水平的高低，都会直接或间接地影响着社区所在地的地域，甚至影响到整个社会生活。同样，我们可以从社区生活对社会影响的客观效果和社会发展对社区作用发挥的要求两个角度来认识社区的社会功能。在我国社会主义市场经济体制建立的过程中，随着“单位制”的全面解体，社区作为人们的基本生活空间的作用越来越突出，社区建设越来越受到社会各界的普遍关注，社区建设的过程，实际上就是社区服务功能的不断挖掘和发挥的过程。在社区兴建的过程中，社区的社会功能得到了深刻的展示。

（1）促进社会稳定和社会发展的功能。与其他类型的社会功能区域相比，促进社会稳定和社会发展是社区最基本和最突出的社会功能。社区是区域性社会，是社会的基本单元，社区的稳定、发展无疑是社会发展的基石，社会的整体进步需要建立在社区建设与发展的基础上。在我国当前的社会转型时期，“单位人”转变为“社会人”、“社区人”，社区成为人们的基本生活空间，人们的各种生活需求的满足，越来越依赖社区，帮困救助、安全防范等关系社区稳定的问题，都需要以社区为依托得以解决。

在当前条件下，我国社区建设对于健全社会结构，促进社会发展具有结构性的重要作用。在计划经济体制下，形成了行政社会一体化的特殊的社会结构，政府通过控制经济单位控制社会，政府组织、经济组织代替了社会组织的功能，社会组织和社会自身运转功能很不完善。在体制改革的过程中，随着“单位制”的解体，单位办社会的功能逐步淡化，各项社会事业的发展，需要新的社会结构支撑，社区扮演了重要的角色。随着社区各类生活、文化、体育设施的完善和社会服务的拓展，社区在人们的生活中发挥着越来越重要的作用，从社会的层面来看，社区已经越来越成为一种独立于政府和经济组织的社会结构，这对建立与社会主义市场经济体制相适应的社会结构体系必将起到重要的推动作用。

（2）促进经济发展的功能。安居是乐业的基础和前提，社区建设对经济发展的促进作用正源于此。就个人而言，在社区生活中，他们的身份是居民，在经济活动中，则是劳动力、生产者。当他们作为居民的生活、休闲、娱乐等各项需求得到满足时，其作为劳动者的一面就更需要得到保障。这主要表现在以下几个方面：首先，从经济学的角度看，社区生活实际上是劳动力再生产的过程，舒适愉快的社区生活，使得劳动者的体力、精力得以恢复。其次，社区互助、社区服务不仅方便了社区居民生活，更解除了其投入劳动生产的后顾之忧，尤其是当老人、孩子能够得到社区的恰当照顾后，工作正当年的中青年劳动者便能够以更饱满的热情投入到工作中去。此外，社区文化教育功能的发挥，从社会层面上看，实际上是人的社会化的过程，使得人们逐步学会和积累了与人相处之道，提高个人的公共道德和意识，这种经验有助于人们主动、顺利地融入社会生活。所有这些，都体现了社区生活对社区经济建设的促进作用。[①]

（3）社会服务功能。所谓社区的社会服务功能，即“社区服务功能”。社区服务是一个综合性的概念，其基本含义是指，在政府的资助和政策扶持下，根据居民的不同需求，由社区内的各种法人社团和机构以及志愿者所提供的具有公益性质的社会服务。这种公益性质的社会服务，主要表现为无偿性的服务，以及不以赢利为目的的微利、微偿性的服务。至于社区服务的外延，则有狭义和广义之分。狭义的社区服务，主要是指面向残疾人士、老年人群、遭家庭暴力困扰的妇女、受侵害的少年儿童、处于困境中的外来人口等弱势群体提供的帮助和服务，以及面对那些回归社会的刑满释放人员、具有不良行为的青少年等社会边缘群体提供的有关帮助和服务。狭义的社区服务，还包括为社区中烈士家属、现役军人家属等提供的优抚性服务。广义的社区服务，除上述服务工作以外，还包括面向社区全体居民所提供的公益性服务，如计划生育和公共卫生、职业培训与就业指导、体育锻炼与文化休闲等。

社区服务的形式和层次则有专业性服务与非专业性服务之分。专业性的社区服务是指社会工作者、医护工作者、法律工作者等专业人士，用其专业性知识、方法和技能等向社区提供的专业化服务，如在社区服务中心、社区助老养老机构（敬老院等）、社区青少年服务机构、社区康复机构等社会组织中，社会工作者运用个案工作、小组工作、社区工作、社会矫治等专业方法提供的助人自助性服务，法律工作者提供的维权服务等。非专业性的服务，则是指社区内的一些组织和志

① 张玉枝：《转型中的社区发展——政府与社会分析视角》，上海社会科学出版社，2003 年，39～42。

愿者提供的大众化、科学与专业知识含量较低的助人服务活动，如帮助孤老和残障人员打扫卫生、洗浴、人际沟通、购物等活动，以及在社区公共设施（图书馆、健身场等）的利用和管理方面的无偿性或微偿性服务等。

此外，还需要强调的是，在社区的各项社会功能中，社区服务是最重要的社会功能。这是因为，社区是居民居住生活和人际互动的共同体，坚持科学发展观，构建和谐社会，建设社会主义新农村，以人为本、满足居民的各种生活需求始终是第一位的任务。而且，这种公益性的社会服务，受益者不仅是社区中的各类弱势群体和边缘群体，同样包括全体居民。对于社区居民来说，公益性的社区服务与自己有着最为直接的、最为感性的联系。所以，立足社区服务功能的开发，为居民提供优质、完善的专业化和非专业化的社会服务，最大限度地满足社区居民的相关需求，应当成为社区建设和社区管理的中心任务、中心工作。只有搞好了这个中心工作，才能切实改善社区居民的生活方式，提高社区生活的质量。也只有搞好了这个中心工作，才能保持社区这一地域社会、微观社会的稳定，有效地化解居民生活中的诸多矛盾和冲突，调动居民参与社区建设和社区发展的自主性和积极性。

（4）社会参与和社会民主功能。社区建设、社区管理和社区发展，离不开政府的规划、投入、指导、管理等社区行政职能的实现，也离不开广大居民对社区公共事务的社会参与。只有政府的积极性，没有广大居民参与社区公共事务的积极性，那是“亚社区”的特征。现代社区的建设、管理和发展，必须重视居民的社会参与和社会民主的建设。

社区的社会参与和社会民主功能，其基本含义是指，社区发展为人们参与社会事务提供了区域社会的场所以及民主建设与民主管理的机会，同时，社区发展也有赖于居民的社会参与和民主管理。因此，积极推动居民的社会参与和社会民主建设，对于提高社区居民的生活质量，搞好社区精神文明建设，维护社会稳定，从而提升社区整体发展水平具有重要的意义。

从实践的观点来看，社区是人们认识社会、参加社会生活的第一场所。人们参与公共事务无疑也应先从社区开始，而参与社区的公共事务正是参与全社会的公共事务和国家政治生活的前提。而且，人们参与社区的公共事务，实际上在社会领域里开始了民主建设、民主管理的实践。因此，从某种意义上说，社会参与和社会民主是居民主动介入社区生活与社区管理实践的活动，两者紧密联系。其中，社会民主是居民社会参与的核心和价值要求，而社会参与则是社会民主的实践体现，两者集中统一于居民自我管理、自我教育、自我服务的社区实践之中。这一功能的发挥，有利于增强居民的社会意识和主人翁意识，将居民个人的幸福感与社区的团结和整体福利紧密结合在一起。

对政府而言，提倡和鼓励居民的社会参与和社会民主，一方面可以增强居民对政府的信任和支持，有利于实施政府制定的社区发展政策；另一方面则可以将潜在的社区资源发掘出来，成为现实的人力资源和智力资源，并转化为社区建设、管理和发展的强大动力，还可以适度降低政府在经济、政治和社会等方面的成本支出及可能的风险。

对居民而言，积极参与和民主管理社区的公共性社会事务，一方面可以培养健康的社区意识和公益精神，增进居民相互间的关怀和情感交流，消除现代社会中常见的人际冷漠、人际阻隔现象，形成感性的、看得见也摸得着的“我为人人，人人为我”的新型社会主义价值观；另一方面，则可以发掘和发挥自己的潜能，更好地体现和实现自己的社会价值和人生意义，塑造丰富多彩而又健康向上的生活方式，提升自己和家人的生活质量。

然而，从当前我国社区发展的现来看，社区的社会参与和社会民主功能的开发或实现情况并不能十分令人满意。虽然许多城市和农村的社区在建设和发展的过程中，指导思想上都相当重视居民的社会参与，但居民的社区意识仍普遍淡薄。社区居民普遍缺乏参与社区公共事务和民主管理的热情与积极性。即使具有参与社会事务热情和积极性的居民，其参与实践往往是被动的，而非以社区的主人翁姿态投入到参与实践中去。因此，为了保证我国社区发展的可持续能力，政府应积极构建具有中国特色和符合我国国情的、引导居民参与社会事务和民主管理的新体制、新机制。这也有利于保持社会秩序的稳定以及对各种非稳定因素的化解和可控制状态，有利于我国的社会弱势群体共享改革和发展所带来的成果。①

综上所述，我们可以发现，不论是社区的内部功能还是社区的外部功能，都离不开人这个社区的主体来传递。人是各种要素中最活跃的因素，人不仅是社区中的居民，同时也是社会的公民，是社会生活的主体。社区的存在和发展对居民的事业发展会起到直接或间接影响，而这种影响进而会通过居民的行为表现在其所从事的各种社会、政治、经济、文化、意识形态中去，从而构成了社区的社会功能。因此，我们在分析社区功能时，要从不同层面系统的进行分析。只有这样，才能真正全面把握社区建设的目标和方向。

---

① 徐永祥：《社区发展论》，华东理工大学出版社，2000 年，91，96。

第3章

城 市 社 区

所谓城市化进程，就是从农村经济走向城市经济，从农村社会转向城市社会的进程。随着城市化进程的进一步加快，人口必将向城市聚集，城市社区必将成为各类社区中占主导地位的居民生活区域。因此，从城市社区的发展认识我国社会生活结构的变化和发展，从而成为促进我国社会稳定和谐发展的重要切入点，对于推进我国城市化进程和社会经济协调发展具有重要的现实意义。

■3.1 城市社区的多重属性

3.1.1 城市社区的产生

城市在本质上是社会生产力发展到一定阶段的产物。而城市社区是以非农产业或第二、三产业为基础的，规模较大且结构比较复杂的社区。这类社区的起源晚于农村，大约产生于原始社会末期和奴隶社会初期。原始社会之所以不能产生城市，根本原因就是生产力低下。而在原始社会向奴隶社会过渡过程中，伴随着农业生产力的发展，我们的祖先完成了农业和畜牧业的分离，实现了第一次社会大分工。这次大分工促进了社会劳动生产力的发展和部落之间的商品交换。人们除了满足自己的消费需要，还有了“一定的剩余产品”，从而为城市的产生奠定了最基本的物质条件。随后由于金属工具的使用和改进，在原始社会末期，推动了手工业和农业的分离，这一分离的直接后果是使手工业逐渐形成一个独立的行业，从而完成了人类历史上的第二次社会大分工。这次大分工，不仅促进了生产力的进一步提高和商品经济的发展，而且造就了以手工劳动为主的非农人口集团，这就为城市的产生创造了最基本的人口条件。在此基础上，随着原始社会的逐步瓦解和奴隶社会的形成，又出现了第三次社会大分工，也就是商业的独立化，从而形成了专门从事商品交换的商人阶层。这就进一步为城市的产生准备了物质和人口条件。这一时期也是私有制逐步确立的时期，统治阶级为了宗教活动和防御的需要而修筑城池，这也利于手工业者和商人从农业劳动中解脱出来，在一些地理位置适当，交通便利，利于交换的地点集中，专门从事手工业生产和交换，使产品生产和交换有了固定的场所，从而也使城市社区的产生有了现实的基础。

3.1.2　国外城市社区的演变

国外城市社区已有漫长的历史，经历了曲折的发展过程。世界上第一批城市社区于公元前 4500 年前后产生于美索不达米亚平原，也就是现在叙利亚东部和伊拉克境内的底格里斯河和幼发拉底河两河流域。此后，在当时农业生产力发达的尼罗河流域、印度河流域和黄河流域、中安第斯山脉等又产生了一批城市。这些早期城市主要分布在有利于农业灌溉和有利于向周围征集农产品的地带，往往规模很小，且带有原始村落社区的明显痕迹。例如，在古埃及的阿玛纳城内也有菜园、果园和鱼塘。总的来说，从第一批城市社区产生到公元 18 世纪中叶发生工业革命之前，城市社区相继登上了世界各大洲和各个国家的历史舞台。但在不同时期和不同地区，城市社区在性质和功能等方面都存在着明显的差异，城市社区对人类生活的重要性在许多方面都得到了越来越明显的体现。然而，因为生产力水平的低下和经济社会环境的动荡，古代城市社区的发展不仅在速度上相当缓慢，而且在过程上曲折迂回。总体而言，古代人类生活的主要依托始终是农村社区，而不是城市社区。

随着 18 世纪中叶开始于英国，然后迅速席卷欧美和世界其他地区的城市化和工业化的浪潮，近代城市社区迅速发展起来。同时，城市社区的发展和工业革命的发生形成良性互动、相互促进。城市的发展与进步产生了日益发达的劳动分工和多样化的专门职业，从而为大规模的工厂化创造了有利条件。反过来，工业革命的发生又为城市社区的发展提供了越来越充实的经济社会要素和功能，为城市社区的发展提供了强大的动力。对于工业发展和近代城市社区的这种良性互动关系，恩格斯在其《英国工人阶级状况》一书中指出：“大工业企业需要许多工人在一个建筑物里共同劳动；这些工人须住在近处，甚至在不大的工厂近旁，他们也会形成一个完整的村镇……于是村镇就变成小城市，而小城市又变成大城市。城市愈大，搬到里面来就愈有利，因为这里有铁路，有运河，有公路；可以挑选的熟练工人愈来愈多；由于建筑业中和机械制造业中的竞争，在这种一切都方便的地方开办新的企业，比起不仅建筑材料和机器要预先从其他地方运来，而且建筑工人和工厂工人也要预先从其他比较遥远的地方运来，花费更少的钱；这里有顾客云集的市场和交易所，这里跟原料市场和成品销售市场有直接的联系。这就决定了大工业城市惊人迅速地成长。”①

在工业化的推动下，近代城市社区的整体发展步伐明显加快。1800 年，世界城市社区人口占总人口的比重仅约 3.0%。到 1900 年时，城市人口的比重已达到 13.6%。在城市人口比重不断上升的同时，城市的数量和规模也在迅速增长。1800 年时，全世界 5000 人以上的城市仅有 750 个，其中 10 万人以上的城市 66 个，20 万人以上的城市 24 个，50 万人以上的城市 6 个。到 1875 年时，10 万人以上的城市大约有 200 个，其中 50 万人以上的城市有 17 个，100 万人以上的城市 6 个。②

近代城市社区的发展在世界各国并不平衡。欧美国家由于工业化起步较早，其城市化进程也明显快于其他国家。从 1800～1900 年，欧洲和美国的城市人口比重分别从 12.1%和 5.8%增加到 37.9%和 39.6%。在工业革命的发源地英国，城市社区的发展速度更为惊人。1801 年时，英国还只有 106 个 5000 人以上的城市，城市人口只占总人口的 1/4 左右。到 1851 年，英国的城市数目达到 265 个，城市人口比重已上升到 1/2，并成为世界上第一个城市人口超过农村人口的国家。1891 年时，英国的城市数目已增加到 622 个，已有大约 70%的人口生活在城市社区。③

从城市社区内部看，工业化带来的影响也是十分明显的。随着人口、资本和工厂的不断集聚和交通运输条件的日益改善，一方面城市出现了向郊区扩展的趋势；另一方面，工业、商业和居住等职能开始连片集中发展，城市内部出现了明确的功能分区。在欧美国家，高楼林立的商业区、机声隆隆的工厂区、舒适宽敞的富人居住区和肮脏拥挤的贫民窟是 19 世纪许多工业城市最突出的景观特色。与此同时，城市社区复杂的社会意义或后果也得到了广泛的体现。

尽管工业革命使越来越多的人进入了城市社区，但从世界范围看，近代城市社区对人类生活的影响仍然不能与农村社区相提并论。直到 19 世纪末，世界上还只有英国、澳大利亚和德国这三个国家的城市人口超过了农村人口，大多数国家的城市社区尚处于低水平的发展时期。跨入 20 世纪以来，特别是二战结束以来，由于发达国家的经济呈现出较快的增长势头，发展中国家也在相继摆脱殖民地半殖民的地位后走上经济振兴之路，城市化逐渐成为世界各国的共同趋势，城市社区的发展也由此开始了一个崭新的时代。现代城市社区发展的主要特点集中表现在以下三个方面：

---

① 《马克思恩格斯全集》第 2 卷，人民出版社，1965 年，300、301。
② 乌尔拉尼斯：《世界各国人口手册》，魏津生等译，四川人民出版社，1982 年，583、584。
③ 北京市社会科学研究所城市研究室：《国外城市科学论文选》，宋俊岭等译，贵州人民出版社，1984 年，12、35。

（1）城市化步伐明显加快，城市社区在人类生活中的地位和作用迅速提高。整个19世纪，世界城市人口的比重只增加不到11个百分点，而在20世纪的100年中，这一比重却增加了大约33个百分点。到20世纪末，世界城市人口已接近总人口的一半，其中发达国家的城市人口比重高达75%，发展中国家的城市人口比重也已达到40%左右。城市“是经济、政治和人民的精神生活的中心，是前进的主要动力”[①]。如果说列宁的论断在20世纪初还只是一种科学的预测，那么到20世纪后期，它已经成了活生生的现实。城市在当今世界各国经济社会发展中的主导地位和带头作用已经毋庸置疑，即使在城市化水平仍然较低的国家，情况也是如此。

（2）大城市超前增长，城市社区的规模日趋扩大。1900年时，在全世界只有13个百万人口以上的特大城市，而到2000年这一数字已变成408个。特大城市人口占总人口的比重也已经从1900年时不到15%提高到40%以上。如果以50万人口作为大城市的起点，那么20世纪世界大城市的增长速度明显高于中小城市。在大城市迅速增长的过程中，最为引人注目的是大都市连绵带的出现。大都市连绵带是以若干大城市为核心、内部经济社会联系十分紧密的城市地域，是世界上规模最大的城市现象。目前，全世界公认的大都市连绵带已有六个，它们分别位于美国东北部太平洋沿岸、美国五大湖沿岸、日本东海道太平洋沿岸、英国英格兰地区、欧洲西北部和中国长江三角洲。

（3）城市功能综合化和社会多元化趋势十分明显。现代城市社区的增长动力已越来越多的来自工业以外的服务部门即第三产业部门，城市功能的综合化趋势十分明显。在西方发达国家，服务部门的劳动力比重已普遍超过60%。社会多元化趋势则体现在人口、职业、观念等众多方面，产生这一趋势的根本原因是现代城市的开放性和流动性在不断增长。[②]

3.1.3 中国城市社区的历史变迁

我国城市自夏、商形成以来，经历了数千年的发展历程。据史料记载，西周年间，由于分封制的推行，各诸侯国的统治中心都得到了普遍的发展。至春秋战国时期，我国基本上形成了以政治职能为主，以王室居首，诸侯城列第二，卿大夫都列第三的三级城邑网络。至秦汉两代，伴随着郡县制的推行和经济发展，一方面发展了行政中心城市，到东汉时期，我国有县城以上城市1076个；另一方面，城市社区的商贸功能明显强化，商贸城市开始兴起，长安、邯郸、洛阳、成都等都是当时的商贸中心。但是，这一时期，我国城市的地区分布还很不平衡，主要集中在黄、淮、海地区。由于封建社会经济和社会结构的决定，各城市间的联系

---

① 《列宁全集》第19卷，人民出版社，1959年，264。
② 程玉申：《中国城市社区发展研究》，华东师范大学出版社，2002年，12～14。

主要偏重于行政上的上下级关系。

魏、晋、南北朝、隋、唐时期是我国封建社会走向鼎盛的历史时期，同时也是我国城市发展的重要阶段。这一阶段的城市发展，一是表现为城市数量的增加分布，范围扩大，空间分布由黄河流域转移到长江流域。二是百万人口以上的特大城市开始出现。例如，唐代武则天时期（公元684～704年）的都城长安，称得上当时世界上最大的城市。三是兴起了一批手工业城市和河港、海港城市。例如，定州（今河北定州市）、益州（今成都）等以纺织业为主的城市，越州（浙江绍兴一带）、南镇（景德镇）等以陶瓷业为主的城市。伴随着水上运输的发达和海港贸易的发展，出现了广州、泉州、明州等港口城市。四是随着国土开发范围扩大，地域经济繁荣，还导致了边防军事重镇和大城市外围草市的兴起。在此基础上，五代、宋、元时期，我国城市又有了进一步发展。宋代形成了国都和府、州城以及县城和市镇四级构成的城市（镇）体系。然而，元末连年混战给城市社区造成了严重破坏。

明、清（鸦片战争以前）时期，是我国封建社会经济发展相对停滞，资本主义开始萌芽的时期。这一时期城（镇）市发展，一是表现为小城镇大量兴起。尤其是在江南地区，出现了一大批商业市镇、手工市镇等。二是表现为城市（镇）数量进一步增加，等级规模结构日益均衡。三是长江、运河流域的城市得到进一步发展。然而，明中叶以后，开始例行海禁，导致了沿海大中海港城市的停滞与衰落。

从鸦片战争到中华人民共和国成立前的100余年，是我国逐步沦为半殖民地半封建社会的历史时期，也是开始社会现代化的时期。在西方列强向我国掠夺生产原料、抢占市场，新式机器大工业和交通运输业的日益兴起，商品经济不断发展等因素的共同作用下，我国城市发展呈现以下四个特点：①商埠开放，逐渐形成了许多贸易港口城市。②伴随着近代工矿业和铁路运输业的发展，兴起了一批近代工矿业和交通枢纽城市。③大城市和小城市两极分化，中等城市很少。④城市地域空间分布很不平衡，主要集中在沿海、沿江地区，内陆城市极少，且规模较小。

3.1.4 城市社区的多重属性

所谓属性，是指事物的整体特征显示。属性是从整体的更高层次上反映社区发展的本质特征，是各类要素和各种结构综合作用的总体反映。任何一种事物的特征总是在与其他事物的对比中体现出来。与其他社会区域和地理区域相比，城市社区作为人们生活的共同体和区域性社会，具有自己鲜明的属性。

1. 地域性

所谓社区的地域性，不仅指城市社区生活离不开一定的地域依托，同时，在特定的历史阶段内一定区域的社会经济发展水平也决定了该区域内社区生活的基本状况，并成为区域内社区的基本特征。城市社区、农村社区、城乡结合部社区、工业社区、商业社区、居住区社区等序列的社区分类方法，便是以区域的城市化程度或区域经济功能的区分代替社区类型，即以区域特征刻画和反映社区特征的典型例子。社区的地域性要求我们在分析任何一个社区时，不能离开并且首先要建立在对所在区域发展情况的把握基础上。社区的地域性使其与其他社会单元和概念，如社会组织，区别开来，并使其步入了人文地理、社会地理的分析视野，因而我们认为，社区的地域性是社区的第一属性。而从城市社会学的视角来看，城市社区的地域特征是指坐落在城市地表上的位置、范围及特点。在一个相对稳定的时间段内，它表示一种静态的区位关系；在较长的历史时期，它表示的是一种动态的地域演化过程。应该说，在古代和近代的城市中，由于城市规模不大，内部区域的功能分工不明显，所以难以形成自身特色明显、界限清晰的社区。随着经济和社会的发展，特别是工业化、信息化和全球化的进一步发展，城市规模不断扩大，城市内部的地域分化愈益明显，不同程度地形成了一些界限明确的工业区、商业区、文化区、住宅区等功能性区域。即使是住宅区，由于城市建设所构成的桥梁、道路、不同风格的楼宇、公共设施等人文景观的特点，其作为社区的地域特色和界限也较易识别。另外，从城市社区的外部结构来看，现代城市由于中心区人口集中、地价及相关费用昂贵、社会治安等问题，促使一部分企业和居民纷纷向郊区发展，出现了令人注目的“逆城市化”趋势，从而在城市周围出现了大量的卫星城镇。这些城镇与中心城区紧密联系，成为现代城市社区的重要组成部分。与此同时，在世界上一些发达地带，形成了一些巨型城市或城市连绵带、城市群。比如美国的波士顿、纽约、费城、巴尔的摩和首都华盛顿以及星罗棋布的 100 多个中小城市，组成了目前世界上人口稠密，经济和科学、教育极其发达的最大的城市群。又如我国的宁、沪、杭一线，也组成了一个以特大型城市上海为中心的、13 个大中城市相连接的城市群，还有正在发展的京、津、塘城市群，中原城市群等。这些城市群的发展会发挥辐射和带动周边城市地域发展的功能。

2. 综合性

作为区域性社会，城市社区本身是一个复杂的大系统，这不仅表现为社区包含了人口、地域、时间、文化、设施、归属感等各类多种要素，更在社区建设实践中得到充分体现。目前城市社区建设的内容丰富，包括社区文化、社区体育、社区教育、社区精神文明建设、社区卫生、社区治安、社区综合治理等各个方面，同时在各项建设中又都包括硬件设施建设和制度、队伍等软件项目建设。社区的综合性源于居民需求的多样性，包括日常生活需求、安全需求、健康需求、文化需求等，既有个体需求，更有群体需求。社区的综合性要求我们在社区工作中要充分认识到社区建设的复杂性，要树立全局观念、整体的观念、通盘考虑社区发展；同时还要善于分清主次矛盾，在众多头绪中，抓住要害，带动全局。例如，一般地说，在城市化迅速推进的城乡结合部社区，外来人口管理是个焦点问题，而在新建社区，制度完善则是社区建设的当务之急。

3. 城市社区的动态性属性

城市社区建设存在着一个随着时间的推移而不断完善、变化、发展的过程，包括人口总量和结构的变化，设施建设与发展以及地域空间的扩张等方面。同时，从城市社区发展的外部环境看，不同时期，人们对城市社区建设的认识和要求也不相同。城市社区的动态性，要求我们要用发展的眼光看待城市社区和社区建设，不拘泥于一时一事，善于从社区内外需求和矛盾的变化出发，及时调整城市社区建设的策略，满足城市社区和社会发展的需求。①

4. 城市社区的社群和组织性属性

所谓组织性，是指城市社区生活内部有着特定的组织结构要求，无论是居民行为还是设施分布，都有着特定的规律性。就社区内的人际交往社会关系载体之一的社会群体来说，其特征有四：一是主要以地缘和利益为基础，因居住在同一社区，居民在房屋维护、环境保护、生态绿化、卫生保洁、社区治安、公共道德等方面，都有着共同的利益诉求。二是以利益或兴趣爱好等为纽带的社群种类、形式愈趋多样化。像读书会、游泳协会、钓鱼协会等诸如此类的社群，随着社区的发展会越来越丰富。三是居民在这些社群活动中交往并不排斥相互之间的感情交流，恰恰相反，这些社群是居民增进感情交流、抵制人际关系淡化、加强社区凝聚力和归属感的极其重要的载体。四是解决居民间的矛盾、纠纷和冲突时，虽不排除情感要素的介入，但主要依赖理性契约和法律的力量。

就社区内人际交往的社会关系的另一个重要载体的社会组织来说，其主要特征有三个方面：一是组织的数量众多、类型复杂。由于社会分工精细、人口异质性强，就需要不同的社会组织去整合社区居民的人际关系，化解矛盾和冲突，组织社区发展，提供社区服务。这里既有政治性的组织，如政党、工会、政府机构、居民自治组织等，又有从事社区服务的各种经济组织；既有教育、科学、文化、卫生等组织，又有许多从事社会福利事业、慈善事业、公益事业的非政府组织（NGO）。二是组织功能的专业化。与传统社区社会组织稀少、功能没有分化的历史不同，立足市场经济和社会分工愈益细化的现代城市社区，各种社会组织依

① 张玉枝：《转型中的社区发展——政府与社会分析视角》，上海社会科学出版社，2003 年，36、37。

分工的原则而实现了功能的分化和专业化，大大提高了社区发展和社区建设的效能。三是组织严密的科层制。科层制组织是现代社会组织的一种宝塔式的组织结构和管理方式，它按组织的不同职能划分各个部门和按权力大小分层，确立上下级关系。科层制的组织结构是组织扩大、分工发达、业务复杂且繁多的产物。德国社会学家马克斯·韦伯概括了科层制组织的基本特点，其中包括：组织结构按层设立，下层机构和下层职位的人受上级的监督和控制；组织内部分成几个部门，每个部门的职责、权限都有明确的规定；组织成员依据明确的规章制度开展工作；从事组织管理工作的人员要有专业知识和技术；组织的资源必须根据组织的需要分配使用，任何人都不得垄断。总之，城市社区的各类社会组织，不管是行政机构还是工商企业，不管是教科文卫单位还是社区服务团体，都有一套自上而下的决策与执行的科层体制。类型复杂、组织功能专业化、组织体制科层化是现代城市社区的社会组织的三大特征。

5. 城市社区的文化属性

所谓“社区文化”，是一种特有的文化现象，既包括社区意识、社区心理、社区风尚、社区公德、社区教育、社区艺术活动、社区生活方式等精神层面的要素，也包括社区文艺活动场所、宣传橱窗、公益广告、艺术雕塑、标志性建筑以及环境绿化等物质层面的要素。它是社区地域、人口、组织、经济等历史现象的综合反映，也是社区发展的动力源泉。城市社区文化是整个城市文化系统的一个重要组成部分，必然受到城市文化的普遍性和共性的制约。所以，它同样具有理性化和多元化的城市文化的基本特征。尽管城市社区文化不可避免地打上了城市文化一般特征的烙印，但由于社区人口构成的差异、宗教与种族的差异及社会分层的因素等历史与现实的不同，各个社区之间必然会产生文化差异，形成各自不同特色的社区文化。这些特色不仅可以从社区文化的精神层面表现出来，在社区的住宅风格、公共设施的状况等社区文化的物质层面，也都会有明显的区别。现代城市社区文化是建立在现代文明基础上的、更高层次的文化认同。

综上所述，城市是人们经济、政治、文化、教育、科学、卫生医疗及社会发展等各项活动的中心。城市社区的多重属性的构成内容、机制、特征等，远比农村社区复杂得多。随着各国城市化进程的进一步加快，人口必将向城市聚集，城市社区必将成为各类社区中占主导地位的居民生活区域。努力研究社区发展的一般规律，切实借鉴发达国家社区管理的经验，大力推进我国城市社区的建设和管理，就必须在理论联系实际的层面上，科学的把握好城市社区的多重属性。[①]

① 徐永祥：《社区发展论》，华东理工大学出版社，2000年，52～55。

■3.2 城市社区的基本结构

所谓结构，是指事物或系统内部各种要素的排列顺序和结合方式，这种排列顺序和结合方式反映了事物组成要素之间的特定的内在关系和相互作用。所谓城市社区结构便是指社区内各要素之间的组合状况。城市社区是人们生活的共同体，是一个有复杂结构的社会生活体系，构成城市社区的时间、地域、人口、设施、文化、归属感、经济等七大类要素中，各类要素本身都内涵丰富，自成体系；同时，不同类要素之间存在着复杂的互动和组合关系，从而使社区生活体现出丰富的结构特征。

3.2.1 城市社区的时间结构

即城市社区整体及其各方面在时间坐标上的投影。观察时间坐标，存在三种视角：微观、中观、宏观。从微观的角度看，城市社区生活表现出明显的日周期和星期周期的运转特征，这可以从居民的起居、上下班等行为活动反映出来。从中观的角度看，城市社区发展表现出明显的阶段性特征。一个新建城市社区往往都会经历从人口较少到形成一定规模，从制度初建到制度相对健全，从不成熟到相对成熟的发展过程；而老社区发展则通常表现为设施的改造和更新；在城市化迅速推进的城乡结合部地区，社区发展则会充分体现区域进步的发展进程，逐步从农村社区发展为城市社区。站在历史的长河边，纵观人类社区的时间结构，人类社区发展经历了古代社区、近代社区、现代社区发展历程的转化。分析社区的时间结构，有助于我们从整体上把握社区发展规律，从微观的居民活动规律，到中观的社区制度健全、设施完善、人口聚集、生活方式更新的发展规律，甚至站在历史的高度，将社区发展与社会生产力发展和社会制度的变迁结合起来。显然，我们通常讲的社区发展的概念，与社区的时间结构变化密切相关，是指在中观层次时间断面，即特定的历史断面上对城市社区生活轨迹的考察和把握。

3.2.2 城市社区的地域结构

社区地域概念本身内涵丰富，包括地形、地貌、资源、生态等自然状况、客观位置和经济人文区位等社会内涵，这就使得城市社区地域结构分析包含了两重内容：一是指城市社区地域诸要素本身的结构特征，如地形结构、生态结构、地质结构、区位结构、资源结构等；二是指以空间位置为平台展开的各种社区要素的分布状况。通常我们所讲的城市社区地域结构就是指后一种含义，即社区生活各方面在社区地域的空间投影。地域是城市社区生活展开的基本依托，因而各种社区要素、社区生活都具有一定的地域分布特征，从而形成丰富多彩的城市社区地域结构，包括地形、地质、生态、资源、区位等地域类要素的空间分布，即地形空间分布、生态空间分布，地质地域结构、区位空间分布、资源空间分布等；以及文化、人口、设施、时间、归属感等其他各类要素的空间特征，包括人口地域分布、社区文化空间结构、社区设施地域分布、社区归属感的分布和处于不同发展阶段城市社区的地域分布等。其中所谓不同发展阶段城市社区的地域分布，就是城市社区时间结构的地域表现。例如，在地域上依次展开的农村社区、城乡结合部社区和城市社区，便是城市化进程中城市社区时间结构演变的地域凝固。社区地域结构分析是城市社区分析的重要方面，是制定城市社区空间政策的基本依据。

3.2.3 城市社区的文化结构

文化是一个宽泛的概念，包括教育素质、心理状况、制度安排、历史传统、风俗习惯、价值取向等多个方面。人群是城市社区生活的主体，也是城市社区文化作用的主体，因而所谓城市社区文化结构就是指上述诸文化要素在城市社区人群中的分布状况，即城市社区人群文化结构。通常可以从城市社区居民职业结构、文化素质结构、心理结构、社区制度结构、社区居民祖籍构成、社区居民政治面貌结构等方面考察社区文化结构。其中，职业结构在一定程度上可以体现出社区居民的专业特长，因而它也是把握城市社区居民生活方式、文化素质、价值取向等内容的重要依据；祖籍结构可以反映出城市社区居民传统观念、生活习惯等方面的情况。不同的社区居民文化结构可以形成不同的城市社区类型。工人新村、教师新村、移民新村等不同类型城市社区的文化风景不同，包括社区交往、生活方式、社区归属感及其表现等均有很大差异。分析城市社区文化结构的意义在于充分揭示城市社区生活的文化内涵，从而深刻理解城市社区的人文状况，增强城市社区工作的人本意识，进而能够从文化对应的角度构思城市社区发展的对策，改进城市社区工作的方式，对症下药，促进城市社区文化的融合和进步，提高城市社区的工作效率。

3.2.4 城市社区的人口结构

笼统地讲，所谓城市社区的人口结构，即是指城市社区人群的特征分异状况。人具有生理、经济、文化、政治等多重属性，这就使得城市社区人口结构存在生理结构、经济结构、文化结构、政治结构等多种类型。城市社区人口生理结构包括年龄结构、性别结构等内容；城市社区人口经济结构可以用收入结构来反映；而以文化、政治特征为依据进行的人群结构分解，属于城市社区文化结构的范畴。人群是城市社区的主体，城市社区人口结构分析是社区研究的主要内容，是把握城市社区特征、分析城市社区问题、制定城市社区发展政策的关键依据。比如，为老年人服务和保持环境舒适是老年人社区工作的首要任务；高级商品房社区的居民倾向于追求个人空间，以及高质量、个性化的城市社区服务，而在低收入人群聚集的城市社区，救助帮困、社区互助工作就显得十分重要。总体来说，城市各个社区的人口特征，既受制于整个城市人口的结构，又有本社区的自身特点。前者体现了城市型社区人口要素的一般特征，具有共性与普遍性的意义；后者则表现为城市型社区的个别特征，具有个性、特殊性的意义。

就整个城市社区的结构亦即城市社区人口的普遍性特征来看，可以从以下六个方面加以概括：

（1）人口的数量基数大而且密度大。这是城市社区人口不同于农村人口最直观的一个特点。而且，城市越大，人口密度也就越高。但我们不能忽视这一特点的优点和缺点，城市社区人口的集中有利于生产和生活，有利于集中管理，但同时我们也应看到，过分集中也导致住宅紧张、活动空间狭小、交通拥挤，甚至犯罪率上升、精神失常等社会病态。目前许多城市存在的这些突出问题都与人口密度过高，人口聚居的规模过大有直接关系。

（2）城市社区与农村社区人口质量差异很大。城市社区人口的质量普遍高于农村和集镇的人口。这是显而易见的客观事实。城市由于集中了各类大中专学校、科研院所和文化艺术机构，加之各行各业劳动就业的专业技术要求较高，促使城市人口的受教育程度和文化素质明显高于农村和集镇。即使是城市之间，大城市人口的受教育程度和文化素质一般也高于中小城市，中等城市高于小城镇。另外，由于城市的医疗卫生保健条件较好，所以城市社区人口的身体素质较好，人口的死亡率也低于农村，预期和实际的人口寿命一般也要长于农村。

（3）城市社区成员的来源、经历和流动性很大。与农村人口相比，城市人口流动频繁、迅速。这种流动包括水平流动、垂直流动和结构流动等多种运动形式。由于城市的分工较细，发展机会较多，各种限制较少，所以人们相当重视向较高社会地位、职业的垂直流动。另外，随着社会主义市场经济的发展，也使得个人在职业与行业方面的横向流动或水平流动频繁起来，而城市产业结构的调整，也会引起人口的结构性流动，如企业改制分流的工人、农村富余劳动力向城市的流动等。

（4）城市社区人口的异质性强且差别大。由于城市社区人口来自五湖四海、四面八方，流动性大，从事的职业与所处的社会阶层、社会地位相异，文化程度、技术水平、收入水平与社会声望各不相同，所以与农村人口和集镇人口相比，城市社区人口的异质性极强，差别性极大。当然，城市越大、人口越多，其异质性也就越强。城市社区成员的异质性在一定程度上决定了社区建设和社区整合任务的艰巨性和复杂性。

（5）职业群体的构成比较复杂。在城市社区，既有庞大的产业工人群体，又有为数众多的服务业劳动者、专业技术人员和企业、社会管理人员。而且在每一职业群体内部，又形成了不同的工种或亚职业群体。从而使得城市社区成员的职业分化程度远远高于农村社区。

（6）城市社区居民观念和生活方式呈现多元化的特点。城市居民的生活方式、价值取向和生活观念具有明显的多元化特点。不同类型的居民具有不同的价值取向和生活风格。从而使得城市社区的文化现象和生活方式绚丽多彩，丰富多样。

3.2.5 城市社区的设施结构

即满足城市居民社区生活的和交往的设施组合状况。通常我们生活的城市社区中有菜场、幼儿园、医院、学校、餐馆、咖啡厅、商场、公共草坪、宣传栏、运动场、市民休闲广场、社区管理机构等生活、医疗、文化、体育、卫生、管理设施，满足居民生活交往、就医、学习、休闲、文化、体育等活动需要。城市社区的设施利用程度和居民需求的满足程度是反映其完善程度的两大衡量指标，当存在设施明显闲置和居民需求得不到充分满足的现象时，即表明城市社区设施结构需要调整完善。设施完善程度是城市社区成熟与否的重要标志，决定了城市社区的生活舒适状况。城市社区设施的完善程度决定于城市社区的经济实力和居民的特殊偏好。近年来随着人们收入水平的不断提高，人们对城市社区生活要求相应发生变化，对城市社区各种生活设施配套和休闲、娱乐设施建设提出了更高的要求。

3.2.6 城市社区的归属感结构

即城市社区居民对居民认同的情况分布。一般来说，居民社区归属感与居住长短、其与城市社区的文化联系和其与社区的经济利益联系程度呈正相关关系。即通常在城市社区中居住时间较久、与社区有较强的文化经济联系的居民其社区归属感较强，更能自觉维护社区荣誉；而在社区生活时间较短或参加社区生活较少、与社区文化经济联系较弱的居民其社区认同意识较差。在农村社区，农民生于斯、长于斯、耕作经营于斯，因而社区认同意识极强，有强烈的同乡、家乡观念。在城乡结合部社区，外来人口的社区归属意识往往较差，并且往往成为社区安全的隐患，加强外来人口的社区认同是这类社区工作的一项重要任务。在计划经济体制下，城市社区的认同，通常以广泛的社区政治管理参与、文化体育活动参与方式，在居民和社区间建立起文化联系，培育和增强居民的归属意识。随着住房商品化的普及，城市社区环境和居民物业的经济价值形成密切联系，作为业主，居民将会自觉维护社区的公共环境，从而起到自觉维护物业价值和提高生活质量的目的。

3.2.7 城市社区的经济结构

与农村社区相比，城市社区的经济属性主要表现为：城市居民以第二、第三产业为主要职业和谋生方式。按照马克思主义的观点，任何一个社区的居民为了生存都必须采取一定的方式获取自身所需要的物质资料。在农村社区，广大农民主要是通过农业生产借以谋生的。但在城市社区，广大居民的主要谋生方式和主要职业是从事工商服务业或第二、三产业。从历史上看，城市的产生就是以手工业者和商人的集聚为基础的。工业革命时期，西方城市人口的增长几乎等同于工业人口的增长。在现代发达国家的城市社区，由于技术的进步和社会生活的日益丰富，第二产业就业人员的比例大大增加。但这并没有改变城市居民以第二、三产业为主要职业和主要谋生方式的特点。[①]

■3.3 城市社区的特定功能

一个城市社区一旦产生，就会产生一定的功能。社区功能就是指社区运行过程中所体现出来的对社会或居民产生的影响和作用。作为社会整体的有机组成部分，城市社区理所当然地要承担起社会整体赋予它的使命；而作为相对独立的地域性社会共同体，城市社区又会对居民的经济生活施加独特的影响。从一定意义上说，城市社区独特功能的大小和强弱决定着城市社区的存在与质量。因此，在现代城市社区建设过程中，要加大对城市社区的建设力度。

城市社区的功能既是多样化的，也是多层次的。一般来说，城市社区具有的主要功能有整合功能（文化融合）、分化功能、辐射功能、教化功能、服务功能、社会救济功能、综合治理功能、心理认同和情感归属功能。

3.3.1 整合功能

城市社区整合是指各种功能不同、性质不同的社区构成要素和单位在不同组带的连接下形成一个整体，各部分在整体中根据社区共同生活的需要发挥自己的功能，从而造就社区整体功能，维持社区存在和发展。对于任何一个社区来说，都有这种整合功能。整合功能能把异质文化同质化，从而起到一个文化聚合作用。所谓城市社区的凝聚力就是社区整合功能的外化。

1. 整合的实质

从系统理论的角度来分析，当多种要素集合在一起，而且这些要素之间存在

---

① 张明亮：《新编城市社区建设读本》，中国社会出版社，2004 年，36～39。

一定的秩序关系时，这种关系就为各种要素提供了一种导向统一的可能，从而导致产生一种新的一体化形式。这种一体化不是各种要素简单的集合，而是一个由分散状态变为一个具有新功能属性的完整综合体的过程，这个过程就是整合过程。社区整合有同质整合，也有异质整合，但不论是哪种类型，它对于增加社区的内聚力来说都是有益处的。

社区整合的实质就是异中求同，是不同的构成要素在某种一致的基础上结合成一个整体。它的前提是社区构成要素的共同性和相互依赖性，通过社区的整合作用，使这些具有共同性和相互依赖性的要素整合成社区成员一种新的价值体系或行为模式。整合作用能否很好地进行，取决于以下两个条件：一是社区成员能否共同参与；二是是否具备一系列鼓励整合行为、抑制非整合行为的制度和规范。

2. 社区整合的内容

一般来说，社区整合的内容主要包括以下几方面：

首先，具备组织体系和建立相应的行为规范和制度。所谓组织体系，即社区组织结构。这是一个比较复杂的统一体，既有科层制意义上的组织，也有非科层制意义上的组织，包括一些群众社团组织。这些组织依照社区建设目标制定相应的一些规范和制度，这对社区整合作用都有着积极的意义。而在社区组织中起着重要作用的街道办事处和居民委员会，尤其要提倡一种社区的基本价值观念体系，为社会整合提供总体方向。

其次，要运用各种形式，动员社区成员共同参与社区事务，在共同参与社区事务中，可以培养和强化社区意识，形成社区成员彼此之间的认同感以及对社区组织产生归属感的地域共存感。

最后，要通过社区内部的利益调整，使社区成员彼此之间形成既定的利益关系，增强社区内部组成部分之间的利益的相关性。这种调整功能主要是通过的一些职能部门，如税务部门、社会福利机构和地方性基金会等实现的。

社区整合表现方式不仅表现为一定的地域性，更重要的是形成本社区的特色，如生活方式的特色、文化生活的特色、服务网络的特色等。这种特色可以增强本社区的特殊性，以区别于其他社区。

3.3.2 分化功能

城市社区无论作为整体还是作为其中的一些要素，从来不是一成不变的，而是不断发生变化的。美国社会学家斯梅尔瑟认为："社区分化是这样一个过程，借助于这个过程从一个社会角色或组织分化为两个或两个以上能充分有效在新的条件下发挥功能的角色和组织。"一般来说，在一个社区内部，由于各种因素的相互作用的加强，分化是不可避免的事情。社区内部会出现一些相对独立的部门来承担一定的功能。实际上分化意味着发展和变化。

社区分化是社区成长发育的需要，在许多情况下，尤其是社区中新的构成单元的出现，对社区发展具有积极意义，所以不要把社区分化看得过于消极。社区分化程度同社区发育程度相关。同生命系统的成长有赖于细胞分裂一样，社区成长也是依赖其组成部分数量和种类的增加，而这种增加则往往是社区分化现象导致的结果。

社区分化意味着社区的异质性增加，从而使社区整合采取异质结合的形式，各种要素和部分功能互补，产生有利于社区发展的正效应。同时，分化有利于社区内部核心部门的发展，即对那些对社区发展起着关键作用的部门有利，如加工业社区中的带头产业部门或支柱产业部门等。

一般来说，社区分化的形式主要表现在社区组织或构成要素的增值或者分裂上。增值是指社区要素中在原有性质上的量的增加，即原有成分在性质不变情况下的新成分的衍生，如社区中出现了一些新公司、增加了一个服务组织等。分裂是指原先的一个单位分化为两个或两个以上的组织，如一家大的公司在一定规则下分化成两个或几个公司等。还有一种情况，即人们有时还把社区中的原有要素的重新组合也看成是社区分化的一种形式，而不是看成社区的整合。因为，这种重新组合具有了同原有组织完全不同性质的组织，所以这是一种质变。

社区分化的内容比较多，主要有以下几个方面：一是社区组织和群体的分化。随着生产力水平的不断发展和人民生活水平的不断提高，社区组织会不断从单一的形态向更加完善的形态发展，社会群体也会随着不断增多。二是社区活动的分化。随着社会的转型和社会的转轨，人们的活动必然出现多元化，无论是生产活动、文化活动、宗教活动、体育活动、娱乐活动以及家庭活动都会从模式化向个性化发展。三是社区规范和制度的不断分化。由于社区活动的多样化，社会利益的多元化，更多的社会规范会不断出现，以指导和约束人们的行为方式。四是社会价值观和道德观的分化。一般来说，随着社会的发展和生活的日益丰富，人们的价值取向会从简单向复杂化发展。其价值理论观念、社会政治观、生活方式观、时空观等，在社区发育过程中呈现出越来越大的差异。

社区分化和社区整合是社区发育的重要机制。二者之间有着密切的联系，相辅相成，推动着社区生活的不断发展。

社区分化将使社区整合模式发生变化，从旧整合模式的调整或崩溃，新整合模式的建立，再到新的分化开始，循环发展构成社区发育的过程。从功能角度来看，社区的每个构成部分完成一定的功能，这些功能可以促进社区整体功能的实现。由于构成部分形式多样、功能各异，因此利用整合模式协调各部分的功能，让每个构成部分充分发挥功能是十分重要的。新分化出的因素，只有适应自己存在和发展的整合模式中才能充分发挥自己的作用。

3.3.3　辐射功能

同一个中心城市对外进行辐射一样，任何一个城市社区都会对外部世界产生辐射。从辐射的内容来看，有经济方面的、政治方面的、文化方面的、信息方面的、生活方式方面的等。

在城市社区中，城市社区的经济主要表现为空间集中的经济。正像沃纳·赫希指出的那样："没有空间集中，生产只能以极其有限的规模进行，通常靠近产品销售地易节省运费。在这种情况下，人口和生产往往相当均匀地遍布空间。"[①]从而意味着城市经济很难产生、发展。只有空间集中，即人口、企业和各种活动的空间聚集才形成城市，才存在城市经济。可以说，经济因空间聚集而产生，又因空间聚集而发展壮大。空间聚集既是城市社区吸引力产生的原因，也是各类城市问题产生的根源。空间聚集使城市经济具有显著的聚集经济效应，这种效应意味着企业可以获取更高的利润，居民可以得到更多的效用，从而促使城市经济进一步聚集。但当空间聚集引起的工资、地价、交通拥挤、环境污染等，这些问题会导致城市的郊区化倾向，甚至导致城市中心区乃至整个城市的衰落，也会导致新城市社区的兴起。

同时，城市社区的经济功能还具有中介和辐射功能。所谓中介功能，是指城市承上启下，连接大、中、小城市及农村、集镇的经济，形成生产与市场的上下游关系。所谓辐射功能，是指城市经济影响周边集镇、农村，形成一个经济圈，盛衰同步发展。主要是社区经济对其他社区经济所产生的影响和作用。一个社区的经济类型、产业结构、管理方式、市场营销、分配方式、产品定位、目标市场等，都会影响到其他社区。这种影响有时会成为其他社区仿效的依据。这种情况，尤其是在城镇中更为明显。

政治影响主要是社区内部的政治事务，如社区内部的政治指导原则、可持续发展原则、社区建设的管理机制和运行机制，社区民主政治建设包括街居的民主管理和民主监督，以及社区内的法制环境和治安状况等，这些内容都会在社区之间产生相互影响。

文化方面主要是指一个社区的文化氛围、文化活动、文化教育、道德规范的提倡和养成、社区精神的提炼和培育、社区形象的营造等，对其他社区的影响和作用。

信息方面主要是一个社区所产生的信息，或者经过这个社区传播的信息，会通过各种渠道传播到其他地区。社区舆论的形成，在很大程度上是通过信息传播后所起到的作用而形成的。

---

① 沃纳·赫希：《城市经济学》，中国社会科学出版社，1990 年，27。

生活方式方面主要是某一特定社区的生活方式，包括活动方式、娱乐方式、闲暇生活方式，以及时尚的流行等也会对其他社区产生的影响。

3.3.4 教化功能

社区教化一般来说是具有两个方面的内容：一是标准培训，一是社会文化、社会规范的内化。标准培训是指那些按照一定的章程和教学目标进行的培训，有正规的培训、非正规的培训，有长期培训，有短期培训，有基础理论培训，有技术技能培训等。对社区更为重要的一种培训功能是社会教化，社会教化通过各种方式对各个年龄段的人进行社会化。所谓社会化，是社会文化和社会规范的内化，是人的个性形成的发展过程，而这个过程最终要使人完成由一个生物人成为一个社会人的转变，从而使人具有社会性，为获得社会角色奠定基础。社会化的完成要通过许多渠道和方式才能完成，如家庭、幼儿园、学校、同龄群、同性群等。这些是人生的基础教育，也只有在社区内才能更加有效地进行。社区要通过一种无形的文化，塑造一种文化氛围来感染和熏陶社区成员。事实证明，如果一个社区有一个好的文化氛围，就会对社区居民产生一种巨大的感化力，人们在这里接受一种无意识教育，而这种无意识教育随着时间的发展，对人的影响就会越来越深刻，尤其是对于人的身心健康和未来发展会产生一种基础的作用。

社会化功能是社区中最重要的功能之一。可以这样说，社会化不仅对个人的生存发展至关重要，而且对社会乃至社会的生存和发展也很重要。事实上没有社会化就没有社区，也就没有社会。只有当一个社区的成员一起行动共同支持、维护这个社区的时候，这个社区才会生存下来，所以每个社区都会塑造其成员的行为来达到此目的。而社区是一个“微观社会”，因此从社会的观点来看，当人们感觉到自己想做的正是社会所期待的，并且社会之期待也最好地满足了社会的利益的时候，社会化过程才能有效地进行。

3.3.5 服务功能

社区服务最早起源于西方，发端于工业化国家。社区服务作为资本主义早期社会福利的一种形式，作为解决社会问题的一种方式，最早诞生于英国。今天的社区服务是城市社区的一个重要功能，是为满足社区居民的多种需求，依靠社区居民所进行的自助互助活动，是一种具有社会福利性和社会公益性的社会服务。现代社会随着社会主义市场经济的不断发展和人们生活水平的进一步提高，人们的工作和生活节奏越来越快，社会分工越来越细，专业化协作越来越强，加上家庭规模的小型化、单身人口的不断增多，人口老龄化程度越来越严重等诸多因素的作用，使人们对社区服务的需求日益增强。因此，社区服务功能也是社会发展的必然。

社区服务包括福利性服务、行政性服务和商业性服务。福利服务是针对社区中有特殊困难和对社会有特殊贡献的人所提供的一种无偿服务；行政性服务是以社区全体居民为对象，旨在为居民排忧解难、提供非盈利性的服务；商业性服务是旨在追求经济效益的盈利性服务，通过盈利性服务可以弥补社区经费的不足。社区服务有许多形式，如人际间的服务、邻里互助服务、家庭劳务服务、民俗改革服务、社区文化生活服务、社区医疗卫生服务、治安调节服务等。

3.3.6 社会救助功能

城市社区的救助功能是城市社区的特性所决定的。城市社区由于主要是由地域而划分的，人们的心理归属感和认同感强，所以城市社区的一切事物和工作都具有强烈的群众性。社区内部的群众性的互助互利的服务行为，可以充分体现出社区的救助功能，因为在这里，人们具有双重角色扮演者的特点，既是救助的参与者，又随时可能是受益者。对于特殊和突发事件，在社区内部可以得到迅速解决。

3.3.7 综合治理功能

随着社会的发展和城市管理难度的加大以及大量的“单位人”向“社会人”的转变，城市矛盾开始向社区集中。因此，对城市矛盾的解决，绝不是某一个部门或某一个方面的事情，必然要牵扯到方方面面，而社区的治理也呈现出越来越强的“综合性”。社区的综合治理主要表现在对社区的社会控制，包括强制性控制和非强制性控制。当然，最为有效、最为广泛的是非强制性控制。所谓非强制性控制，主要是对社区的各类人群，通过社会规范包括道德规范的宣传和教育，使社区居民能够自觉地用社会规范来指导和约束自己的行为。这当然是一个复杂的工程，牵扯到文化、教育、卫生、法制、民俗等诸多方面的工作，但这是一个覆盖面广、具有“广普”作用的举措。而强制性控制则是对少数“害群之马”的惩罚，对违法乱纪者则要通过法律程序绳之以法。

总之，综合治理是一项涉及范围很广的工作，因此必须动员全社区的力量，实行群防群治，建立社区社会治安综合治理网络。一般来说，这要由社区负责人牵头，建立区、街道、居委会和区内一些有着单位负责人参加的社区治安综合治理委员会，领导、部署、组织、推动综合治理工作的进行。

3.3.8 心理认同和情感归属功能

任何一个社区成员都会有着本社区长期生活而形成的心理认同和情感归属。所谓心理认同功能，主要是指一个人如果在某一社区存在，那么他就会对自己所在的地域和人都有一种心理上的认同感，他对于自己所在的社区地域，内心有一种“这是我生活的地方”的感觉，而对于社区里的人们则有一种“我们同属于一个社区的人”的感觉。当然，这种心理上的认同感和归属感是基于社区内生活、工作、人际交往、社会文化，以及各种社区活动所形成的情感和认识。①

一般而言，每当社会加速变迁的时期，也往往是各种社会矛盾和社会问题的集中凸显期和多发期。由于城市社区在现代社会中的重要地位，它将不可避免地成为社会变迁的主要舞台，并因此成为社会问题和社会矛盾比较突出和比较集中的地方。中国目前正处在社会加速变迁和转型的时期，从封闭或半封闭的传统社会转为开放的现代社会，从高度集中的计划经济体制转为社会主义市场经济体制。然而，社会转型的任务绝不是一蹴而就的，必将经历一个漫长甚至阵痛的过程。在此过程中，城市在获取和享受改革成果的同时，还必须承受并化解改革过程中出现的各种社会压力和社会矛盾，从而保证改革措施的不断深化和改革目标的最终实现。正是在上述背景下，中国城市社区承担着与西方国家城市社区不尽相同的某些特殊功能，表现在以下方面。

1. 社会稳定功能

改革的过程实质上是社会成员利益重组的过程。在这一过程中，社会成员获取的利益是不均衡的。一部分成员将会获得比原有体制下更多的利益，而另一部分成员则不仅得不到新的利益，反而可能会丧失原有体制下的一些既得利益。这种情况的存在很容易诱发和加剧一系列社会矛盾，并成为社会不安定的导火索，继而威胁改革往深层次推进。例如，住房制度改革、医疗体制改革、教育体制改革、农民增收缓慢、下岗工人的再就业问题、贫富差距的扩大、越轨行为增多等。为此，中央政府始终强调要正确处理改革、发展、稳定的关系，并把化解社会矛盾、减少改革风险、保持和促进社会稳定作为各级政府压倒一切的政治任务。毫无疑问，要完成这项艰巨的任务，必须依靠全社会的力量，单靠政府部门是远远不够的。而作为地域性的社会共同体，城市基层社区恰恰具有接近民众的天然优势，因而理所当然地被赋予了社会稳定的功能。

2. 社会整合功能

从社会学意义上讲，社会转型不仅意味着传统经济体制的转换和产业结构的升级，而且也意味着社会结构剧变。在此过程中，社会成员的角色、生活方式和价值观念都会发生各种变化，其可能产生的负面效应是原有传统、规范的削弱和社会解组现象的增加，最终导致社会秩序的混乱。中国目前正在进行的社会转型始终是在党和政府的领导下进行的，从而大大减少了社会变迁的盲目性，但这不意味着我国的社会转型不需要付出代价。事实上，社会成员的角色调整、生活方

① 李森：《城市社区建设概论》，山东大学出版社，2001 年，12～15。

式和价值观念的变化始终伴随着城市改革进程。在改革不断深化并进入攻坚阶段后，这些方面的变化将可能以更加剧烈的形式表现出来。如果对此不加以高度重视并及时采取切实有效的对策和措施，城市社会将面临西方学者所称的“社会失范”的危险并进而阻碍改革的顺利进行。例如，改革中出现的弱势群体或地位下降者面对突如其来的角色变化往往难以及时调整自己的心态，从而滋生厌世或敌对情绪；个人主义、拜金主义和唯利是图等价值观的存在，将不利于社会主义国家主导价值观的确立；少数富有者腐朽糜烂的生活方式，将危及整个社会的良好生活风尚。如果任这些不良现象蔓延，将会严重瓦解社会的整体性和主流价值观。

缓解和消除社会变迁所引起的种种不利影响、促进社会成员重新组合、建立与社会主流良性互动的和谐社会，主要途径有两种：强制性整合和非强制性整合。前者是指通过建立和健全各种法律法规并强制社会成员服从和执行，依靠理性的或非人格化的契约和制度去规范人们的行为以期实现社会的整合；后者是指通过小规模首属集团或道德规范去约束人们的行为，使社会成员在利益认同和道德认同的基础上达到整合的目的。显然，两种途径对社会整合所起的作用有着明显的区别。在现代社会中，各种形式的强制性手段的存在，是实现社会整合的制度基础和必要前提，但仅靠强制性手段往往并不能保证社会在完整意义上的整合。由于历史和文化等因素的综合影响，中国城市社区在后一方面可以发挥比西方社区大得多的作用。近年来，许多城市都开展了创建文明社区的活动，城市社区则根据自身特点制定了形式各异的居民行为规范。实践证明，这是具有中国特色的行之有效社会整合手段。

3. 社会服务的替代功能

20 世纪 80 年代以来实行的改革开放政策对城市居民的经济社会生活产生的影响是全方位的。从居民日常生活的层面看，改革开放既给他们带来了新的利益和新机会，也给他们带来了许多新的问题和挑战。例如，职工岗位劳动与家务劳动之间的矛盾，老年人的照顾问题等。由于中国的第三产业起步晚、起点低，服务业的发展明显滞后于工业化进程，以致许多本可通过社会化服务加以解决的居民生活至今仍属于家务劳动的内容。另一方面，城市居民的实际支付能力和他们对社会化服务的预期成本与现实价格之间的差距，也迫使他们望而却步。正是在这种情况下，中国城市社区靠政府鼓励、社会支持和居民参与，纷纷举起了社会服务的旗帜并将家务劳动的许多内容纳入其中，如代请保姆、代送小孩入托、代取牛奶、代替照顾老人等。由于收费低廉且服务方便，使社区服务起到了部分替代社会服务的功能。[①]

---

① 程玉申：《中国城市社区发展研究》，华东师范大学出版社，2002 年，36、37。

第4章

新中国城市基层管理的变革历程

中国是一个有着10多亿人口的大国，在这样一个人口大国里进行社会主义现代化建设无疑是人类文明史上的巨大工程。城市作为这个巨大工程的核心，它的发展也就成为现代化建设中前进的驱动力量。而城市的发展必然要求对城市社会进行有效的管理。进入21世纪，中国各种经济成分的发展、社会阶层的分化、国有大中型企业的改制、城市人口的增加等新情况均促使城市居民脱离了传统单位体制的局限和束缚，从而寻求不同的社会组织形式和社会活动方式。而目前过于集中的行政管理体制也迫使政府必须考虑把大量本该由社会和市场去做的事情剥离出来。因此，建立适应社会主义市场经济、符合现代公共管理理念的新型城市基层管理体制已经成为时代的需要。

■4.1　改革前的城市基层管理（1949～1978）

4.1.1　改革前城市基层管理组织的确立

新中国成立后，中国共产党在城市管理中废除了国民党时期的保甲制度，对大城市的区级建制进行合并重组，形成市、区两级政府。区之下的基层管理体制在1954年之前有三种类型：一是设街道人民政府，如武汉、大连；二是设街道办事处，作为区政府派出机构，如上海、天津；三是不专设机构，只在公安派出所内设民政干事，承担领导居民的有关工作，如北京、重庆。街之下均不设政府组织，由居民在政府指导下自行组织居民委员会、防护组、防盗组或者居民组等。[①②] 1954年12月31日全国人大常委会审议通过《城市街道办事处组织条例》和《城市居民委员会组织条例》，统一规定：十万人以上的市辖区和不设区的市，应当设立街道办事处；十万人以下五万人以上的市辖区和不设区的市，如果工作确实需要，也可以设立街道办事处，作为市辖区和不设区的市的派出机关。居民委员会是群众自治性的居民组织，参照公安户籍段的管辖区域设立，一般每100户至600户设一个居委会，由各居民小组推选的委员7～17人组成。企业职工居住集中的住宅区或者较大的集体宿舍，可以设立职工家属委员会兼任居委会的工作。这样，街居两级组织的名称、性质、任务和机构设置实现了全国统一。自此，街道办事处和居民委员会作为城市基层管理体制的组织载体，正式进入国家政治制度的视野。[③]

从封建社会的“什伍”制、“邻保”制到民国时期的“保甲”制，我国传统的社会管理思想都是以对居民个人的控制为基础。街、居体制建立的初衷也秉承了这一思路。1953年6月8日彭真在给中央的报告中写道：“由于我们现在的工业还很不发达，同时还处在向社会主义过渡的新民主主义社会阶段，即使在现在工业较发达的城市中，仍有很多不属于工厂、企业、学校、机关的无组织的街道居民，这种人口在有的城市中，甚至多至60%以上。为了把街道居民逐步加以组织并逐渐使之就业或转业，为了减轻现在区政府和公安派出所的负担，在很多城市中除建立居民委员会外，还需要设立市或区人民政府的派出机关，我们的意见是设立街道办事处。”这就是说，国家通过机关、学校、企业等行政化色彩浓厚、功能无限放大的“单位”实现了对体制内居民的控制，还需要设立街道办事处和居民委员会管理那些没有正式“单位”的体制外的城市居民。毛泽东和中央其他领导同志同意了这个报告。从此以后，各城市都陆续建立了居民委员会组织，名称也逐渐趋向统一，性质都是群众性自治组织。为了使居委会的建设和工作能够顺利进行，1954年12月召开的第一届全国人民代表大会常务委员会第四次会议制定并颁布了《城市居民委员会组织条例》，第一次用法律的形式肯定了居民委员会的性质、地位和作用。

1958～1966年，在“大跃进”、“大办人民公社”的影响下，有些城市将街道办事处与居民委员会并列在一起，改称为“城市人民公社”，主要任务是大办工业和商业。一些城市居民委员会的工作内容主要是大搞“阶级斗争”，职责范围内应当作的工作都基本废弃。还有一些城市把居民委员会与治安保卫委员会合并起来，称为治安调解委员会，其主要任务由原来调解一般民间纠纷和轻微刑事案件改为

---

① 潘小娟：《市政管理体制改革：理论与实践》，社会科学文献出版社，1998年。
② 华伟：《单位制向社区制的回归》，《战略与管理》，2000年第1期。
③ 杨荣：《论我国城市基层管理体制的转型》，政治学研究网。

主要约束、处理和改造“大错不犯，小错不断”的所谓社会不良分子。这实际上是把调解委员会和治安保卫委员会改为具有政权性质的组织。这一时期的居民委员会的名称被任意改变，工作职责和任务不清楚。①

粉碎“四人帮”之后，街道和居民委员会的工作逐渐走上正轨。当然还是存在很多问题，这些问题在中国的改革开放过程中被逐渐地暴露出来。归纳起来，改革开放前的城市基层管理体制事实上是由两部分组成：一是包括党政机关、团体、企事业在内的党政单位、企业单位和事业单位等。它吸纳了我国城市居民的绝大多数，是城市居民的基本组织形式。二是街道办事处和居委会。它们的管理对象是极少数没有单位的城市居民。市区政府无法透过“单位”与这类居民发生关系，街道办事处和居委会的作用就可以发挥了。可见，与计划经济体制相适应，“单位”在整合城市社会、行使城市管理职能上发挥的是主体作用，街居组织只是必要的辅助和补充。②

4.1.2 改革开放前城市基层管理的特点

改革开放前的城市基层管理体制有这样几个特点：

（1）街道和居委会的权力很小，功能有限，本应涉及事务绝大部分被“单位”代理，国家主要通过“单位”传达各类城市管理信息，进行社会组织、社会动员和资源分配，街道组织和居委会自身已经被严重边缘化。除此以外，区政府各类职能部门还在街道设立了相应的对口单位实行所谓的“条条”管理，于是区政府政策实施主要通过各职能部门执行，需要街道办事处配合的再由各局传达到街道各所，所以街道办事处充其量只是做一些辅助性工作，比如宣传组织政策和动员群众参加，以及随同税务人员和工商人员进行检查等。这种情况尽管在改革开放以来有所改变，比如街居组织的职能开始扩张，机构也不断膨胀，功能不断变多，但其边缘性地位始终没有改变。即使创办幼儿托管机构、经营副食商品的销售或其他一些有限的社会保障，也都是以为“单位”外居民提供服务为主，涉及面狭窄，没有也不可能干涉传统的“单位”内居民与“单位”间的关系。③

（2）传统的“单位”管理，使得本应是协调生产的工作组织承担了过多的社会和居民服务职能，结果是“单位”反而替代街道和居委会起了一个“组织市民”的作用，这样压缩了社会权力的存在空间。在改革开放之前的计划经济时代，“低工资、高就业率”是一个明显表现，国家从人们手中取走较大一部分收入用于积累，这部分积累资金又有很大部分以拨款的形式交还给“单位”，所以“单位”也就不可避免地要承担起员工及其家属的“从摇篮到坟墓”的各种生活服务。“单位”

---

① 李森：《城市社区建设概论》，山东大学出版社，2001年，57、58。
② 唐忠新：《中国城市社区建设概论》，天津人民出版社，2000年，121～124。
③ 杨荣：《论我国城市基层管理体制的转型》，政治学研究网。

也就表现得更像一个“小社会”，除掉为社会成员提供产品和服务以外，还要提供政治思想的教育、后勤的服务保障、甚至微观到每个“单位人”的婚姻生活等。这些复杂繁琐的功能使得街道和居委会的城市管理职能被大大压缩。

（3）传统的“单位”管理，使得社会居民生活空间与居住空间发生分离。对在某一“单位”工作的居民来说，“单位”不仅仅要负责其工资、福利，还要按照国家政策和有关规定为其分配各种政治和社会资源，“有事找单位”的思想在人们的心中已经根深蒂固。各种琐碎小事反而与居住地的基层组织没有关系。结果是街道与居委会组织根本无法介入居民生活，不可能有效实施社会管理。①

（4）强化了居民的身份特征，“单位”已经部分取代了政府的基层管理组织，这种二元制的管理体系，使社会居民被根据有无“单位”被划分为两种，一种是在某“单位”工作的居民，根据国家政策享有各种较为优厚的福利待遇。一种无“单位”人员，被严重地边缘化，生活无人过问，医疗保健更加无法实现。计划经济体制下的“单位”有极强的自闭性，不仅无单位人员不好找到“单位”，而且外“单位”人员的工作调动也要涉及户口、档案、组织关系等一系列繁琐的手续。这种情况客观上造成了社会居民的身份被贴上了标签，无“单位”人员遭到社会的歧视。

4.1.3　改革开放前的城市基层管理体制存在的主要问题

改革开放前的城市基层管理体制使得国家成为社会管理的唯一主体，国家通过行政体系对社区内的经济、政治和社会生活实行全能的管理，各类型的单位组织包括街道组织和居民委员会就成为国家实施这种全能管理的基础。这种管理体制存在着众多的弊端，主要体现为以下几个方面：

1. 职能权限不明

随着社会转型的展开，街道办事处承担了越来越多的管理工作，俨然成为管理社会事务的一级政权机构，它不再仅仅是政府派出机构。在实际运行中，社区和居民遇到的各种问题都汇集到街道，期望通过街道得以解决。一方面，街道作为派出机构与上级政府在职能、权限不非常明确；另一方面，街道办事处对不少问题名义上虽有协调权，实则有事权而无职权，最终还是只能靠政府职能部门来行使这种管理权。

2. 管理体制不顺

集中表现是条块矛盾突出，主要是街道办事处与市、区政府的“条条”部门

---

① 杨荣：《论我国城市基层管理体制的转型》，政治学研究网。

之间责、权、利关系没有理顺。在利益主体日益多元化而法制又不健全的情况下，有利的事争着干，无利可图的事都不愿干。街道办事处没有执法的权利但要管理社区基本生活秩序，各个执法部门有权执法却又没有力量把政策法律落实到基层。这就是社区基层组织经常出现的“看得见的管不着，管得着的看不见”的现象，其结果是条块之间推诿扯皮的现象在所难免。

3. 管理机制简单

街道办事处作为人民政府的基层组织，应在本辖区内综合管理、服务群众方面发挥政府职能，但由于机构设置、人员配置、基本设施等方面不足，使其只能行使部分职能，由此造成执法政出多门、相互配合不够和整体成效不高的现状。办事处工作人员在年龄、文化知识、专业结构上的不合理，也在很大程度上制约着社区管理和服务作用的发挥。另外，基层管理组织在街道管理中大多依靠政府行政行为，最拿手的方法是传统的“突击”布置任务、检查、评比等，可以调动的力量只是街道机关干部、居委会干部等，其结果必然是效率低下，居民参与率低。

■4.2 改革开放前期城市基层管理的变化（1979～1991）

1980年以后，随着社会主义市场经济体制的逐步建立，个体私营经济获得快速发展，社会结构不断分化，城市社会发生了根本性变革。社会的转型对传统的二元城市基层管理体制构成了挑战。

一是“单位人”向“社会人”的迅速转化。劳动用工制度和社会保障制度的改革逐步弱化了“单位”对职工的约束力，职工与单位之间的关系越来越松散，大量“单位人”开始向单位外流失。过去，“单位”可以决定职工的政治、福利甚至社会待遇。现在除工作外，职工需要向“单位”寻求帮助的内容越来越少，职工越来越多的个人隐私可以不必在“单位”内坦承。另外，大批国有企业的破产或准破产以及职工“下岗”也迫使“单位人”丧失单位依托，迅速转化为“社会人”。

二是社会组织的多样化特征日益明显。除传统的行政事业单位外，出现了大量不具备“单位”体制特征的组织。比如三资企业、个体私营企业、民办非企业组织，非营利性社会组织等。据1999年的统计，仅个体工商户和私营企业就吸纳了8300万人就业，占总就业人口的12%。

三是流动人口不断增加。由于人力资源配置方式的变革和城乡二元治理结构的打破，城市居民选择的机会越来越多，农村大量剩余劳动力也开始涌入城市，使得城市流动人口空前增加。目前北京、上海、广州等市的流动人口都达到数百万人。流动人口显然无法纳入“单位”体制中管理。

四是单位职能开始向社会转移。单位办社会的后果是制造了大量的后勤服务人员，工作效率奇低。历次政府机构改革、高校后勤管理改革以及企业管理体制改革等的目标就是把“单位”承担的社会职能转移出来，使“单位”只从事自己的本业，其余的交由社会来办理。单位的服务功能、福利功能、保障功能以及政治宣传功能正在弱化，居民与单位之间的关系正在向纯粹的雇佣关系发展。

五是城市基层管理的内容越来越多。为了解决就业及弥补财政的不足，街道居委会创办了大量经营性组织，其经济职能迅速膨胀，街办经济、居办经济发展迅速。城建、市容、社会治安、外来人口管理、社会救济金发放、再就业培训等过去闻所未闻的工作统统压向街道居委会。“街道居委会是个筐，什么都能装”就是最形象的描述。

六是居民的社区参与要求愈来愈强烈。包括福利分房制度在内的社会保障体制改革密切了居民与居住地之间的利益关系。过去没有人关心的治安、绿化、卫生、违章建筑等成了居民们人人心系的头等大事，促使他们越来越关注并渴望参与街居组织的决策过程。

上述六个方面的变革表明，“单位”制度在社会转型的大背景下正在走向衰落，其整合社会的组织功能不仅日益弱化，而且不可避免地最终要走向瓦解。因此，以“单位”组织为主体，以街道居委会组织为辅助的城市二元基层管理体制也必须适应新形势，进行相应的变革。

1982 年 9 月，民政部召开了城市基层政权管理体制改革问题座谈会，揭开了城市基层管理体制改革的序幕。面对社会形势的迅猛变化，民政部门从承接企事业单位转移社会服务项目的需要出发，提出了“社区服务”的概念。1987 年 9 月民政部在武汉召开全国城市社区服务工作座谈会，对社区服务的内涵做了定义，明确了社区服务的发展方向，并迅速在城市中展开了社区服务工作。首先加强和扩展了社会福利和服务。将原来由国家包办的社会福利服务体制逐步转向为国家、集体、个人一起办，调动街道、居委会及其他社会力量，面向社会，多渠道、多层次、多种形式地开展各种社会福利事业。全国许多城市相继新建了一批福利服务设施，如敬老院、老年人活动站、残疾儿童寄托所、精神病人活动站等；服务内容也将原来单一的生活救助服务，扩展为生活、康复和文化娱乐等多种服务。与此同时，广泛开展了以社区为载体，面向全体社区成员的便民利民服务和企事业单位的双向服务，各个城市街道、居委会都建立了社区服务活动中心、各类活动站、便民利民服务网点等，经过多年的发展，我国城市基层管理中的社会服务体系已初步建立起来，形成了无偿服务、低偿服务和有偿服务相结合，专职服务和志愿服务相结合，福利服务和便民利民服务相结合，内容多元化的社区服务网络。

1989 年，国家又通过了《中华人民共和国城市居民委员会组织法》（以下简称《居组法》），于是再次在法律上确认了街道居委会作为自治组织的性质。对于街道，虽然没有颁布专门的法律，但它在行政事务处理中可以援引的条款也在不断增加。这样一来，街区的工作任务迅速的增多，不再局限于社区服务，开始从就业、教育、宣传、治安、交通、工商到环保、绿化、街道管理、计划生育，再加上许多临时交办的任务，这时的街区同一级政府已经没有太大的差别。

20 世纪 90 年代，我国进入社区建设和社区发展的新阶段，1991 年 5 月 31 日，时任民政部部长崔乃夫在谈到基层政权建设工作时，明确提出推进社区建设的要求。1992 年 10 月，中国基层政权建设研究会在杭州专门召开了“全国城市社区建设理论研讨会”。这样，以开展社区建设为标志，城市基层管理体制改革又开始进入一个新的阶段。

■4.3 改革开放中期城市基层管理的变革（1992～1998）

传统的城市基层社会管理体制从实践上来看已经弊端重重。那么改革的方向是什么？大量的实践经验告诉我们，单靠行政系统的单一力量实现城市社会的管理和整合不仅不明智，更不会奏效。在市场经济日益发展和社会力量不断壮大的背景下，需要建立起以法律为准则，政府依法行政与社会有效自治组织相结合，居民群众积极参与社区性公共问题的解决和公共服务的提供，各种权力在街区范围内合作共生、互助双赢并有效制约的新型城市社会整合机制。而这种要求，在原有的体制框架内实现的可能性极其微小，以城市基层管理体制创新为其本质的中国城市社区建设正是在这样的背景下走上历史舞台。

梳理改革中关于城市基层管理的发展轨迹，可以看出从提出城市社区建设的思路到 1995 年，是城市基层管理变革的实验准备阶段，1996～1997 年，为开始起步阶段。

4.3.1 试验准备阶段

“城市社区建设”这个思路在 1991 年 5 月 31 日问世后，开始并不为人们理解，理由有三个：一是抓城市基层政权和自治组织建设是民政部门的一项传统性工作，包括居民委员会的建设、街道办事处的建设甚至城区人民政府的政权建设工作。这些工作都既有政策依据，同时又有实践基础。而社区建设从理论上还没有定型，定位在什么样的层面也没有明确；二是从当时民政工作来讲，尽管城市社区建设实施城市基层管理走出困境的最好办法，但由于这两项工作分属本部的两个职能部门，相互之间有壁垒，在体制上又是脱节的，所以即使要负责基层政权建设的部门负责城市的社区建设，也会感到关系不顺，从而缺乏内在积极性；三是这项工作既然涉及方方面面，与教育、卫生、文化、体育、公安及党的建设都有关系，作为民政部门通过什么形式去组织、协调和开展工作，都没有模式去借鉴。鉴于上述原因，民政部基层政权建设司为统一职能部门对开展这项工作的认识，于 1991 年 7 月向全国发出了《关于听取对"社区建设"思路的意见的通知》，听取意见。

城市基层管理是一个综合的概念、一项综合的工作。研究城市基层管理体制，要明确如下与城市社区有关的六个关系：一是与区政府的关系。区政府要加强领导城市社区工作，要对城市社区工作进行统筹规划，要协调各部门统一步调，齐抓共管。二是与街道办事处的关系。街道办事处是城市社区工作的领导者，也是具体组织者。三是与区政府职能部门的关系。区政府职能部门是城市社区某方面工作的指导者，负有搞好一方面工作的职责。四是与街道辖区内的关系。街道辖区内各机关、学校、团体、企事业单位，是城市社区管理的参与者和联建单位，要积极参加和支持城市社区工作。五是与居委会的关系。居委会属于城市社区管理的一个层次，可以看作是街道社区的"小社区"，要自觉融入城市社区的这个位置，做好自己的基础性工作。六是与民政部门的关系。市以上民政部门是城市社区管理的指导机关，当好政府的参谋，指导好社区管理工作的开展。依据上述关系，可以看到在实验准备阶段城市社区管理的变革思路，可以概括为：区政府是城市社区管理的上级领导机关；街道办事处既是领导者，也是具体组织者；区政府职能部门是社区管理某方面的工作主管部门；市以上民政部门是社区管理的指导机关。

4.3.2　开始起步阶段（1996 年 1 月～1998 年 5 月）

从客观实际看，随着城市改革力度的加大，城市基层政权和基层组织建设工作中的矛盾和困难都逐渐显露出来，在建立社会主义市场经济体制过程中，作为上层建筑的政权建设和社会组织建设将如何面对、如何化解这些矛盾、克服这些困难，就成为摆在城市各级党政领导面前的一个需要迫切解决的问题。

在城市社区管理体制变革中捷足先登的是中共上海市委和上海市人民政府。1996 年，时任上海市委书记的黄菊同志亲自主持，由四个市委副书记带队，组织相关专家学者，以及市委、市政府领导班子中的人，深入到区、街、镇、居委会调查研究了三个多月时间，对城市基层工作和基层组织建设的现状，在新的形势下基层政权建设面临的机遇和挑战，建立新型的城市基层管理体制的必要性和可能性等问题有了一个比较全面的了解，并在统一思想、形成共识的基础上，出台了三个文件。

一是中共上海市委、市人民政府《关于加强两级政府两级管理意见》的文件，旨在理顺市与区之间责任、权力和利益之间的关系；二是中共上海市委、市人民政府《关于加强两级政府三级管理意见》的文件，旨在理顺市、区、街三级管理责任、权力和利益之间的关系；三是中共上海市委、市人民政府《关于加强街道、居委会和社区管理意见》的文件，旨在加强街道、居委会的功能、组织协调方方面面的关系，推动街道、居委会工作社会化，建立起适应社会主义市场经济体制需要、适应城市现代化管理需要的社区管理体制。

上海市在城市基层管理体制改革方面的举措，受到了党中央领导的高度赞赏，1996 年 3 月 18 日，江泽民同志在参加全国人民代表大会上海代表团的小组讨论会上，当听了一些代表介绍上海城市体制改革情况后，他十分高兴地说道："要大力加强城市社区建设，充分发挥街道办事处、居委会的作用。20 世纪五六十年代，他们曾做出过很大贡献，在新的时期要进一步发挥他们在加强城市管理、维护城市秩序中的重要作用。"

同年 6 月，河北省石家庄市的领导，在当时中共河北省会和省人民政府领导的支持下，也紧步上海后尘，在调查论证的基础上，形成了《中共石家庄市委、石家庄人民政府关于加强社区工作的意见》。10 月，民政部基层政权建设司和中国城区发展促进会在北京又召开了全国社区建设理论研讨会，在会上，民政部向新闻界发布了对中国微型社区抽样调查的情况分析报告。

此后到 1997 年 6 月，城市社区管理的形势一直看好。先是杭州市，继而是青岛市，都出台了相关的政策和规定。[①]在城市社区管理方面取得成功经验的具有代表性的城市有：

1. 上海：街区权力整合中的行政力量和社会力量一体化

上海的"两级政府、三级管理"的改革策略主要是实现在街区范围内的行政权力的整合。其改革方向是市政府向区政府放权让利—区政府向街道放权让利—街道向社区放权让利的逐步过渡。上海将城市基层管理的操作平台放在街道层面，在街道层面实现"条块融合、以块为主"的行政权力整合之后，一方面注重构建"四级网络、培育自治功能"，使社区管理的工作重心进一步下沉到居民区及其居委会组织，从而使行政推动更好地依托和培育居民自主参与。[②]另一方面，以街道为主体，成立旨在整合街区内各种以前被割裂的权力的城区管理委员会。该委员会由街道、区政府各职能部门、街区内的社会团体、企事业单位、居委会代表和居民群众代表组成，目的是要充分发挥政府在社区管理中的主导作用、企事业单位的资源作用、社会团体中的中介作用和居民群众的基础作用，从而动员起社区内的各种力量参与社区建设和社区管理。城市管理委员会的成员全部兼职，活

① 韦克难：《社区管理》，四川人民出版社，2003 年，72～74。
② 徐中振：《深化上海社区建设的若干思考》，《上海社区建设研讨会议简报》第 2 期，6。

动形式主要是街道以居委会为单位主持的社区事务协商会议。会议一般围绕某个社区公共问题，由街道官员主持，涉及的有关部门、社会团体、企事业单位、居委会代表和社区内有名望的居民代表参与。可见，上海对居民自治权力的制度设置和保障主要是通过社区事务协商会议，以期连接街道、政府职能部门、社会团体和群众自治组织与居民，完成街区行政权力的社会化。

2. 沈阳、武汉行政体系外的自治组织建设与体制架构

沈阳在探索社区建设和社区居民自治作用发挥的途径上走出了另一条新路子。沈阳是以城市社区管理体制改革为突破口，切入社区体制改革与社区自治体制架设的。其改革思路界定为：建立以居住地为特征，以居民认同感和归属感为纽带，以提高居民生活质量、综合素质和社会文明程度为目的，以社区成员的自我教育、自我管理、自我服务和自我约束为手段，有党和政府领导、社会各方参与、群众自治管理的区域性文明小社区，形成共居一地、共同管理、共促繁荣、共保平安、共建文明、共求发展的社会化自治管理的运行机制。沈阳创造性地将社区作为小于街道大于居委会的层次，是寻求社区规模、社区资源、地域明晰和有利于社区自治发育等因素的一个均衡点。其后，议行分设的社区自治组织建设和政府向社区赋权，从而建立起以自治社区为平台的社区建设和城市管理体制改革的体制框架。武汉市，主要是江汉区，在明确界定政府与社区自治组织关系，转变政府职能，推进社区自治发展与政府管理优化的互动双赢、激励相容方面走出了坚实的步伐，为居民自治能力的成长和功能发挥提供了更为稳定的社会空间，更为基层管理体制创新和政府的公共服务优化提供了新的社会基础。沈阳、武汉等地较之上海，更为重视行政体系外的自治组织系统与行政系统区分和共生、互励，重视政府职能的转变，并建立了多层次的居民参与社区公共事务的途径和机制。

3. 南京、青岛、天津等地多层面的社区服务体制架设中的居民参与和自治机制建设

南京、青岛、天津等地通过实现社区服务体制的重构，以此推动城市基层管理的发展。其建立的社区服务体制框架主要包括以下几个层面：①政府面向社区的公共服务体制重构。在学习沈阳市和武汉市江汉区关于政府与社区关系定位的基础上，建立区街多重的政府重心下沉，面向社区服务的机制，形成居民评议政府工作的机制，优化政府提供的公共服务。②投入和运作机制社会化与市场化的社区服务中心。提供居民日常生活必需的各类有偿、低偿和无偿服务，使社区服务中心的投入和运作走向社会化和市场化。③搭建起成体系的社区专职志愿服务队伍和志愿者组织，寓管理于服务中，以服务化解城市改革中遇到的问题，消化

改革成本。[①]

■4.4 新时期城市社区管理创新的全面展开（1999 至今）

4.4.1 我国目前城市社区管理模式的类型

城市社区是一个国家或城市这样的大系统中的子系统，有层次性、结构性，而且必须是开放系统。开放系统无论是其内部还是与外界环境都处在不断地交换中，即相互作用中。由于社区本身有一定的结构，这就决定了社区管理模式也存在一定的结构，这种结构表现在：

第一，结构上的多层次性、多系统性。多层次性，即街道、小区居委会和居民代表形成一个纵向的三级管理体系。多系统性，即政府行政管理体系、社会自治管理系统和生活服务管理系统形成一个横向的三大管理体系。第二，街道办事处或乡、镇政府是社区管理中的最高权力机构，其职能主要包括：规划、监督、授权管理、沟通。第三，政府的行政管理系统一般分为两个子系统：一是街道办事处或乡、镇政府直属的行政管理系统；另一个是外部的职能部门的行政管理系统。以街道办事处或乡、镇政府直属行政管理系统为主，职能部门行政管理系统参与社区管理，归属街道办事处或乡、镇政府领导。第四，与街道办事处或乡、镇政府直属的行政管理系统平行，还有两个社会化的管理系统：第一个系统是社会自主管理系统，主要是各类不同的社区中介组织，其职能是提供各类社会性、公益性、群众性的服务，其中包括教育、卫生保健等方面的指导、咨询服务，社会救助、扶贫、助残、就业、养老保险、妇女儿童保护等方面的社会服务，以及管理一些社会文化设施；第二个系统是生活服务管理系统，它的功能目标就是为社区居民提供生活方面的各类服务。这一系统的运行特征除了提供某些公益性的服务外，一般都是一种有偿的经营活动。

随着我国社会经济体制改革的深入，城市社区管理创新开始蓬勃发展，各地开始了城市社区管理体制的构建实践，并且创造了很多成功的经验，形成了有一定代表性的城市社区管理模式。目前，仍是多种城市社区管理模式并存。

根据城市社区管理活动的主体不同，可将目前的社区管理模式分为企业主导型、政府主导型、市场主导型、社区自治型四种类型。

1. 企业主导型社区管理模式

企业办社会模式也称为企业主导型管理模式。这种模式形成于计划经济时

---

① 尹维真：《中国城市基层管理体制创新》，中国社会科学出版社，2003 年，52～54。

代，企业对社区内各种设施包括房产、学校、娱乐设施等基础性设施享有所有权，在政府有关部门的参与下，企业直接或间接行使社区经济管理职能、社会事务管理职能和市政管理职能的管理模式，是典型的企业办社会的模式。企业办社会模式的特点：一是社区内的居民具有双重身份，在单位内是职工，到社区又是一个社区的居民，社区居民与企业有着割不断的关系；二是企业是社区投资的主体，社区内的各项建设成了企业给予职工的福利，因而社区内各项服务功能和配套设施比较健全和完善；三是在单位企业社区内人与人之间的关系比较融洽，社区居民对企业认同感和归属感比较强，形成稳定的企业社区共同意识，从而社区稳定的秩序易于形成；四是社区内各项文体基础设施有可靠的物质保障；五是社区居民安居乐业，享受企业给社区居民带来的福利。

2. 政府主导型社区管理模式

它是以政府为核心的社区管理模式，在现阶段主要是以街道办事处为主体，在居委会、中介组织、社会团体等各种社区主体的共同参与配合下对社区的人口、治安、司法、公共事务、社会事务，社会福利等事务进行管理。政府主导型管理模式的优点是：政府在社区建设中发挥主导作用，联合社区内各种主体成为一体，并担负着对城建、环卫、公安、文化等部门的协调、组织功能，形成条块结合的以块为主，各司其职的管理网络，共同管理好社区的各项事务。政府由于有坚实的权力做后盾，因而政府的行为具有权威性和统一性。政府主导型模式的不足集中表现在：与我国目前政府机构改革的思路有别。政府机构改革贯彻“精简机构，提高效能”的原则，为此，必须转变政府职能，降低政府的管理成本，减轻政府的负担。而政府主导型管理模式强调的是一种传统的政府办社会的模式，政府的负担加重，从而降低了政府的工作效率。

3. 市场主导型社区管理模式

市场主导性社区管理模式又称为“物业管理模式”。它是在城市综合开发的基础上，适应市场经济的要求，建立起来的一种经营性的社区管理模式。这种模式包括以下内容：第一，由物业管理部门依照法规、合同对统一规划开发的新建设住宅小区的各类房屋清洁、绿化、安全保卫、道路维修实行专业化管理，并向居住人提供服务；第二，小区管理通常采用签订承包责任书和承诺的方式将具体任务落实到岗位管理人员身上；第三，住宅小区的社会管理、行政管理职能由街道办事处和有关方面配合进行。

市场主导型社区管理模式也有一定的优点。市场主导型模式的优点：第一，物业管理公司的地位明确，责权利相统一，避免了社区服务和建设方面相互推诿、相互扯皮现象，提高了为社区居民服务的水平，为社区“安全、方便、舒适”的优良环境的形成提供了保障；第二，投资主体加强了社区的硬件建设，减轻了政府投资建设的负担，也降低了社区居民对硬件设施不满意的程度；第三，允许产业多元化，易于形成竞争的格局，能适应社会主义市场经济发展态势。市场主导型模式的不足：物业管理公司或投资主体更多注重的是经济效益，常会忽视社会效益，因而社区建设可能会出现“一手硬，一手软”的现象。

4. 社区自治管理模式

社区自治管理模式是以社区居委会为核心，联合社区内其他各种主体（非政府组织、新经济组织、企业、个人）一起，共同参与社区事务的管理，实行真正的民主自治管理的一种模式。社区自治模式的优点：第一，能调动社区居民广泛参与社区事务的积极性，真正发扬社会主义的民主，使社区居民真正地成为社区的主人，管理自己的事务，这与中国民主政治发展的方向是基本一致的；第二，社区内各种主体能广泛参与社区事务，形成“我为人人，人人为我”的良好局面，有利于社区居民社区认同感、归属感的形成；第三，由于社区各种主体广泛参与到社区建设中，形成“民建、民管、民用、民受益”的良好态势，因而大大减轻了政府在社区建设中的负担，有利于政府转变自己的职能，使政府从复杂的社会事务中解放出来；第四，社区居民积极参与社区事务，使社区的建设易于落到实处，有利于提高社区居民的生活质量。社区自治模式的改革方向：政府要积极引导社区各主体参与社区事务的积极性、主导性。政府要保证各社区主体参与社区事务有法可依，依法行事；政府要把群众组织起来，建立有效的管理机制。这种管理模式既是我们提倡的，也是我们要大力发展的。

4.4.2 我国现代城市社区管理模式的创新

1. 现代城市社区管理模式创新原则

第一，社会需要原则。社区行政框架的设计都应把本社区的需要放在一个优先考虑的位置。应建立有效的组织和制度使市民的利益要求能得以充分表达，并使政府行为能直接地面向社区居民需要。第二，系统一致原则。社区行政框架首先是一个自我组织系统，内部机构应追求完整和统一。其次，整个社区行政框架应逐步纳入国家行政管理体系，其行政权力应在其职责范围内保持完整和明确落实到基层。这里有两层含义：一是权力要区街职能分流，扩大街道在人事任免、指挥协调、增资筹款等方面的权限，增强街道在人事、执法、监督、财力等方面的行政管理功能；下移的权限包括：①部分城区规划的参与权；②分级管理权，对已有法规可以管理的事项，实现条块分别放权，明确责任；③综合协调管理，接受街道统一协调，如公安治安、户籍管理、工商市场管理等；④属地管理权，街道办事处可以对某些事务实施直接管理，如环境卫生、社会救济、社会就业、计划生育、户籍管理等。二是管理要从政府机构逐步分化到社会中去，完成政企分离、政事分离、议事层和作业层分离，实现社区的社会化管理。第四，依法行政原则。保证社区管理的合法性，有两层含义：一是要建立和完善有关社区行政的法律法规，使社区行政各组织权责明确；二是要完善行政复议和诉讼制度，以便于国家权力机关和人民群众的监督。第五，协调合作原则。社区行政框架建构应保持各组织之间的权力均衡，建立起有效的协调机构和协调制度。第六，“条包块管，以块为主”。“条”是进行专业管理的各职能部门，“块”指的是进行综合管理的地域性机构——街道党工委和街道办事处。社区中的专业管理是指公安、工商、市政、园林、环卫等专业职能部门按照法律、法规，按一定的程序，对专业领域内的事务进行行政管理；综合管理是以组织领导、综合协调和监督检查的方式对社区进行管理。以块为主的新体制的核心内容是：在街道工委、街道办事处性质不变的前提下，依照法律、法规、规章和上级政府的授权，行使相应的政府管理职能，对辖区内的社区治安、社区服务、精神文明建设、街道经济组织等行使组织领导、综合协调、监督检查的行政管理职能，对地域性、社会性、群众性的工作负有全面责任。在以块为主的新体制下，综合行政管理包括对社区内专业事务的管理、社会公共事务的管理及街道办事处自身的管理。

当前，特别要理顺条块关系。理顺条块关系要求做好以下几方面的工作：

第一，建立街道办事处管理的条块协调组织。街道办事处内部建立市政管理委员会、社区发展委员会、社会治安综合治理委员会、财政委员会。委员会成员主要由街道干部、区职能部门派出机构负责人组成，主任一般由街道办事处分管主任或科长担任。委员会将原有的街道办事处的科室改为内设科室，各机构并入委员会，负责专业工作。这实际上是将街道办事处的条块专业机构融入块的组织之中，这种“以块为主，融条于块”的组织创新克服了原有的条块分割、各自为政的弊端。第二，完成派出机构对应设置。建立警署、工商所、房管办、环卫所、税务所、司法所、检察室的对应机构。这些机构的设置使街道办事处专业管理的力量得到进一步充实。第三，实现对派出机构的双重领导。实行对派出机构的负责人的考核、奖惩、任免制。第四，实现区级行政部门的权力向街道和专业派出机构的转移。应扩大街道和专业派出机构的转移。应扩大街道和派出机构的权限，并制定相应的政策下移人、财、物权限。街道一级要实现政企职能分离。各街道还要将部分半行政化的管理和服务职能转移到社区事业单位。一是成立专业服务管理所，新成立的这类机构由街道提供部分经费，承接原来由街道有关科室承办的事业性管理职能；二是培育区域性的行业协会，例如，物业管理联合会由街道、房管办和物业公司共同参加；三是实行“社区行政事务受理中心”，实行一站式服务，推进行政机构改革。

2. 建立“行政、经济、法律”三大手段并举的运行机制

“行政、经济、法律”三大手段并举的运行机制，指的就是在社区管理中，一是建立责任考核制，要求在社区管理中建立“条包块管、各司其职、以块为主、综合管理”的责任机制和考核机制，改变以往责权不分、责任不明、权责利不统一、多条线考核交叉、重复的缺陷，明确工作责任，保证工作效率。二是在行政上引进法律机制，依照依法行政的原则，引进法律手段，将法律、法令、法规等作为管理的依据。三是作业引进市场机制，作业是具体管理内容的落实，它需要一定的成本和投入。在新体制下，要将经济手段引入作业领域，改变以往不重视成本、不讲究效益、不注意投入效果的缺陷，通过引进竞争机制，实行自主经营、自负盈亏的企业化管理，强化人们头脑中的经济观念和效益观念，以社区居民为服务对象，通过吸引社区居民，服务社区居民，让居民满意的途径来增加经济效益，这种逐利行为和满足居民需要的统一，将使社区管理的成本降低，而社区管理效果却大大提高。四是建立和完善社区管理的监督机制，进一步改善社区管理体制。

3. 正确处理四个相结合

（1）政府行政行为与社会自主行为相结合。在我国，社区成员民主参与意识还比较薄弱，尤其是在已习惯于政府统包的管理模式情况下，必须采用一种政府行政行为与社会自主行为相结合，以行政行为为主导的混合型的管理系统。在加强政府对社区管理的领导作用的基础上，充分和广泛调动广大社区成员共同参与管理的积极性，从而改变过去社区管理中单一的行政模式，形成行政模式与社区模式相结合的复合模式。

（2）行政区划与自然区划相结合。在保持街道原有的行政区划管理特色的基础上，在居委会的设置上以自然区划为主，就是把街道所管辖的区域分成若干个自然地理环境相对独立的小区，以小区为单位设置小区居委会，每个小区设置一个居委会，全面负责协调小区的管理工作。小区居委会的规模可以根据小区居民人数的多少而确定大小。这种模式的优越性在于可以体现街道的社区氛围，另一方面又可以改变目前居委会管理过于分散、条块分割，导致小区社区资源难以得到合理、优化配置的状况。

（3）管理与服务相结合。社区管理是一种特殊的管理，其管理目的就是营造社区的氛围，形成一种能够凝聚社区全体成员的合力、归属感和认同感，而这种管理目标又是在政府、社区成员双方积极主动与协作下实现的。所以，任何一种只重视管理形式而忽略服务内容的管理模式都难以满足现代化社区管理的需要，无论从理论上讲还是从实践上看，服务也是一种管理，尤其是在社区管理中服务

具有不可替代的作用。因为管理的效能一方面来自于具体的管理过程，另一方面又来自于服务过程。因此，必须坚持管理与服务相结合。

（4）“法”与“情”相结合。现代社区管理是一种法制管理，法制化是社区管理系统正常运行的基础。社区行政系统通过建立社区管理的法规制度，可以依法对社区自主管理系统和生活服务系统实行监督管理，也可以依法接受上级政府的管理，而社会自主管理系统和生活服务系统可以有章可循，有法可依，使自己在法制化的环境中，履行自身的职责。所以，依法管理是社区管理的有序化的根本保证。然而，新型的社区管理体制的运行除了法的保证外，还必须以情感为纽带，实施“情”的管理，就是让社区成员充分享受到社区的温暖，在自觉自愿的前提下，投身于社区建设，从而使自立、自治、自爱成为社区社会化管理的真正动力。

4. 更新社区管理手段

传统的社区管理手段单纯依靠行政机关和领导者的权力，通过强制性的行政命令直接去管理社区的事务，在管理事务的过程中仅发挥行政系统的主导作用。这种直接管理方式有它的优势，能集中力量统一办事，便于政府的管理职能的发挥，解决社区的一些特殊问题。但这种管理手段随着经济的发展，居民民主意识的加强，越来越不适应社会发展的需要。直接管理的手段不利于分权，不利于发挥其他系统的作用，横向沟通困难等缺点也日益暴露出来，因此，这种管理方式必须进行改革。改革的方向就是向间接管理手段过渡。间接管理手段，主要包括法律法规手段、制度手段、经济运行手段等。在社区的管理中，首先要做到社区事务依法治理，运用程序法和实体法确保社区管理依法行政，其次要运用经济的管理手段，发挥市场竞争在管理中的作用，提高社区事务的管理效率。

由于信息化社会的来临，促使城市社区中网络工程的启动，为管理手段的信息化提供了前提，使社区管理手段的知识、技术含量越来越高，知识管理手段成为社区管理的一种新的手段。把社区内的各种沟通渠道连在网络里，实现信息资源的共享，社区管理者获取信息的渠道就大大拓宽了，这样会使社区管理者的决策更趋于科学化、合理化，这样有利于社区管理者更好地为社区建设服务。

政府的社区管理手段可以运用经济、法律的间接手段，同时可以发挥情感教育管理手段在社区中的作用。例如，社区管理中涉及基础设施建设方面的管理，政府可以让社区中的市场主体去参与硬件建设和管理，引入竞争机制，使业主的利益得到保障。社区管理手段的多样化，目的是综合各种管理手段，系统地去发挥各种管理手段的作用，形成一股合力，共同创建“安全团结、环境整洁、方便生活、服务社会”的文明社区。此外，社区管理手段的创新还表现在管理定性与定量相结合，使管理的内容趋于精确化。

社区管理既要注重硬件建设，也要注重软件建设。硬件在社区内主要是指物质建设，包括满足社区居民生活需要的基础性建设和社区的第三产业，硬件是社区精神文明建设的载体。软件要依附于硬件，没有坚实的硬件，软件方面的建设往往会成为空中楼阁。软件的管理是一种人本主义的管理。软件建设是指人们在改造客观世界过程中进行的主观世界的改造，包括思想建设、道德建设、文化建设等，软件是一个社区文明程度的主要标志，在社区活动中，软件建设有许多载体，如科普活动、社区教育等，这些可以将社区的文明建设落到实处。社区管理在硬件和软件的建设上，必须以硬件为基础，以软件建设为中心，坚持硬件、软件一起抓。在文明社区创造过程中，软件建设与管理的位置更加突出。①

5. 上海城市社区管理创新经验

上海市在管理实践中不断探索，在社区管理中逐步形成了“二级政府、三级管理、四级网络”的管理特色。

“二级政府、三级管理、四级网络”体制的具体内容是：在市、区两级政府的基础上，形成市、区、街道办事处三级纵向管理体制，扩大街道办事处管理权限，充分发挥其管理功能，让街道办事处的新职能落实到实处，使街道在社区管理中真正负起领导的职责，同时克服“万能政府”的传统观念，引进“小政府、大社会”，“小机构、大服务”的行政理念，使政府行政行为、社会自主行为和市场主动行为相结合，最终形成一种高效、有序的社区行政管理体制。四级网络指的是市、区、街、居的组织网络，相互联系，重心下移，立足基层，重点在于加强街道和居委会，市、区两级要逐级放权给街道、居委会，要逐步扩大社区自治权利，建立责权利统一、条块结合、以块为主的社区管理体制。

贯彻“二级政府、三级管理、四级网络”模式的基本要求是：

第一，在扩大政府职能的前提下做到政企分开，把市政建设管理方面的经营职能转让给企业，让这些企业遵循市场经济规则运行。社区管理部门主要受区政府的委托，协调、监督、规范企业的行为。第二，在扩大政府的管理权限的前提下，做到政社分开，让社区内各个单位和组织、居民在办事处的指导下自我管理那些公益性、公众性、福利性的非行政事务，并开展社区互助服务，提高社区自我管理、自我服务的能力。第三，街道办事处作为“块”的主体，必须协调、配合好“条”的单位，使“条”、“块”的主体，必须协调、配合好“条”的单位，使“条”、“块”结合，更好地管理社区事务，为社区服务提供保障。

---

① 韦克难：《社区管理》，四川人民出版社，2003 年，188～200。

第5章

城市社区的组织体系

城市社区管理是一项复杂的系统工程。从社区管理的长远目标来看，多方参与、共同管理是社区管理的发展趋势。作为社区管理的主体，城市社区组织包括：社区党组织、社区派出机构、居民委员会、社区中介组织以及其他社区组织。

■5.1　社区党组织

社区党组织是指按照《中国共产党章程》的规定，在社区之中成立的、以全体社区党员为组织对象的中国共产党的基层组织。社区党组织的存在是我国社区工作有别于其他国家的一个非常显著的特点，是我国社区管理和建设工作的一大特色。

5.1.1　社区党组织的地位和作用

社区党组织作为社区主体组织之一，发挥领导核心作用。它的领导主要体现在政治决策、思想领导、保证监督、典型示范等方面。政治决策，主要是指在涉及社区重大的行政事务决策，一般由居委会提出草案，经过社区党支部的会商，提出修改意见，再提交社区成员代表大会或社区协商议事委员会决定。思想领导，主要是指社区党组织通过日常性的组织生活、宣传教育等手段，动员社区党员发挥先锋模范作用，在社区自治组织内和社区居民中开展执行党的基本路线、形势教育、思想政治工作等，以保证社区事务的顺利开展。保证监督，是指社区党组织对社区自治组织和其他各类组织及其成员进行政治原则、政治方向的监督，确保党的基本路线在社区内的贯彻执行。典型示范，是指社区党组织通过号召，组织广大社区党员发挥先锋模范作用，自觉执行各项决策，推动社区自治良性运行和社区各项事业的发展，保证党的领导。

5.1.2 社区党组织的管理对象和工作职责

社区党组织管理本辖区内各种服务机构、物业管理机构、小型非公有制企业和社会中介组织中的党员，退休人员中的党员，下岗超过六个月的党员，尚未安置工作的退伍、复员军人中的党员，尚未就业的大中专毕业生中的党员以及社区中的入党积极分子，同时协管在辖区内的流动人口中的党员和党的关系不在本辖区的在职居民党员。社区党组织可设立党委办公室、纪工委（行政监察）、组织人事科、宣传统战科、工会、妇联、团工委、武装部等机构。

城市社区党的基层组织，主要包括街道党委和居民党支部。

街道党委的主要职责是：①宣传、贯彻党的路线、方针、政策和国家的法律法规，执行上级党组织的决议、决定，团结、组织党员和群众，完成本社区所担负的各项任务；②讨论决定本街道城市管理、社会服务、发展经济、社会治安综合治理等方面的重大问题；③领导街道办事处和工会、共青团、妇联等群众组织，支持和保证行政组织、经济组织和群众组织依照法律和各自的章程充分行使职权，协调好各方面的关系；④加强党组织的自身建设，充分发挥党支部的战斗堡垒作用和党员先锋模范作用；⑤按照干部管理权限，做好本街道干部的教育、培养、选拔、考核和监督工作；⑥领导街道的思想政治工作和精神文明建设。

居民区党支部的主要职责是：①宣传、贯彻党的路线、方针、政策和国家的法律法规，团结、组织党支部成员和居民群众完成本社区所担负的各项任务；②加强党组织的自身建设，做好思想政治工作，发挥党员在社区建设中的先锋模范作用；③支持和保证社区居民委员会依法自治，履行职责；④做好本居民区干部的教育、培养、考核和监督工作；⑤密切联系群众，反映群众的意见和要求，做好群众工作，搞好各项服务；⑥搞好精神文明建设，教育居民遵纪守法，保证和促进辖区的经济发展和社会稳定。[①]

5.1.3 如何健全社区党组织

健全社区党组织有两层含义：一是建立社区党组织，发挥领导核心作用，选好配强“一把手”；二是帮助社区内无上级主管单位的经济组织和事业组织建立党组织，也就是扩大覆盖面。此外，还要探索如何处理好社区党组织与居委会的关

---

① 李森：《城市社区建设概论》，山东大学出版社，2001年，105。

系。健全社区党组织的目的就是为民服务，密切党组织与社区居民的关系，也就是为民排忧解难，让老百姓安居乐业，用党的路线方针来引导社区居民，形成积极向上、健康文明的生活方式。社区党建工作与社区服务要结合起来，通过社区服务去体现党建，通过党建去推动社区服务，用服务去检验党建，丰富党建的内容。健全社区党组织，应注意抓好以下几项工作：

（1）完善社区党的组织体系。合理设置党在社区的基层组织，真正做到有群众的地方就有党的工作，有党员的地方就有健全的党组织，有党组织的地方就有健全的组织生活和坚强的战斗力，实现党对社区各类组织的政治领导。

（2）深化对党员的教育管理。积极探索党员教育管理新机制，努力建立全方位、多层次的管理教育体系，大力提倡在职党员接受单位党支部和社区党支部的双重管理，联系驻区单位的党组织，以“双向服务，互助共建”为活动原则，共同促进社区党的建设。

（3）健全社区党组织工作机制。健全工作例会制度，加强相互沟通，掌握动态情况，及时加以解决。健全区委、街道工委两级领导社区党建工作联系点制度，加强与驻区单位党组织的沟通、联系，指导推动面上的工作。加强考核力度，将社区党组织工作纳入全年党建工作目标。

（4）探索社区党组织工作的方法和活动方式。通过在职党员联络站在职党员之家等组织载体和党员责任区、党员联系户、党员奉献日、党员志愿者服务队等活动载体，积极开展各项社区服务工作、社区公益活动，发挥党组织和党员在社区建设中的示范和引导作用。社区党组织要建立和完善有效的思想政治工作机制和制度。组织和开展以思想政治工作为主要内容的主题活动。要把“爱民、利民、便民、安民”作为开展思想政治工作的落脚点，深化思想政治工作内容。根据形势需要，从实际出发，开展主题活动。①

5.1.4 新形势下加强社区党建工作的主要途径

社区党的建设是改善、强化基层党的组织体系和工作机制的一项系统工程。《民政部关于在全国推进城市社区建设的意见》将加强社区党组织建设作为社区管理主体建设的主要内容之一。新时期各种新经济组织、社会团体和社会中介组织迅速发展，社区内离退休和流动党员大量增加，而传统单位行政建制和社区党组织已不适应社区管理的新形势。因此，早在1996年，中共中央组织部就下发了《关于加强街道党的建设工作意见》，1999年10月，中组部在上海举行了全国街道社区党建工作座谈会，提出加强街道、社区党建工作的重要性、紧迫性和今后一个时期街道、社区党建设指导思想和目标要求。从此，社区党建工作在全国范

① 周文建、宁丰：《城市社区建设概论》，中国社会出版社，2001年，135。

围内展开。面对新形势和新任务，加强社区党组织建设的途径在于以下五个方面：

1. 构建新型组织网络

积极构筑在城区党委领导下，以街道党工委为核心、居民区党组织为基础，社区内各类基层组织共同参与的条块结合、分级属地管理的组织网络。在这种组织网络中，街道党工委全面负责街道社区工作。公安、工商、税务等有关职能部门的派出机构中的党组织改为“条块结合”的双重领导。区委一般建立社区党的建设工作指导委员会，街道建立由辖区有关单位党组织负责人参加，由街道党委牵头的社区党建工作协调委员会。居民区建立由辖区内有关单位负责人参加的社区党建工作联席会（或社区党建工作小组）。

2. 建立新机制

抓紧建立社区各类基层党组织参与社区建设的新机制，发挥党组织在社区管理中的政治核心作用。在这个新机制里，新的社区机构一般为“一个大会（社区居民代表大会）、两个机构（社区居民委员会和居民参议会）、一个党（总）支部”。它实行党组织领导下的“一个大会、两个机构”体制。新机制按照“一居一支部”的原则，建立居委会党组织，工作经费由街道上级党委划拨。社区党组织换届选举与社区自治组织机构的选举同步，任期三年。社区党组织的专职书记与社区居（管）委会干部享受同等补贴待遇。在社区党（总）支部下按照地域相近的原则成立楼院党支部等。

3. 实现两大“组织”整合，扩大党的基层工作覆盖面

一是把社区中从单位游离出来的党员重新组织到社区党的组织中；二是与社区中各类新经济组织、新社会组织建立联系。对社区内党员实行分类管理，将离退休党员、服务机构党员、民营企业党员、无业或失业的党员（包括尚未分配工作的退伍军人、毕业学生党员）、下岗职工党员、外来打工者党员，按其居住地、工作性质等编入相应的党总支或党支部。街道党工委把党支部建到商贸办公楼、金融网点、专业市场和特色商业街。有三名以上党员的单位要建立独立党支部，不足三人的参加联合党支部，均属于街道党工委。对没有党员的新经济组织、社团和中介组织，街道党工委派党建联络员进行联系，在这些组织中建立工会、青年团等群众组织，培养发展对象，做到有群众的地方就有党工作，扩大党的基层工作覆盖面。

4. 高度重视党风党纪建设与党的群众工作

党风党纪是我们党保持旺盛战斗力与生命力的坚强保证。同样它也是社区党

建工作保持无限活力的有力措施。建立在职党员联系册，把党员参加居民区活动的情况和表现记录在册，并通过“居民点评台”进行评议，加强对社区党员日常行为的考核工作。根据社区生活和群众需求，有针对性地开展群众工作，如在社区党员中开展社区“固定奉献日”志愿活动等。通过建立街道党校、居民区党员活动室和街居党员电教站等党员教育网络，加强党员的理论学习。

5. 赋予街道党组织必要的职权

随着我国城市基层管理体制改革的推进，一些城市“两级政府、三级管理、四级网络”的体制框架初步形成，街道党组织和街道办事处在城市管理体制中的基础地位已经得到确立。街道党工委作为区党委的派出机关，要成为地区性、社会性、群众性、公益性工作的主导力量，担负起领导、组织、指导、协调社区工作的重要政治责任。同时进一步明确街道党工委与街道办事处是领导和被领导的关系，与区有关部门的派出机构是双重领导关系，与辖区其他单位的党组织是组织、指导、协调关系，与辖区内的无主管经济组织是组织领导者关系。街道党工委和居民区党支部协调指导社区单位党组织和社区在职党员参加社区建设。社区单位的机关党组织负责与街道党工委联系，组织参与街道党工委和居民区党组织开展的社区党建和精神文明建设活动。这些举措适应了社区建设的需要，为发挥街道、社区党组织的作用创造了条件。①

5.2　社区的政府派出机构

在我国现行的行政管理体制中，派出机构主要有三类：省人民政府派出的行政公署，市、区人民政府派出的街道办事处和县人民政府派出的区公所（办事处）。街道办事处是设区的市或市辖区人民政府的派出机构，它不是一级政府，但在本辖区内行使相应的政府管理职能。

5.2.1　街道办事处的历史回顾②

街道办事处是由解放初期城市接管委员会的派出机关演变而来。当时，为了把很多不属于工厂、企业、机关、学校的无组织街道居民组织起来，减轻政府和公安派出所的负担，设立街道办事处作为市、区政府的派出机关。1954年，全国人大常委会通过并颁布《城市街道办事处组织条例》，明确了街道办事处的性质，即街道办事处是市辖区、不设区的人民委员会的派出机关。现行的《地方各级人

① 娄成武、孙萍：《社区管理》，高等教育出版社，2003年，61。
② 韦克难：《社区管理》，四川人民出版社，2003年，243～245。

民代表大会和地方各级人民政府组织法》重申："市辖区、不设区的市的人民政府，经上一级人民政府批准，可以设立若干街道办事处，作为它的派出机关。"也就是说，虽历经几十年社会变迁，我国城市面貌发生了翻天覆地的变化，但街道办事处作为城市基层政府派出机关的性质依然未变。不过，自1954年街道办事处体制确立以来，特别是改革开放以来，街道办事处的工作任务与内容却与日俱增。

街道办事处设立之初，管辖范围不大，人口不多，任务比较单一。1954年颁布的《城市街道办事处组织条例》规定，街道办事处有三项任务：一是办理市或市辖区政府有关居民工作的交办事项；二是指导居民委员会的工作；三是反映居民的意见和要求。实际上，当时街道办事处的工作对象基本上仅限于老弱病残，工作内容也仅仅是户政、调解、救济、市容卫生等。可以说在整个社会管理中处于细枝末节的地位，起着拾遗补缺的作用。现在不同了，城市经济发展，建设管理、社会稳定、人民生活、党和政府各项方针政策的贯彻落实，都离不开街道办事处。街道在城市物质文明、精神文明、政治文明建设中地位越来越显著，发挥着相当于一级政府的作用。据统计，现阶段的街道办事处至少承担着10个方面的任务：①发展街道经济。②城市管理。包括辖区市容、环境卫生、市政设施和园林绿化管理。③民政工作。包括举办社会公共福利事业、做好优抚救济、拥军优属、婚姻登记。④社区服务。包括开展老年人服务、残疾人服务、精神卫生服务、便民利民服务、民俗改革服务。⑤人口管理。包括辖区内居民计划生育、劳动人口就业、暂住人口管理。⑥社会治安综合治理。包括做好普法宣传、人民调解、治安保卫、维护社会秩序。⑦开展社会主义精神文明建设。包括发展社区文化、社区教育、社区科技、社区体育、卫生保健，以及培养"四有"新人。⑧行政管理和办理区政府交办的有关事项。⑨指导居民委员会工作，反映居民的意见和要求。⑩加强街道党的建设。

5.2.2 街道办事处的组织结构

街道办事处首先是一种行政组织，与其相对应的党组织是街道党工委。二者既有区别，又有联系。街道党工委一般由办公室、纪工委、组织部、宣传部、武装部、团委、妇联等组成。街道办事处则由办公室、综合治理办公室、计划生育办公室、治安委员会、财务科、财政科、居民科、司法科、城管科、市容所、文教科、绿化办、劳动科、民政科等职能部门组成。一般来说，街道办事处的工作机构可以分为两类：一类是指导协调机构，如社会发展委员会、市政建设委员会、社会综合治理委员会和财经委员会等；另一类是办事机构，如行政办公室、社会发展、市政管理、社会治安综合治理、社会保障、财政经济等部门。街道办事处自从1954年设立以来，到今天为止，它仍然是政府的派出机关，依据法律、法规的规定，在本辖区内行使相应的政府管理职能。

5.2.3　街道办事处的职责与职能

街道办事处的职责一般包括以下内容：①指导、帮助居民委员会开展组织建设、制度建设和其他工作；②开展便民利民的社区服务；③兴办社会福利事业，做好社会救助和其他社会保障工作；④负责街道城市监察管理；⑤开展计划生育、环境保护、教育、文化、卫生、科普、体育等工作；⑥维护老年人、未成年人、妇女、残疾人和归侨、侨眷、少数民族的合法权益；⑦组织实施社会治安综合治理规划、开展治安保卫、人民调解工作；⑧开展拥军优属，做好国防动员和兵役工作；⑨参与检查、督促新建改建住宅的公共建筑、市政设施配套项目的落实、验收工作，协助有关部门对公共建筑、市政配套设施的使用进行管理监督；⑩配合做好防灾救灾工作；⑪管理外来流动人口；⑫领导街道经济工作；⑬向区人民政府反映居民的意见和要求，处理群众来信来访事项；⑭办理区人民政府交办的事项。

作为城市基层人民政府派驻在街道的办事机关，街道办事处具有行政执行性、派出代表性和区域综合性特征，承担着以下五种基本职能：第一，沟通。联系政府与居民；向下宣传国家的各项政策、法规，向上反映群众对党政工作的意见。第二，管理。行使政府授权进行的有关行政管理职能，包括市政、福利、经济等。第三，服务。为居民生活和企事业单位生产创造良好的社会环境。第四，协调。协调辖区内各行各业各部门的工作关系以及上级业务部门与街道各部门的工作关系。第五，指导。对居委会的日常工作进行指导。

5.2.4　街道办事处与社区内其他组织的关系

改革开放以来，由于街道办事处的工作范围逐渐扩展，街道办事处与社区内其他组织的联系日益紧密。从总体上看，街道办事处与辖区内其他组织在街政管理领域扮演着管理者与被管理者的角色，这种关系一般是有法规可循的。其常规模式是：街道办事处下设的职能部门定期或不定期地对其他组织布置有关任务，并进行指导、监督和检查。除此之外，它们之间还存在一种互惠的关系。具体表现在两个方面：第一，基层社区组织和社区内其他组织在社区服务中相互协助。例如，基层社区组织为社区服务项目进行策划、组织、管理，并提供一定的活动资源，而社区内其他组织则提供资金、技术、设施、人力、场地等资源。第二，基层社区组织和社区内其他组织通过相互协助开展社区服务项目而相互受益。基层社区组织在社区内其他组织的协助下提供高质量的社区服务，有利于提高其作为社区公共组织者的地位和威信，有可能获得经济盈利，从而形成良性循环。而社区内其他组织不仅可以作为服务对象受益；同时，由于剥离了一些附属职能，能够集中精力追求组织目标。

5.2.5 我国街道办事处的现状

由于“单位体制”的长期存在、对“条条”管理的过分强调以及街道立法的严重滞后等原因，使街道办事处普遍存在“责大权小”的问题。[①]

首先，“单位体制”的长期存在大大影响了街道办事处的权威性。“单位体制”一方面强化了许多人的归属感，只承认自己是本单位的一员，只接受本单位的管理，而没有意识到自己还是所属街道的一员；另一方面，又使相当一部分单位的干部仅仅从行政级别的角度来理解本单位与街道办事处的关系，只要自己单位的级别不低于街道办事处，就不愿意承担街道办事处布置的工作，不愿意接受街道办事处的监督。

其次，对“条条”管理的过分强调大大制约了街道办事处的作用。同“单位体制”相一致，许多城市政府一直沿用“条条”（部门）管理为主，“块块”（社区）管理为辅的社区管理方式。在这种状况下，资源和权力基本上由“条条”垄断着，各主要条口，如公安、房管、工商、税务等，都在街道一级设有专门机构，这些机构从部门的角度出发，接受所属部门下达的任务，街道办事处往往没有足够的协调能力，遇到复杂的问题很容易相互扯皮。

最后，街道立法的严重滞后影响了街道办事处职能的发挥。就全国而言，到目前为止，关于街道的基本法规依旧是 1954 年颁布的《城市街道办事处组织条例》。按照该条例的规定，街道办事处对辖区内的单位和部门没有协调权，当然，更谈不上社区建设与管理权了，这意味着计划经济时期形成的街道管理体制已经不能适应新时期社区建设和管理的需要。

5.2.6 我国街道办事处的发展趋势

由于我国社会经济的快速发展，特别是在全国城市推行社区建设，再加上我国政府机构改革的影响，促使我国街道办事处在各个方面都发生了一些变化，这些变化表现在以下几个趋势：第一，经营化取向。由于政府财政拨款标准偏低，街道办事处为筹足社区管理的基本费用，满足街道工作人员不断增长的个人利益与群体利益欲望，所以在日常行政管理事务中街道办事处的收费项目层出不穷，行政执法中乱罚款现象屡见不鲜，甚至直接创办经济实体，其运作方式同企业无本质区别。第二，权力加强。在社会转型时期由于权力下放，街道的权力不断提高，法制的强化也增强了其权威的基础。但这种权力的增强并未从根本上改变街道地位声望低下的状况。因此街道在目前虽然已起着一级政府的作用，但在法律地位上仍是城市基层政权的派出机构。第三，自主性增强。其自主表现为相对独

① 唐忠新：《中国城市社区建设概论》，天津人民出版社，2000 年，197～203。

立的人事权、财权和行政执法权，这种自主使街道办事处在某些情况下围绕自身利益开展工作。

在学术界，关于街道办事处的未来也有不同的看法。有的主张把街道建成一级政府，实行“三级政府，三级管理”的社区管理体制。有的主张在不改变街道办事处的派出机关性质的前提下，扩大其职权。有的主张取消街道办事处，把市辖区的范围划小，由区政府直接指导居委会，彻底实行“两级政府，两级管理”的社区管理体制。当然，上述观点都有自己的立论依据，但从实践的角度看，各城市基本上都是在不改变街道办事处的派出机关性质的前提下，扩大其职权，逐渐使其行使一级政府的职能。例如，上海市明确提出了“两级政府，三级管理”的改革思路，明确要求在“两级政府，两级管理”的基础上，落实和扩大街道的管理权力和财力、物力。[①]

■5.3 居民委员会

居民委员会是指按照有关法律规定，由全体居民或其代表选举产生的具体承担社区公共事务管理、监督和运行的群众性自治组织。居民委员会是我国城市覆盖面最广、最普遍的基层群众性自治组织，在城市社区管理中具有重要地位。

5.3.1 社区居民委员会的历史回顾

居民委员会进入我们的视野只有半个世纪的时间。新中国成立后，许多城市的政府探讨如何加强同广大居民的联系，如何动员群众参与城市管理，以巩固新生的政权。在这种情况下，一些城市出现了群众自己组织起来的防护队、防盗队和居民组等称谓不一的群众自治性组织。1950 年 3 月，天津市率先按居民居住区域设立了居民委员会。同年，武汉、成都等地也成立了居民委员会。但由于没有统一制度，各地居民组织情况差别非常大。1954 年 12 月底，一届人大四次会议通过《城市居民委员会组织条例》。至此，中国城市基层社区面向无单位居民的组织管理制度正式确立。到 1956 年底，各地相继完成了居委会的组建工作。1958 年大跃进和城市人民公社化以后，直到“文化大革命”结束之前，居民委员会的结构并没有大的变动，只是在方式和称谓上有了一些改变。1980 年为规范城市居民委员会的组织运作，重新颁布了《城市居民委员会组织条例》，并调整了居委会的规模和职能。为使该法规更好地符合实行情况，1989 年颁布《居组法》，该法律的核心是：“群众自治”，即“自我管理，自我教育，自我教务”，其民主性质进

① 汪大海、魏娜、郇建立：《社区管理》，中国人民大学出版社，2005 年，50。

一步增强。[①]

5.3.2 居民委员会的改制与制度建设

居委会从街道办事处的延伸机构转变为实质性的自治性组织，具有以下意义和目的：第一，从功能定位上看，减少了经济功能，增强了管理、教育、服务功能；第二，从组织结构上看，充分体现了代表的广泛性、管理的民主性、制度的规范性；第三，从人员素质上看，无论居民会议的代表，还是居委会组成人员，整体素质有了相当提高，主要原因是在职人员参选后改变了结构状况；第四，从运作方式看，实行了议事层与执行层分开后，居委会自治程度提高了，工作变为主动式。

居委会改制的核心和特征是选举，因此其关键在于以下三个环节：第一，党支部的有效组织。党支部要制定一系列规范性文件把握住选举的正确方向，依法办事保障选民的权益。在整个选举过程中，党支部要发挥中坚作用并监督选举程序。第二，选举程序的合法性。要严格按照选举程序，使选民感到法定程序的严肃性和规范性，进而感到选举的神圣性和自豪感，唤起选举热情。第三，充分体现民意。必须保证居民按照其真实意愿选举产生自己认为能够实行自我管理、自我教育、自我服务的自治性组织，对候选人进行反复讨论协商，充分尊重民意。

任何组织都离不开制度，居委会改制后更需要制度建设，即建章立制。“建章立制”即改制后的居委会管理社区事务要有章可循，有法可依。居委会建章立制，要有三个根据和三个“有利于”：第一，根据有关的法律、法令、法规，制定合法的规章制度，有利于稳定社区秩序；第二，根据社区的实际情况，制定操作性强的规章制度，有利于创建优美的生态环境，和谐的人际关系；第三，根据居民意志，制定群众认同的规章制度，有利于营造人人知法、懂法、守法的法制环境。根据1989年颁布的《居组法》，新的居委会要“自我管理、自我教育、自我服务”，简称“三自”。在社区内，居委会代表所有社区居民的公共利益，业主管理委员会、物业公司等社区组织只代表某一群体某一方面的利益，应当从属于居委会。这些组织的负责人可以作为居民会议代表或居委会委员，参与居民区的公共事务管理。居委会必须接受基层政府的工作指导，代表居民利益同其他社区组织协调。在居委会内部，实行议事层与执行层分离，居民代表会议议事，并讨论制定有关规范性文件交居委会组织实施。居委会根据居民代表会议的决策，行使日常管理职能，由主任主持工作。

居委会要求自治、要求民主化，这首先要体现在居委会的选举中，必须贯彻“三公”原则。所谓“三公”原则，是指居委会选举中一定要遵循公开、公正、

---

① 韦克难：《社区管理》，四川人民出版社，2003年，247。

公平的原则。第一，公开原则，即从酝酿居委会委员候选人到投票选举产生委员的整个过程要公开透明；居民代表会议的议题应该是公开的；凡是居民要求旁听的，应该准许；第二，公平原则，即所有选民具有平等的法律地位；所有候选人具有平等的法律地位；居委会组成人员具有平等的法律地位；第三，公正原则，即处理问题必须以事实为根据，以法律为准绳，尽可能体现客观性。

5.3.3　居民委员会的组织结构

居民委员会由主任、副主任和委员共 5～9 人组成。多民族居住地区，居民委员会中应当有人数较少的民族的成员。居民委员会根据需要设人民调解、治安保卫、公共卫生等委员会。居民委员会成员可兼任下属的委员会的成员，宅居民较少的居民委员会可以不设下属委员会，由居民委员会的成员分工负责有关工作。居民委员会可以分设若干居民小组，小组长由居民小组推选。居民代表小组也称为“议事层”，“议事层”由居民协商推荐产生，每个居委会产生 7～9 名代表。居民代表由社区单位、社区居民、各界人士、个体工商业者、退休的居委会干部等组成。其主要职能是参谋、沟通、宣传、监督。居民代表小组的建立，增强了居民参与社区管理的意识，同时也加强了居委会干部的责任感和使命感。居民委员会主任、副主任和委员，由本居住地区全体有选举权的居民或者由每户派代表选举产生；根据居民意见，也可以由每个居民小组选举代表 2 至 3 人选举产生。居民委员会每届任期三年，其成员可以连选。年满 18 周岁的本居住地居民，不分民族、种族、性别、职业、家庭出身、宗教信仰、教育程度、财产状况、居住期限，都有选举权和被选举权。但依照法律被剥夺政治权利的人除外。

5.3.4　居民委员会的职责和任务

居委会在社区管理中发挥重要作用，它不仅有利于两个文明建设，也有利于社会稳定。依照《居组法》，居民委员会有以下任务：一是宣传宪法、法律、法规和国家的政策，维护居民的合法权益、教育居民履行依法应尽的义务，爱护公共财产，开展多种形式的社会主义精神文明建设活动；二是办理本居住地区居民的公共事务和公益事业；三是调解民间纠纷；四是协助维护社会治安；五是协助人民政府或者它的派出机关做好与居民利益有关的公共卫生、计划生育、优抚救济、青少年教育等项工作；六是向人民政府或者它的派出机关反映居民的意见、要求和提出建议。

居委会应该从社区建设和管理的要求出发，将居民、业主委员会、物业公司、居民委员会四方面的资源整合起来，形成综合力量，共同管理社区事务。例如，可以将业主委员会和物业公司纳入居委会的管理体系，居委会一方面成为业主委员会和物业公司之间的协调者，另一方面成为业主利益的保障者和物业公司服务的监督者。可以建立居委会主任、物业公司经理和业主委员会主任联席会议制度，定期召开会议，对社区内整体性、突击性工作进行总体安排，解决社区管理中的重大问题。这样一来，居委会不仅拉近了与业主、业主委员会之间的距离，使之成为社区建设的重要力量，而且拉近了与物业公司之间的距离，与之形成合作互助的关系；在保障和监督的基础上，居委会加强了与居民的联系，增加了社区管理中的代表性和公益性。

居委会的运行与管理活动需要一定的经费，其经费来源，根据《居组法》第四条、第十六条、第十七条的规定，居民委员会的经费主要包括三个方面：一是政府拨款，用于行政开支；二是向本社区居民和单位筹集，用于公益事业；三是居民委员会兴办的服务事业收入。该法第六条还规定："居民委员会管理本居民委员会的财产，任何部门或单位不得侵犯居民委员会的财产所有权。"

居民委员会要对全体居民和居民会议负责，居民会议是社区居民自治的最高权力所在。居民会议由 18 周岁以上的居民组成。居民会议可以由全体 18 周岁以上的居民或者每户派代表参加，也可以由每个居民小组选举代表 2 至 3 人参加。居民会议必须有全体 18 周岁以上的居民、户的代表或者居民小组选举的代表的过半数出席，才能举行。会议的决定，由出席人的过半数通过。居民委员会向居民会议负责并报告工作。居民会议由居民委员会召集和主持。有 1/5 以上的 18 周岁以上的居民，1/5 以上的户或者 2/3 以上的居民小组提议，应当召集居民会议。涉及全体居民利益的重要问题，居民委员会必须提请居民会议讨论决定。居民会议有权撤换和补选居民委员会成员。

5.3.5 居委会与其他社区组织的关系

（1）居委会与行政性社会组织的关系。行政性社会组织包括爱卫会、红十字会、计生协会、残疾人协会、双拥协会、科普协会等。这类组织的工作通常与街道的行政工作融合在一起，所以，居委会与它们的关系多体现为行政性的关系，即居委会接受这些组织所委托的工作，帮助这些组织履行其职责。

（2）居委会与社区服务和中介组织的关系。社区服务和中介组织包括街道家教教育指导中心、居委会志愿者组织以及社区服务中心等。居委会一般不直接参与上述组织的具体工作，但是有权指导这类组织的活动和工作。

（3）居委会与本社区企事业单位的关系。居委会一般通过"党建联谊会"、"精神文明建设指导委员会"等组织形式，加强与企事业单位的联系。其中，居委会与物业管理公司的关系比较密切，对后者的工作起监督作用。

5.3.6　居民委员会的现状与发展

居委会在社区建设与管理中发挥着重要作用，是社区建设与管理的重要主体。然而，我国城市居委会的现状却无法适应社区建设与管理的客观要求。一是居委会工作人员队伍的素质偏低。总体来说，居委会专职工作人员队伍具有热情高、干劲大、奉献精神强等特点，但是，其年龄构成老化、文化程度偏低是一个突出问题。二是居委会工作人员的待遇低，工作条件差。我国城市的居委会工作人员历来就是不拿工资，只领取生活补助费的社区工作人员。根据民政部的资料，各地居委会工作人员的生活补贴标准普遍低于当地的最低生活保障水平。不仅如此，全国有相当数量的居委会没有办公用房，有的居委会办公用房不足 10 平方米，二者约占全国居委会总数的 10%以上。三是居委会规模的设置滞后于社区建设与管理的现状。1989 年颁布的《居组法》规定，居委会的规模一般在 100～700 户的范围内。然而，时至今日，高楼林立的居民小区比比皆是，原来几百户的居住空间已经缩小为一两栋高楼；电话等现代化的信息交流手段已经普及，原来必须由居委会专职工作人员走家串户通知的事情，现在可以通过电话进行。在这种情况下，根据原有规定的范围设定居委会规模偏小，不能形成规模效应，不利于解决居委会的办公用房和专职人员的待遇问题。

上述情况表明，居委会的现状是制约社区建设与管理的一个重要因素。要进一步加强社区建设和管理，必须对居委会进行改革。长期以来，居委会改革并无定式，各个城市从实际出发，围绕着调整居委会的组织体系、提高专职人员的待遇与素质进行了一系列创造性的探讨。例如，为了优化居委会工作人员结构，北京市选派区街干部担任居委会指导员，青岛市选聘社区工作助理等。

■5.4　社区中介组织

中介组织也叫非营利组织，国外大多叫非政府组织，它在性质上介于政府和营利组织之间。在城市社区建设领域，社区中介组织是联结居委会和居民群众的桥梁，其主要功能是对社区居委会工作任务的分解和强化。近年来，我国社区中介组织发展很快，正日益成为社区建设的主体力量之一。

5.4.1　社区中介组织的含义及分类

社区中介组织是指以社区居民为成员、以社区地域为活动范围、以满足社区居民的不同需求为目的、由居民自主成立或参加、介于社区主体组织（社区党组织和社区居民委员会）和居民个体之间的组织，如志愿者组织、业主委员会、老年人协会等。据此，可以明确社区中介组织的五个内涵：①组织成员必须是本社区的居民；②活动范围通常只限于本社区，社区间举办交流活动除外；③要在法律、法规和政策允许的范围内活动；④本着自愿参加的原则居民可以自由地加入，也可以自由地退出；⑤不同的中介组织中介的两端是不同的，而社区中介组织则是介于社区主体组织与居民个人之间的组织。[①]

社区中介组织大致可以分为三类：一是活动类，其特点是以消闲或文化娱乐为主，如养花协会、读书会、秧歌队等。二是权益类，其目的在于合法权益的表达和维护。例如，业主委员会就是代表居民物业方面的利益与物业公司打交道；老年人协会代表老年人利益；妇女协会代表妇女同志的利益。三是服务类，其功能是为社区居民提供服务，如社区志愿者组织、社区互助组等。

我国的社区中介组织虽然处于成长的初创时期，但已初步显示出它是促进社会发展的重要力量。在城市社区建设领域，社区中介组织的地位和作用也越来越突出。越来越多的社区中介组织开始管理原来由政府直接经营的社区福利机构，或者直接兴办、经营新的社区福利机构，并且取得了显著成绩。这些情况表明，社区中介组织正日益成为社区建设的主体力量之一。

5.4.2 社区中介组织的特征

相比而言，社区中介组织既有一般中介组织的共性，又具有其自身的个性。

其共性是：①民间性。它不是政府行政系统的组成部分，除遵守国家法律、政府的行政法规外，组织内部的人员安排、业务活动等方面不受制于政府。②自主性。组织成员自己管理自己，组织的领导人由组织自己产生，不是由其他组织指派，活动内容和活动方式由组织成员自己决定。③志愿性。一个居民是否要成为某中介组织的成员完全出于自愿。成员是否参加组织的活动也是根据自愿的原则。④群众性。不受党派、政治面貌的限制。⑤非盈利性。组织开展的各种活动不以盈利为目的，有条件的社区中介组织可从社区居委会获得一些活动资金；在条件较差的地方则需要通过收费，但这些收费只是用于本组织活动经费而不是用来盈利。例如，社区秧歌队需要购买录音机和录音带，可由秧歌队的人员集资购买，专款专用，余款或退还给成员，或统一保管以备他用，但不得用于盈利赚钱。

其个性是：①社区性。即组织的成员是居住在本社区的居民，组织的活动范围只限于本社区范围。②松散性。组织成员具有较大的自由度，加入组织的资格和参加组织活动不像一般社会中介组织那样严格。例如，读书会、秧歌队活动时，其成员可根据自身的具体情况自己决定参加与否，有兴趣则参加，否则不参加；

---

① 王时浩、杨巧赞：《探析社区中介组织》，《中国民政》，2003 年，第 3 期。

有时间则参加，否则不参加。完全由自己决定不用向谁请假。③非正规性。加入社区中介组织不用通过介绍人，不用经过组织审批，其加入资格就是本社区居民，加入条件就是本人兴趣。④非法人性。《社会团体登记管理条例》第三条规定，机关、团体、企业、事业单位内部经本单位批准成立，在本单位内部活动的团体，不属于该条例登记的范围。居委会虽然没有明确的法人类属，但它是法定组织，宪法和居委会组织法对其均有明确的条文规定。参照此规定，经居委会同意在社区范围内活动的社区中介组织应属不登记范围，其本身不具法人地位。⑤本土性。社区中介组织土生土长，根植于本社区这一点与许多社会中介组织进入社区开展工作和活动不同。

5.4.3　培育社区中介组织的意义和作用

第一，培育社区中介组织是有效组织居民自我管理、自我教育、自我服务的需要。社区中介组织因居民具有共同的需求而形成，它比居委会更灵活，比居民小组更有效，便于居民自我管理、自我教育和自我服务，可以缓解社区工作量大而居委会人员少的矛盾。

第二，培育社区中介组织是促进社区居民全面发展的需要。首先，有利于加强社区居民之间的彼此交往和沟通。社区中介组织将具有共同特点或需求的人组织起来建立相应的组织，开展不同形式和丰富多彩的活动为社区居民的交往和沟通创造了条件，提供了渠道。其次，有利于社区居民表达和维护自身合法权益。在社区里业主、老年人、妇女、儿童、残疾人、失业人员、外来务工人员等，不同的群体有不同的利益。虽然每个人都有表达和维护自身合法权益的自由与权利，但个体与组织机构相比较，一般是个体弱于组织，二者不相对称。目前作为主体组织的居委会尚不可能顾全到每一个社区居民的个体利益。通过社区中介组织的形式表达个体或群体的意见，容易受到重视。再次，有利于提高社区居民的文明水准。志愿者的多少是衡量社区居民整体文明水准的重要指标之一。建立社区志愿者组织可以更有效地发挥志愿者的作用，加强志愿者之间的交流，扩大志愿者的队伍，从而提高社区居民的整体文明水准。

第三，培育社区中介组织是促进社区居民有序参与、扩大社区基层民主的需要。党的十六大对扩大基层民主提出明确要求，推进城市社区建设的一个目标就是要促进社区居民的广泛参与、扩大社区基层民主。参与是民主的前提，没有居民的广泛参与，就不可能有社区民主的发展。社区居民参与社区公共事务的广泛程度以及参与的有序程度是衡量基层民主化水平的重要标志之一。培育社区中介组织提高社区居民的组织化程度既可以吸引社区居民广泛参与，又有助于提高社区居民有序参与的水平，从而提高社区的民主化水平。[①]

5.4.4 我国社区中介组织的培育和发展

培育和发展社区中介组织，并通过中介组织参与社区建设是国内外城市社区普遍成功的做法，是大力推进社区建设的重要一环。培育社区中介组织应坚持不强迫、不限制、不放任的方针，采取加大宣传力度、引导力度和扶持力度三项措施。具体来说，可从以下几个方面入手：

（1）逐步实现部分政府机构、部分事业单位向社会中介组织的转制。可以结合党政机关和事业单位的机构改革，把那些本来承担着中介职能却属于政府的部分机构，以及那些直接从事社会福利和社会公益的事业单位，转变成非政府、非营利的社区中介组织。

（2）大力培育和发展现有的社会团体，充分发挥它们在社区建设过程中的作用。一是要进一步调整政府与社会团体的关系，既要提高政府对社会团体的宏观调控能力，更要承认社会团体的独立法人地位，使他们能够自主地依法开展公益事业。二是要逐步将政府对社团下拨的“事业费”、“人头费”改变成按项目支持的“项目经费”。在此基础上，把竞争机制引进到社团的管理过程中，运用“项目经费”这个杠杆有效地控制社团的服务内容和质量。

（3）在现有社会群众性组织的基础上，按照社区中介组织的规范，培育若干专门性的社区中介组织，如志愿者组织、社区老年人协会、社区卫生协会、社区文化团体等。广泛动员居民群众加入这些组织，并使这些组织逐渐走上制度化、专业化轨道，相对独立地开展社区建设活动。

（4）制定和完善鼓励扶持社会中介组织积极参与社区建设的政策、法规，包括资金、项目、场地、税收等方面的优惠政策等，为中介组织参与社区建设事业提供良好的制度条件。

■5.5 其他社区组织

5.5.1 物业管理公司

1. 什么是物业管理公司[②]

物业管理公司是指在市场经济条件下，按照国家法律规定，对城市住宅小区（包括其内的房屋、道路、公共设施、环境等）进行有偿服务、有偿管理的专业

① 王时浩、杨巧赞：《探析社区中介组织》，《中国民政》，2003 年，第 3 期。
② 徐勇、陈伟东：《社区工作实务》，高等教育出版社，2003 年，17。

性经济法人组织。实行物业公司管理住宅小区是市场经济发展的必然产物，有利于提高城镇居民生活质量，便利居民生活。国家房地产管理部门积极推行这种模式，不仅要求新建住宅小区要进行全面物业管理，而且要求旧的住宅小区也逐步施行物业管理。物业管理公司的主要职责是：负责住宅小区内一切有关房地产开发、租赁、销售及售后服务，包括房屋保养、维修，住宅小区的清洁绿化、管理和小区内的商业服务、治安维护等社会活动。

2. 物业管理公司的建设[①]

物业管理走向市场竞争是未来的发展趋势，物业管理公司要想在今后激烈的市场竞争中占有一席之地，就必须加强自身建设。

（1）制定长远的发展规划。只有制定长远的发展规划，才能使公司朝着多元化和规模化的方向发展。物业管理公司如果仅仅盯住几幢楼宇或一个小区，不注重开拓创新，势必在未来的市场竞争中遭受失败。物业管理公司应根据自身的优势和特点，遵循“一业为主，多种经营”，使自己的业务朝着多元化和综合性的方向发展。

（2）全面提高物业管理人员的素质。物业管理需要多方面的知识，不能把它仅仅看作是收房租、搞卫生。物业管理公司要提供的服务包括物业维修养护、清洁卫生、治安保卫以及各种综合代办服务等多方面的内容。提高物业管理人员的素质不仅有助于向业主提供更好的服务，还有助于同业主形成良好的人际关系。

（3）加强基础管理工作。物业管理公司在市场交换中提供的交换物是管理性服务。因此，要提高市场的竞争力，就要从日常工作入手，注意每一个细节，为业主和租户提供完善的服务；同时，要使工作和员工的个人利益挂钩，从根本上解决管理工作中的薄弱环节，全面提高物业管理水平。

（4）搞好物业管理公司的公共关系。物业管理公司同房地产行政主管部门以及市政、绿化、卫生、交通、治安等有关政府部门均有业务上的指导关系，同居委会、业主委员会有着千丝万缕的联系。上述组织机构是物业管理公司开展工作的外部环境。因此，物业管理公司要与上述组织机构建立和谐的公共关系，这是物业管理公司健康发展的外部环境。

5.5.2 业主委员会

1. 什么是业主委员会

业主委员会是按照国家有关法律法规的规定，由对住宅小区内的房屋具有所有权或使用权的自然人或法人（代表），通过民主选举产生的行使与房屋有关的各

① 汪大海、魏娜、郇建立：《社区管理》，中国人民大学出版社，2005 年，69。

项职权的群众性自治组织。根据国家规定，凡是达到下列条件之一者，即可由业主或业主联合向社区或有关管理部门申请成立小区业主委员会，并依法登记，制定章程，开展活动。申请成立小区业主委员会的条件是：①某一住宅小区的共有住宅出售建筑面积达到30%以上；②新建住宅出售50%以上；③住宅自开始出售时间已满2年。业主委员会的主要职责是：①召集、主持业主大会；修订业主公约、业主委员会章程。②选聘、解聘物业管理公司，审议物业公司服务收费标准。③审议年度计划和财政预算。④监督物业管理公司平常的管理、服务活动。⑤讨论、决定兴建与房屋有关的公共工程和公共设施。

2. 业主委员会的自身建设

业主委员会的宗旨是代表业主们的合法权益，实行业主自治与专业化管理相结合的管理体制，保障物业的合理与安全使用，维护本区域的公共秩序，创造整洁、优美、安全、舒适、文明的社区环境。业主委员会能否真正发挥其应有的作用，能否提高管理水平、增强服务意识，能否真正体现应有的地位，这一切都取决于业主委员会自身的建设。业主委员会的建设说到底是作为物业消费者的业主自身素质的培养和提高。许多业主缺乏成熟消费者的素质，对自己在物业管理中的地位、作用、权利和义务知之甚少，缺乏自治意识和主人翁意识，这些都严重影响了社区建设与管理。因此，加强对业主自身素质的培养，是当前业主委员会建设的重大任务。

首先，要重视对广大居民群众的宣传教育，使其逐渐成为“成熟的消费者”。在物业管理中，“成熟的消费者”明确自身的权利和义务，有较高的参与意识和能力，能积极主动地参与社区管理活动，而“有缺陷的消费者”则恰好相反。其次，聘请顾问，积极寻求咨询，对已经成立或即将成立的业主委员会，可聘请有关主管部门、物业管理咨询机构、专家学者作为顾问，保障和提高业主委员会的决策水平。再次，举办培训班，组织业主委员会主任或委员学习。例如，深圳莲花二村所办的“业主学校”对于提高业主素质就起了很大作用。

5.5.3 社区志愿组织①

1. 什么是志愿组织

志愿服务组织在国际上被称为“非营利组织”、“非营利志愿服务组织”或“非政府组织”。志愿组织具备以下特征：一是正规性。志愿组织应该具有法律注册的合法地位，能对组织承诺承担经济责任，并具有一定的组织机构和资金来源。二是非政府性。可以受政府支持和引导，但它强调民主参与和自治管理，不受政府

① 韦克难：《社区管理》，四川人民出版社，2003年，265。

直接领导。三是非利润分配性。不以追求利益为目标，不为组织的拥有者和成员积累或分配利润。其活动所产生的收益必须返回组织宗旨所规定的工作中去，即返回社会。四是自我治理性。强调自治性，不受外部控制。五是志愿服务性。组织管理和成员的主要活动均具有显著和持续的志愿服务特征。六是公益性。志愿组织的目标在于服务和奉献公共需求和利益。

2. 志愿组织的作用

志愿组织及其开展的服务在社区建设中发挥的作用越来越大，具体包括：第一，政府行政组织和市场经济组织原来承担的大量社会事务和功能，将由志愿组织来承接。志愿组织在文化、教育、体育等各项社会事务发展中发挥着重要的作用。第二，志愿组织开展的社会服务，正在成为社区组织发育的新形式。众多的各类专业服务组织和民间互助团体，以横向分布和横向联系的网络结构，把社会上、社区内分散、孤立的个人联系起来，形成一种新型的社会化的自我服务、自我管理的组织结构和机制。第三，由于志愿组织具有自愿、自主、自我服务等特点，有利于吸引和调动除行政资源、市场资源之外的各类社会化资源。

3. 志愿组织的建设和发展

目前，活跃在社区中的各种志愿活动，包括工会、共青团、妇联、环境保护协会、红十字协会、保护古文物与古建筑协会、科学技术协会等，这些志愿组织的志愿活动包括送温暖、献爱心的扶贫救助活动、环境保护宣传活动、义务看病送医药活动、保护与宣传文物活动、科普教育与宣传活动等。

志愿者协会应该注重发挥政府与广大志愿者之间的中介作用，其功能主要是引导、培育和协调三个方面。第一，在引导方面，志愿者协会要对志愿活动进行战略规划，根据服务对象的需求和志愿者的特点，确定不同时期服务活动的重点项目，并对一些重点活动提供资金和协助筹措社会资源；第二，在培育方面，志愿者协会应该发动社会各阶层，培育和扶持辖区内志愿组织的成长；第三，在协调方面，志愿者协会要运用现代通信网络技术，建立所辖区域内的志愿服务信息网络。

在与政府行政组织体系分离的同时，第一，志愿者协会要及时配置专职工作人员，作为事业性团体通过财政专项拨款，保证其相对稳定的工资和福利待遇；第二，政府应根据财政情况，拨出相应的志愿服务基金，委托志愿者协会管理和动作；第三，政府应通过行政授权，保证志愿者协会对辖区内志愿团体和志愿活动的管辖权。

志愿者协会应该建立开放性的参与式结构。第一，可以在现有市、区志愿者协会之外成立由社会人士和企事业组织、社会团体的负责人以及志愿者代表组成的咨询委员会，定期召开咨询会议，让志愿者服务活动处于广泛的社会关注和监督之下；第二，在现有的市、区志愿者协会中增高或扩大理事会规模，吸收社会知名人士参加，由理事会主持协会的日常工作；第三，志愿者协会可定期召开志愿服务团体的联系会议，对服务项目与服务活动进行总体协调。

5.5.4 社区自治组织

在社区自治组织的系统中，除社区居民委员会以外，还有一系列社区自治组织，这些组织包括[①]：

（1）社区居民代表大会。社区居民代表大会是指由全体社区成员选举产生的，代表社区成员行使重大事务决策权以及对居委会工作的监督权的权力机构。其组成人员一般在40～60人左右。目前社区居民代表大会有几种形式。在实行了社区体制改革的沈阳、武汉等地，社区成员代表大会与社区居民代表会议是一套班子、两块牌子。其组成人员包括居民代表和辖区代表两部分，居民代表由居民小组推选产生，单位代表由单位指派。在部分实行直接选举的地方，社区居民代表大会仍按《居组法》的规定，由各居民小组推选的居民代表组成。

（2）社区协商议事委员会。是指由社区居民委员会选举的以民主议事、民主监督等为主要功能的社区自治组织。它是社区的监督机构。其成员一般包括社区党支部书记、居委会主任和单位代表以及社区知名人士、部分居民代表等，规模一般在10～15人。协商议事委员会主要有民主议事、民主监督两种职责，同时，受社区成员代表大会委托，在其闭会期间行使重大事务决策权。很多社区都规定社区居委会在进行重要决策之前（如制定社区规划、决定社区重要事项、公布社区财务）都必须提交协商议事会进行讨论，获得通过后，才能在社区施行。

（3）社区居委会下设的工作委员会。《居组法》规定，居委会可根据工作需要设立工作委员会，各地的工作委员会一般包括治安调解工作委员会、环境卫生工作委员会、计生妇女工作委员会、服务保障工作委员会、文体教育工作委员会等，居委会成员可以兼任各工作委员会的成员。

（4）居民小组。《居组法》规定，居委会可以分设若干居民小组，小组长由居民小组推选，每组居民人数不等。居民小组长不拿工资，属义务性质，主要职责是上传下达，即传达居委会部署的各项涉及居民利益的事宜，发动组织居民参与各项活动，向居委会反映群众中的各种动态，并在社区民主选举时发挥组织协调作用。

（5）门栋长、义务关照员。对于门栋长和义务关照员，《居组法》并无明确规定，但在实际生活中，门栋长和义务关照员作用很大，二者有交叉之处。例如，

---

① 徐勇、陈伟东：《社区工作实务》，高等教育出版社，2003年，16。

在高层住宅比较多的社区，可以一个门栋就是一个居民小组，小组长可能就是门栋长。而在以平房为主的社区，一个居民小组可以管好几个门栋。在社区中，门栋长的实际功能和小组长类似，有的地方干脆合二为一。义务关照员以辖区的老年人为主，主要照看本门栋或本楼的治安情况，提醒居民防火防盗等，另外就是在大型活动时协助组织工作。

第6章

城市社区的管理体制

■6.1 社区管理体制的构建原则

6.1.1 社区管理的含义、内容和特征

1. 社区管理的含义

社区管理是一个内涵相当丰富、外延相当复杂的范畴。由于人们所处的历史条件、文化传统不同，也由于社区的结构、功能和发展水平不尽相同，故社区管理的内涵和外延并不是一成不变的。也就是说，社区管理是一个历史性的范畴，是一个随着时代变化而不断发展着的范畴，其含义、内容和特征都在不断发展。

社区管理也可称之为社区行政，主要是指一定的社区内部各种组织，为了维护社区的正常秩序，满足社区居民物质生活、精神生活等特定需要而进行的一系列的自我管理或行政管理的活动。社区管理通过各种体制、手段、方式等要素来落实管理社区的特定目的，这些要素的有机构成称为社区管理模式。

从社区管理的含义我们可以清楚以下内容：第一，社区的地域要素和人口要素和街道或乡镇是基本相同的，社区管理的范围和人群基本上就是以前街道或乡镇所管辖的范围和在此区域内生活的居民。第二，社区管理的组织是多元化，既有作为主导的街道党工委和办事处，还有政府各职能部门在社区的派出机构，主要有工商所、税务所、环卫所、粮管所、公安派出所等。此外，园林、绿化、消防、信访、地方志、人口普查、文化教育、城市建设管理等职能，也有相应的工作机构承担；还有社区范围内的企事业组织，如学校、医院、政府机关、军队、科研单位、企业等，这些单位存在于社区范围内，和社区息息相关，而这些社区单位拥有的资源较多，各有优势，由它们来参与社区管理，能通过资源共享的途径解决很多问题和困难，加大管理力度。这些组织都是社区管理的机构，都为社区建设与发展起作用。第三，社区管理的性质是群众性的自我服务和自我管理。社区是由社区成员通过互动关系和文化维系力联系起来的共同体，这种互动关系和文化维系力，使社区成员相互联系，结成紧密、复杂的关系，在这些关系中各社区成员之间是平等的，大家既有权对社区提出要求，又要为社区的建设、管理尽自己的义务，社区全体成员有义务来参与社区的建设和管理；另外，社区管理的模式是为了满足社区成员的需要，让群众满意，但由于需求的多样性，要让政府或社区单位全包下来，都是不可能的，必须发动社区成员自我组织、自我管理、自我服务。因此，社区管理应该是一种所有管理主体积极参与的自我服务、自我管理，要搞好社区管理，一定要协调各方的力量，充分调动各方面管理主体的参与意识、工作热情和主动性、创造性。[①]

2. 社区管理的内容

社区管理的内容总的来讲是“四性”工作，即地区性、社会性、群众性、公益性事务，它包括科、教、文、卫、体等诸多方面，涉及的范围广，就社区管理的具体内容而言，主要包括以下几个方面：

（1）社区组织管理。内容包括健全社区的各类组织机构，明确工作目标和工作职责，指导各类组织开展工作，并对其工作成果进行考评。比如组织和指导居民选举社区管理委员会、居民委员会干部，并帮助居委会开展工作；成立由街道机构、主要社区单位、职能部门在社区中的延伸机构及居民代表组成的社区发展委员会，充分发挥协调作用，推动共建活动和资源共享活动的开展，更好地满足社区成员的需要。

（2）社区党建管理。其主要职能是健全党组织和各级网络，组织和发挥社区党员和在职党员的模范带头作用，强化对党员的管理和考评。社区组织管理的核心是街道（乡、镇）党工委，街道党工委作为上级党委的派出机关，是街道各种组织和居民群众的领导核心，对社区建设和管理的各项工作负领导责任。具体管理的内容有：宣传党的路线、方针、政策和国家法律法规，执行上级党组织的决议、决定，团结、组织党员和群众，保证社区内党和政府的各项任务完成，参与讨论、决定社区内的重大问题，并全面监督社区内各项工作的开展，加强自身建

① 韦克难：《社区管理》，四川人民出版社，2003年，157、158。

设，协调各方力量，支持和保证依法行政，认真做好党员和干部的教育、培养、考核和监督工作，做好思想政治工作，加强精神文明建设。

（3）社区服务管理。其主要职能是了解并根据社区居民的需求，建立健全社区服务网络，完善社区服务体系，广泛开展社区服务，并对服务质量进行监督、保证，以提高社区居民对社区的满意度，提高居民的生活质量、保证，以提高社区居民对社区的满意度，提高居民的生活质量。社区服务的主要内容有：第一，提供便民利民的服务，提高居民的生活质量；第二，社区服务组织和社区单位、团体组织进行双向服务，这样既可以充分利用社区单位和团体组织内的服务资源，实现资源共享，也可以分担社区单位和团体组织的服务压力，推进这些单位、组织的服务社会化进程；第三，社会福利服务，主要是为社区中的弱势群体，如老年人、残疾人、孤儿、下岗人员、生活有困难的低收入人群等，提供无偿或低偿还的社会服务。

（4）社区文化、教育管理。这里的文化概念是指包括文化、娱乐、群众性文体活动及全民健身活动等内容在内的大文化概念。社区文化管理的具体内容是对文化娱乐设施进行规划和建设，组织健全各类文体活动组织，帮助和指导到这些组织开展社区文化娱乐活动、群众性文体活动，引导社区居民进行全民健身活动，社区教育管理则是要建设和完善社区学院、继续教育中心、培训中心以及代表今后发展方向并利用网络进行教学的远程教育中心等教育机构，组织和发动社区居民广泛参与，进行普法、科普、时事政治、实用技能、兴趣爱好、理性信念、道德伦理、人文知识、自然知识、医疗卫生常识等各种内容不同、形式各异的教育活动。

（5）社区环境管理。其基本内容包括环境卫生管理、绿化管理、城市市政管理、路政管理、建筑和住宅管理、防汛防洪管理等。社区环境既包括居住的人文环境，也包括生态环境。加强社区环境管理的目的，就是要保护好环境，做到可持续发展，整治好居民的居住环境，为居民创造一个优美、整洁、舒适的生活环境。其主要做法是加强社区规则的执行，完善设施和警力的布置；加强公用部位和公共环境的整治；扩大公共绿地和绿化面积，加强养护，并发动广大社区居民积极参与其中，增强主人翁意识和管理意识；做好垃圾分类、投放、清运；养成良好的卫生习惯，减少垃圾对环境的污染；加大对违章建筑的整治力度，杜绝占绿、占道的现象；清理、整顿废水、废气、废渣以及噪声、光、油烟等污染源等，对上述个性工作要明确责任主体，加强监督和考评，将职能部门的工作职责和居民群众自觉参与的热情紧密结合起来，形成有效的管理和监督机制。

（6）社区治安管理。这是社区安全和安定的重要保证。要切实做好这方面的工作，就必须运用打击、防范、教育、管理、建设、改造等手段多管齐下，明确治安管理责任主体，建立和完善治安管理机构，明确治安的目标和任务，明确“条块结合，以块为主”，“打防并举、标本兼治、重在治本”的工作原则，调动和协调社区内各方面的力量，确定各自的工作职责，制定日查、夜巡、联防的各种社会治安综合治理制度，确保社区治安状况良好，让广大社区居民放心。[①]

3. 社区管理的特征

从社区管理的含义中，可以看出社区管理具有明显的特征，这些特征主要表现为：

（1）区域性。社区是具有一定界限的地区，换句话说，社区是地域性社会，是一定的社会关系空间与地域空间的结合体。社区管理的区域性主要体现在：社区管理工作指向本社区内成员、社区组织提供全方位、多样化的服务；社区管理的具体内容基本上局限于社区范围内；社区管理的组织者和参与者主要是本社区内的居民、单位和组织；社区的主要管理方式是发动社区内的各类管理主体，进行自我组织和自我管理；社区管理的目的是全面改善社区环境，提高社区居民对本社区的认同感、满意度，提高本社区居民的综合素质和生活质量。

（2）群众性。社区管理是一项群众性工作，应本着以人为本的原则，维护社区居民的根本利益；社区居民的参与是提高社区管理水平的坚实基础，社区居民的参与热情越高，社区管理工作越容易开展；社区居民对生活的社区是否具有认同感、归属感是衡量一个社区管理工作好坏的重要标志。所以，只有密切社区群众之间的关系才能增强社区居民对社区的向心力和凝聚力；解决社区的矛盾和困难所采取的主要方法之一就是要依靠群众力量，发挥社区成员的户主作用。

（3）综合性。社区管理的综合性主要体现在：社区管理工作涉及面广，包括社区服务管理、环境管理、治安管理、文化管理、卫生管理等多项工作；评估社区管理工作绩效的指标不是单一的，具有综合性；提高社区管理水平，社区管理主体需要掌握社会学、人口学、心理学、教育学等各方面的知识和技能；社区管理中用到的方法也是多种多样的，不仅有经济的、政治的甚至有法律的等。

（4）规划性。社区管理是一个庞杂的管理体系，需要严谨的规划，所谓规划就是对社区发展进行总体部署，目的是有效利用社会资源，协调社区关系。这就需要管理者能把握管理规律，既要照顾到长期社区利益，也不能忽视社区居民个体的短期利益，全盘考虑，制定适合本社区的长期、中期、短期计划。

（5）层次性。社区管理是一个管理系统，这个管理系统是有层次的。例如，在城市社区管理体系中，就分市、区、街道、社区居委会几个不同的管理层次，不同管理层次扮演着不同的角色。目前由于中国社会管理体制的特定性，我国的社区管理还带有一定的行政性，政府的管理职能强些，社区的自治职能弱些。随

① 韦克难：《社区管理》，四川人民出版社，2003 年，169～173。

着改革的深入，这种局面将日益得到改善，各社区会通过社区的管理机构实现民主决策、民主管理。

（6）动态性。社区本身就是在不断的发展着的，相应的社区管理就必须不断研究社区管理中出现的新问题、新情况，不断提出管理的新思路，不断改进管理的方法，促进社区管理体系的完善。[①]

（7）互助性。由于社区居民地域上的临近，居民之间交往的便利性与快捷性，必然导致居民守望相助，社区管理便形成以居民的互助性为特征的自我组织、自我服务、自我管理。具体而言，这种互助性特征由如下几个方面决定：首先，生活在社区中的居民之间以及他们与社区单位、群众团体之间有着十分复杂、密不可分的关系，作为社区管理四级网络的居民委员会（或村委会）和社区居民之间的关系就是一个很好的说明。居委会干部是居民推举并通过社区居民直接选举的方式产生出来的，他们是社区居民的代表，要维护居民的利益。在城市中，居委会作为两级政府、三级管理、四级网络这种城市管理体制中的重要一环，它又要承担一部分街道机构交办的任务，居委会的这种双重身份，使它成为连接居民和街道机构的“桥梁”，三者之间有了紧密的联系。其次，这种复杂而又紧密关系建立的基础是各社区成员的联系。再次，这种关系建立的基础是各社区成员之间的平等关系，每个社区成员既是管理主体，同时又是管理对象，既有管理别人的权利，又有接受别人管理的义务。在这种关系基础上建立起来的社区管理职能是社区成员共同参与的平等、互利、互助式的自我组织、自我服务、自我管理的模式，解决社区的矛盾和困难所采取的方法也只可能是社区成员的互助行动，即社区管理具有互助性特征。

（8）复杂性。社区管理的复杂性是由社区的人口要素、结构要素和社会心理要素所决定的。尤其是在城市，这些要素决定了目前城市社区存在以下三种情况：①人口密度大，流动性大，外来人口的数量在不断增加。②社区成员的异质化程度高。各社区单位的性质、行政级别、规模、从事的工作等各不相同，而且数量众多，随市场经济的发展，出现了大量新的经济组织，除社区单位之外，社区居民的异质化程度也在呈逐步提高的趋势，其表现一是人口结构变化，老年人的比例增高；二是居民的年龄、性别、职业、文化程度、宗教信仰、民族、收入以及生活方式等都存在着明显的异质性。社区成员的异质化程度越高，其需求就越不统一，要通过社区管理来满足这些需求也越难、越复杂。③社区成员之间的社会交往难度增大，次数减少。社区管理要协调和发动这些数量众多、异质性强、交流意识淡薄的社区成员参与社区管理可以说相当复杂。[②]

---

① 娄成武、孙萍：《社区管理》，高等教育出版社，2003年，14、15。
② 韦克难：《社区管理》，四川人民出版社，2003年，174～176。

6.1.2　社区管理的体制

关于社区管理体制，学者们都有自己不同的观点和看法。陶铁胜认为："社区管理体制是指社区管理的组织体系及运转模式，它要以社区管理的基本内容为基础，与社会外在环境和社区发展的方向相适应，是实施管理的组织结构、职能权限划分和管理方式、工作方法的总和。"①

徐永祥在《社区发展论》中认为："社区管理体制，已成社区管理制度，是由社区发展动力、利益主体、权力结构、运行机制和监督机制等多方面内容构成的综合性、系统性的管理制度。"②

社区管理体制是指社区管理权力的运行和制约方式，即参与社区管理的党政组织的推动力、社区自治组织的原动力、社区单位的潜在力等形成的社区管理的整体合力。在管理方式手段上进行制度规范、标准化管理。形成各级党政组织发挥宏观调控作用，运用行政、经济、法律、思想教育手段进行这个调节和财力支持，社区自治组织运用组织、发动等具体管理方法进行自治管理的有效的综合机制。③

完善的社区管理体制应具有如下特点：

第一，管理组织框架体系形成，具有配套性和系统性。所有参与社区管理的各级组织及其职能部门、社区党组织、社区成员大会、社区委员会、社区协商议事委员会等，其组织机构是配套的、系统的，形成一个完整的管理框架体系。

第二，管理组织间的关系明确，具有整体性和联动性。各管理主体的职责、职能既是相对独立的，又是相互制约的。既能有效发挥各自的管理作用，又能有效配合，发挥整体功能，共同趋向一个管理目标。

第三，管理组织的职能定位准确，具有全面性和立体性。在管理范围上，突破传统的隶属关系，打破条块分割，形成区域自治管理，具有完整的区域性；在管理内容上，涵盖所有的管理事项，管理内容具有综合性；在管理对象上，有直接隶属的，有间接管理和双重管理的，实现管理对象的全员性。

第四，管理队伍多元高效，具有职业性和社会性。管理队伍素质高，群众自我管理意识强，志愿者人数增加，管理队伍实现社会化、职业化、专业化、年轻化。

第五，管理机制有效，具有能动性和规范性。运行机制上的党政推动作用、社区主体组织的自治作用、社区单位的参与作用，形成社区管理的整体合力。运作手段上实行制度化、标准化管理。④

---

① 陶铁胜：《社区管理概论》，上海三联书店，2000年，36。
② 徐永祥：《社区发展论》，华东理工大学出版社，2002年，143。
③ 娄成武、孙萍：《社区管理》，高等教育出版社，2003年，71。
④ 娄成武、孙萍：《社区管理》，高等教育出版社，2003年，76。

6.1.3 社区管理体制的构建原则

社区管理体制的上述特点，决定了社区管理是一项有计划的实践活动，构建一个较为完善的社区管理体制就必须以一定的基本原则为指导，否则就会导致盲目性。归总国内外对社区管理体制构建原则的不同观点，可以总结如下。

（1）构建社区管理体系一定要考虑满足社区内包括私人组织、社会组织、工作单位、全体居民等在内的共同需要。这是衡量社区管理体制是否运作良好的一个标准。对共同利益的关注是社区管理的根本目标。管理体系自然要围绕这个目标运作。根据这个目标，社区权力机构可以进一步构建分目标体系，进而充分利用本社区的优势资源，更好地开展工作。

（2）社区管理并不等同于传统的街道管理，所以社区管理体制也不能等同于传统的街道、居委会的管理模式。传统的街道、居委会的管理模式已经显露出巨大的弊端，政府统得过多，管得也过死，使得社区基层管理组织不能灵活有效地满足社区内成员的需要，也不能有效的组织社区资源。所以，新式的社区管理体制应该本着自治的原则来满足社区成员的需要。居民不能再像以前那样，单靠政府来提供社区的治安、环境、卫生等软硬件设施，而应该积极参与其中。一方面享用社区管理提供的福利，另一方面也要配合社区管理工作，而且还要积极地参与社区管理体制的建设。

（3）社区管理体制的建设要依法进行。法制管理的原则要求社区各管理主体在法律赋予的权限内行使管理职能，不能超越职权或滥用职权；社区的管理手段也要遵循法律的规定；社区的管理工作的开展也要有合乎法律规定的标准程序，不能随心所欲。以我国目前社区管理的发展程度来讲，现阶段社区管理的体制、内容、构造、原则主要依据《中华人民共和国宪法》和《中华人民共和国城市居民委员会组织法》。

（4）社区管理体制的构建是一个长期渐进的系统工程，要因时、因地域不同而不同。中国是多民族国家，加上地域辽阔，人口众多，各地区均有不同于其他地区的风土人情、生活习惯，所以不可能有一个统一有效的社区管理模式。因此，我们要一切从实际出发，突出地方特色，利用各地区甚至各社区的比较优势来构建各自的社区管理体制，有计划、有步骤地逐步实现社区建设的发展目标。

（5）社区管理体制的构建要考虑系统管理的原则，把它放在一个大的系统中来考虑，使之更加具有开放性。系统是指由若干相互联系、相互作用的部分组成，在一定环境中具有特定功能的有机整体。[①] 其实社区管理就其本质而言，也是一个过程的复合体，所以社区管理体制的系统管理原则就是要使社区管理成为一个动

---

① 周三多、陈传明、鲁明泓：《管理学——原理与方法》，复旦大学出版社，2003 年，123。

态的、开放的、能随外界环境变化而变化的过程。社区管理体制要具有极大的弹性，可以使社区管理随着整个社会这个大系统的发展而发展。另外，社区管理中的某些问题，比如环境问题本身就要依靠全社会的力量来解决。所以，社区管理体制要具有开放性，可以在社区的教育发展、卫生状况、治安管理、环境建设、设施配备等各方面吸纳外界的力量。封闭的社区管理是没有出路的，即使是目前备受重视的社区管理模式，也是随全国经济体制改革的不断深入，根据变化了的实际情况，从原有的街道行政管理的模式逐步过渡转化而来，可以说没有经济体制改革和城市管理体制改革这样的大环境，也不可能有社区管理模式的存在。所以，社区管理必须要和外在的大环境协调，与整个城市和国家的发展规划协调一致。

6.2　社区管理体制的基本框架

6.2.1　构建社区管理体制框架的原则

1. 管理重心下移，立足基层

管理重心下移，就是将一部分职能下移至社区，增强社区的功能，其核心是向社区放权，其中包括第二级政府（区委、区政府）向第三级管理机构的分权，其目的是解决在原有体制下形成的街道承担的工作任务很多，而管理权限很少的不合理现象。政府放权的承受主体主要是第三级上的街道，同时也要分权发挥职能部门的作用，以及通过推进法制建设来加强和逐步完善依法行政。在事权下放的过程中，首先要遵从权责利一致的原则，保证街道权利的落实，做到管人与管事相结合，保证街道财力的落实；其次是要遵循放权与分权相结合的原则，在放权的同时，还要将各组织、机构的职能进行清理，实行政企、政事、政社职能的分离，将下移的职能适当分解，不能简单地一放了之；再次是责任主体唯一的原则，防止出现职责不分，互相推诿的现象；最后是管理幅度适中的原则，放权是要考虑管理的规模效应和管理成本，防止放权不够导致的管理不到位，以及放权过度而造成的专业管理割裂及街道无法承受的现象出现。

放权后管理机构也应有所调整，除原有的起社区主导管理作用的街道党工委和街道办事处之外，各职能部门也要在社区内设置分支机构，并接受街道和上级职能部门的双重领导，这些社区双管单位，是社区管理主体的重要组成部分，是专业管理的基本力量。另外，还要重视第四级管理网络——居委会的作用。

2. 条块结合、以块为主

这里的“条块结合，以块为主”是指：在社区建设的管理体制中，行政部门的专业管理与街道办事处的综合管理相结合，以街道办事处的综合管理为主。条是指进行专业管理的各职能部门，块指的是进行综合管理的地域性机构——街道党工委和街道办事处。社区中的专业管理是指公安、工商、市政、园林、环卫等专业职能部门按照法律法规，按一定的程序，对专业领域内的事务进行行政管理；综合管理是以组织领导、综合协调和监督检查的方式对社区进行管理。坚持“条块结合，以块为主”的原则，是由计划经济体制向市场经济体制转轨的必然。

在原有的体制下，条的力量很强，其资金资源、人员配备、组织管理、工作指导均由其上级部门掌握，并形成一个封闭的专业管理系统。由于各职能部门都有封闭性、单一性的特点，因此块内各条之间的协调比较困难，不易形成合力，而且各职能部门在第三级上配置的资源都比较少，难以支持制度化、经常性、全覆盖的管理要求。

在原有的体制下，上级对资金资源、人员配备、组织管理、工作指导的管理很强，使得形成一个封闭的专业管理系统。而且各职能部门本身都有封闭性、单一性的特点，因此相互之间的协调比较困难，而且各职能部门在第三级上配置的资源都比较少，难以支持制度化、经常性的管理要求。

随着改革开放的深入以及社会经济的发展，社区管理要求构建一种新的体制系统，抛弃以条为主的管理模式，加强块的地位和功能，强调综合管理的重要性，建立以块为主的新体制。

这种以块为主的新体制的核心内容是：在街道党工委、街道办事处性质不变的前提下，依照法律、法规、规章和上级政府的授权，行使相应的政府管理职能，对社区内的社区治安、社区服务、精神文明建设、街道经济组织等行使组织领导、综合管理、监督检查的行政管理职能，对地域性、社会性、群众性的工作负全面责任。在以块为主的新体制下，综合行政管理包括对社区内专业事务的管理、社会公共事务的管理及街道办事处自身的管理。

为适应新时期的要求，管理重心下移至社区，管理权力也随之在条块之间进行调整，组成一个新的组织框架，它以街道为核心，以居委会为基础，以专业管理部门派驻社区的机构为重要组成部门，在管理要求变动的情况下，组成全新的管理体制，形成条包块管，以块为主的管理格局。①

3. 小政府、大社会

构建社区管理新体制的核心在于，政府与社会之间能够形成共生共长、相辅相成的良性互动关系。与计划经济体制下的“大政府、小社会”的国家–社会关系模式不同，市场经济体制下的国家–社会关系模式特征在于“小政府、大社会”。

---

① 张堃、何云峰：《社区管理概论》，上海三联书店，2002年，38。

需要说明的是，这里的“小政府”是相对“大社会”而言的一个概念。所谓“小政府”，是指组织职能有别于市场和社会领域的组织、行政权能相对有限的政府，其任务在于代表国家利益和公共利益，依法对市场组织和社会组织、对经济发展和社会发展等进行目标管理与政策调控。而“大社会”则是指人际礼仪分化有别、组织要素发育完善、组织功能多样化、社区共同体特征鲜明、私人空间较大的法制社会，包括狭义的市场领域和社会领域。①小政府、大社会管理框架的关键是分解政府的职能，转变政府的职能，按照精简、统一、效能的原则，实行政企分开、政事分开、政社分开，同时加快社会组织的培育，由它们来承接一部分由政府分出的职能。

其具体内容包括：第一，将政府的行政管理职能和企业的经营职能、社会组织与社会团体的服务职能相对分离。第二，将具有社会慈善性质、社会互助性质的工作从政府职能中分离出来，交由社会组织、社会团体来具体负责。

政府职能分解后，对政府机构也要进行精简，以提高行政效能，政府机构的改革按照精简、统一、效能的原则，按照加强基层政权中党的核心作用的原则，按照有利于齐抓共管、发挥整体优势的原则，按照改革联动的原则来进行。其基本内容是：第一，强化党组织的核心作用，明确在社区管理中，党组织对社区负全责。第二，按照一定的合并标准，对机构进行合并调整，这种合并既可以是按管理的系统要求来进行，它比较适合解决涉及多头管理，对协调和综合管理要求较高的问题，如市政、道路、扫黄打非、拆违整治等，也可以按管理职能进行归并，将各职能部门中相同或相关职能进行合并，如将绿化委员会、园林局、房产局中执行绿化管理职能的部门或机构归并在一处，对整个区域的绿化进行全面管理。第三，要对机关人员进行合理的分流和精简。政府职能的转变和机构改革必然导致富余人员的出现，而街道等第三级管理层职能的增加，导致原有编制无力承担的现象出现。面对这种情况，对人员和编制的把握要依据行政机关编制要严格、社会事业系统编制适当放宽的原则和因需设岗、因岗设人的原则，进行人员结构的调整。

在小政府、大社会的框架中，社区组织占有十分重要的地位。因为随着国家经济实力的提高，人们的收入水平也有了大幅度的变化，随之消费品的种类、质量均有了更高的要求。尤其是绿色产品、能提高生活质量的商品日益受到人们的喜爱。同时很多家庭对社区服务提出了更高的要求。政府也适时弱化了对社会生活的全面干预，不再像从前那样对各项社会事业全包全揽，而是逐渐把一部分职能剥离出来，交给专门的企业去管理，这是一个可喜的变化。这些企业或社会中介同社区居民的联系非常紧密，在社区范围内形成网络结构，具有适应组织目标

① 徐永祥：《社区发展论》，华东理工大学出版社，2000 年，157。

多样性的趋势，利于成员之间的信息和资源共享及相互沟通和交流，能更好地满足居民群众多样化的服务需求。此外，社区组织能较好地适应社区自我组织、自我服务、资源共享的自治要求，能有效地利用社区内的各种资源，最大限度地满足社区居民的需要。在社区组织的培育、发展过程中要注意处理好政府倡导和组织自治的关系，注意培育和增强居民的社区意识，注意开发形式多样的便民利民项目，增强社区的吸引力。

4. 市、区齐抓共管

在社区建设的实践中，上海、青岛、石家庄等一些城市提出了“二级政府、三级管理、四级落实”的管理体制。“二级政府”是指市、区政府；“三级管理”是指市、区和街道的管理，强调的是街道层面的管理；“四级落实”是指市、区、街、居四级的组织落实。“二三四”管理体制的重点在于加强街道和居委会，关键在于将市区两级咬住不放的权力下放给街道，建立责权利统一、条块结合、以块为主的社区建设管理体制。“二三四”管理体制是民政部门比较倡导的、切实可行的管理体制，在全国普遍推行。市、区社区建设管理体制的基本框架如下：

（1）市一级社区建设管理机构的社区及管理权限的划分。在市一级建立社区建设工作委员会，由市委、市政府领导牵头，其成员单位有：市委组织部、市委宣传部、市委政法委、市公安局、团市委、市计划委员会、市建委、市教委、市文化局、市卫生局、市财政局、市物价局、市工商局、市劳动局、市地税局、市民政局。市社区建设领导机构主要负责制定、审核全市范围内的社区建设规划和工作计划；研究制定社区建设的方针、政策和重大措施；督促、检查全市范围内的社区建设工作；协调市委、市政府推进基层行政管理体制改革，理顺基层条块关系；解决社区建设中的政策保证和财力保障问题；协调有关部门和单位之间的关系，为全市社区建设创造条件等。

社区建设工作委员会的办公室一般设在市民政局，实施社区建设工作委员会的具体办事机构，由主任、副主任和工作委员会的成员单位选派人员组成。其主要职责是：对市社区建设工作委员会的各项决议执行情况进行督促检查；调查研究社区建设中的问题，总结经验，提出参谋意见，为工作委员会决策提供依据；协调有关部门单位和部门，制定“文明社区”的创建标准、考核及评选办法；负责协调有关单位和部门进行社区建设的理论研究；负责社区建设委员会日常工作，做好信息传递和反馈等。

（2）区以及社区建设管理机构的设置及管理权限的基本划分。在区一级建立社区建设指导委员会，由区委、区政府主要领导担任正、副主任，有关部门负责人和驻区代表参加。指导委员会负责制定全区性的社区及建设规划和工作计划；研究、决定全区性的社区建设的重大问题和政策、措施；组织协调区委、区政府有关部门结合自身职能，承担相应的社区专业管理任务，参与社区建设；协调辖区的其他各种社会力量，积极参加社区建设活动；理顺街道条块关系，充分调动街道办事处在社区建设工作中的积极性；主持开展社区建设的“示范工程”等。社区建设指导委员会的办公室一般设在区民政局，负责主持日常工作。[①]

6.2.2 社区管理机构的组织框架

社区管理的组织设计是一项复杂的系统工程。它实际是一个科层结构，包括最高决策层、日常领导管理层、贯彻执行层和支持援助层等。针对城市社区的特点，专家们提出“四委一办”的社区管理组织框架。[②]

社区管理委员会是社区的常设机构，行使社区管理的宏观决策领导权。它包括社区管理组织、社团组织、企事业组织和居民代表委员会等机构，社区的重大事务应当由各方代表组成的社区管理委员会讨论和做出决策。

（1）社区管理组织：主要包括街道办事处或者乡（镇）政府，以及政府职能部门在社区设立的延伸机构，如派出所、工商所、税务所等。

（2）社团组织：主要指社区内各类公益性、服务型、中介性组织，如社区福利组织、志愿者组织、慈善组织、社区服务组织或一些行业性组织，如个协、体协、舞协等。

（3）居民代表委员会：是社区内居民的群众性自治组织，也是社区管理的基本单元，如城市社区的居委会等。

（4）企事业组织：可以分为两类，一是一般性生产、经营服务单位（工厂、商店、学校、科研机构等），不直接参与社区具体事物的管理，但通过社区管理委员会，与社区内其他组织沟通，参与社区事务；二是社区内专业性的行业管理公司，如物业管理公司、保安公司等。

在实施社区管理的时候，社区管理委员会虽然是最高决策机构，但社区管理组织在很大程度上负责日常管理工作，而居民代表委员会、社团组织、企事业组织等在日常管理中主要配合社区管理组织完成各项管理目标。

根据不同的行政事务和目标，社区管理组织应当相应地建构三个方面的组织系统：①社区管理领导系统；②社区管理执行系统；③社区支持系统。这三个系统分别对应于制定决策、执行决策、支持和反馈政策效果的功能，形成社区管理的循环网络。

社区管理领导系统主要通过相互协调，共同完成对社区日常行政事务的领导，组织社区服务于社区建设。根据权力下放与属地管理的原则，作为以社区为基本

---

① 李森：《城市社区管理概论》，山东大学出版社，2001 年，67、68。

② 徐中振、卢汉龙、马伊里等：《上海“社区管理”框架体系研究》，载：上海市社会发展研究会编：《社区发展的理论与实践》，上海交通大学出版社，1999 年，109～119。

管理单位的街道办事处和乡镇政府将在社区管理中处于中心地位。按照我国的实际情况，在农村社区由于实行乡镇人民代表大会制度，人大代表由村民直接选举，所以乡镇人代会实际上是最高权力机构。但在日常领导中，由乡镇政府和党委成员组织的乡镇政务委员会执行着相当于社区管理委员会的职能，乡镇政府则相当于社区管理组织。城市社区的基本模式是街道办事处加居委会的结构，有的新兴城区采取城区管理委员会的制度。有街道办事处和街道党工委成员组成的街道事务管理委员会是最高的社区决策层，相当于图 6.1 中的社区管理委员会。

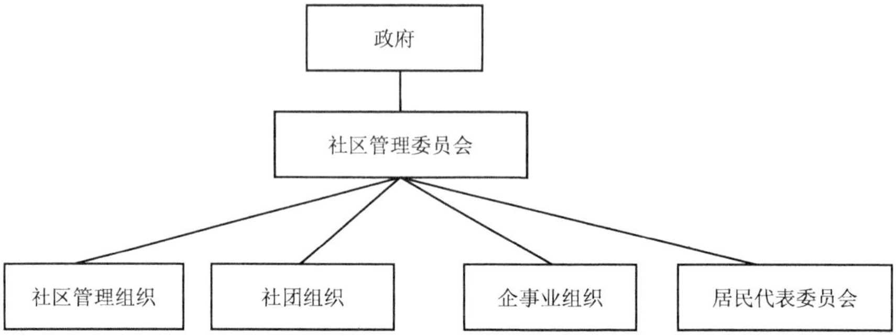

图 6.1　社区管理组织设计图

城市社区和农村社区的社区管理执行系统有很大差别。在城市社区，社区管理执行系统有街道办事处内设的“四委”（市政管理委员会、社区发展委员会、社会治安综合治理委员会、财政经济委员会）和“一办”（办公室）组成。通过“四委一办”的组织创新，从而使社区管理权力达到统一和加强，增强了街道的权威，可以更有效地引导和动员社区内已有的各种组织资源共同参与社区的发展过程。在农村社区，社区管理执行则由乡镇政府领导下的若干工作小组进行。图 6.1 中的社区管理组织属于行政执行的层次。

社区管理支持系统主要由社区内各事业单位、人民团体、居民群众及其自治性组织组成。图 6.1 中的社区企事业组织、社团组织、居民代表委员会等都是社区管理支持系统，对社区管理目标的完成起着极大的支持作用。这个系统同行政执行系统属于同一个科层，没有隶属关系。它在日常社区事务中支持、辅助完成管理目标。在社区事务的重大决策层次上，通过其过渡性的组织形式——社区管理委员会或社区事务咨询协商委员会以及各居委会组织等参与到社区决策事务中去。行政支持系统的主要职能目标是对社区管理进行议事、协调、指导、监督和咨询，从而对社区管理提供有效的支持，并促进社区管理的社会化。无论是社区管理委员会还是社区事务咨询协商委员会，其目的都是致力于把各种社会性服务、社会化管理的具体事物分解到社区各单位中去，通过它们的分工合作，发挥各自优势，形成一个广泛的社会化的行政支持网络。各种群众组织都是这一支持网络上的结，其中居委会是这一网络中最基本的组织单位。作为自治性的基层群众组织，其主要功能是把群众组织起来，参与社区的公共事务，进行自我管理、自我教育、自我服务，行使人民群众当家作主的权力。

6.2.3 社区管理机构的内部结构关系

结构是系统内部各构成要素之间的相互联系、相互作用的方式。合理的结构不仅是系统完善的标志，也是系统内组织确立和发挥各自功能的基础。在组织结构的设计上，关键是要把握和建构社区管理机构的系统结构关系。从社区管理组织的角度来说，其内部系统结构关系主要有两个方面：一是社区管理组织与社会化组织的相互关系，因为社区管理组织实现自身的目标和发挥效能在很大程度上需要各类社会化组织的互动配合；二是社区管理组织内部之间的相互关系，如街道内部的“四委一办”相互之间的关系，它属于街道组织内部条块机构之间的协调关系。

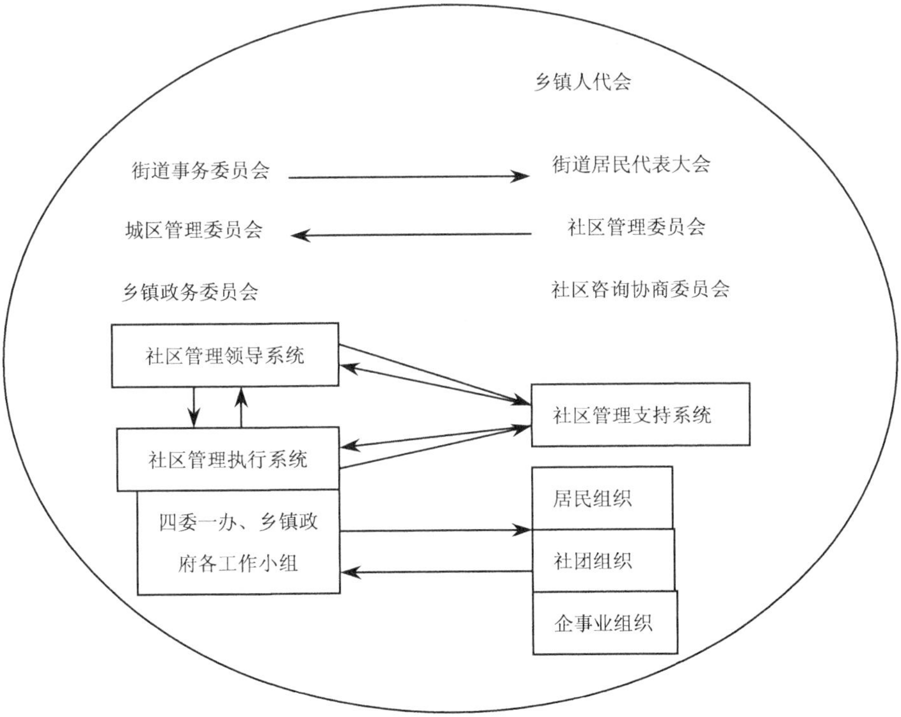

图6.2 社区组织管理内部结构图

社区管理组织主要是：①社区管理领导系统，如街道办事处和街道党工委成员组成的街道事务管理委员会、城区管理委员会等；②社区管理执行系统，如街道内部的“四委一办”、乡镇政府的各工作小组等。

社会化组织主要指：社区管理支持系统——街道居民代表大会、社区管理委员会或社区咨询委员会，以及各类群众性服务团体。上述两大类组织的基本关系如图 6.2 所示。[1]

6.2.4 社区管理的制度设计

制度是制约和规范人们行为的一系列规则的总和。建立了作为社区管理的主体——组织及其相互关系——结构以后，社区管理框架还应设立运行的规则——制度。根据新的社区管理权限及其目标，社区管理系统应逐步建立和健全各项规范化的管理制度。

1. 社区管理协调制度

协调是社区管理的关键环节。条与块之间是否能协调一致，是社区管理提高效率和效能的基础。有的时候，社区的组织结构都架构起来了，但在具体的管理过程中却无法高效地达到目标。这说明，组织协调方面有问题。因此，尽管建立了社区管理组织，社区管理还应建立经常性的制度，定期召开协调会议，并明确街道办事处的综合协调权，从而保证社区管理协调顺利进行。

2. 社区管理决策制度

决策是社区管理的主要行为。在社区管理中，不是要不要决策，而是如何决策的问题。对决策的程序、评估、咨询等应该形成严格的制度。而且，社区管理决策的输入因素不仅来自上级领导的政策文件，也来自于从社区管理委员会和社区事务咨询协商委员会等组织表达出的社区居民的需要，社区自身建设与发展成为越来越重要的政策输入因素。要防止管理权限过于集中，也要防止权力过于分散。集中和分散的程度应当制度化、规范化。

3. 社区管理岗位责任制度

岗位责任制是管理中常用的制度，它旨在明确管理者的分工、职责、工作目标。社区管理需要分工与协作，每个社区工作者都有相对明确的岗位职责分工，这是管理协调的重要保证。所以，应当花大力气把这项制度规划设计好。

4. 社区管理咨询与协商制度

社区管理作为基层性的社会管理活动，不仅应强调理性管理和依法管理，还

---

① 徐中振、卢汉龙、马伊里等：《上海“社区管理”框架体系研究》，载：上海市社会发展研究会编：《社区发展的理论与实践》，上海交通大学出版社，1999 年，115。

应强调管理的社会化和参与的扩大。因而应定期召开社区事务咨询与协商会议，使社区内单位与居民对社区管理提出咨询、建议和进行监督。另外，社区管理体系也应该建立通报制度，条和块的机构都应定期向社区内各单位与居民通报自己的工作情况，努力争取社区各方面力量的全面支持。

5. 社区管理考核、监督制度

除了日常的来信来访、党纪政纪监督、24 小时综合监督电话制度外，社区管理应依据《行政诉讼法》，完善社区行政复议应诉制度和居民（村民）代表大会、街道居民（村民小组）代表大会制度。[①]

■6.3　社区管理体制的运行机制

运行机制是指社区管理权力的运行和制约方式，即与社区管理的党政组织的推动力、社区自治组织的原动力、社区单位的潜在力等形成的社区管理的整体合力。在管理方式手段上进行制度规范、标准化管理，形成各级党政组织发挥宏观调控作用，运用行政、经济、法律、思想教育手段进行政策调节和财力支持，社区自治组织运用组织、发动等具体管理方法进行自治管理的有效的综合机制。

6.3.1　建立行政、经济、法律三大手段并举的运作机制

在传统的计划经济体制下，社区建设和管理普遍采用的是行政手段。但是随着社区功能的增强，社区管理的对象、内容和手段逐渐向社会化过渡，单纯利用行政手段已很难做到对社区资源的有效配置，以及各方利益和需求的统筹兼顾。为此，必须建立新的管理机制。目前社区管理机制主要是丰富了管理手段，从原来单一的行政手段，变为现在综合运用行政、经济、法律三大手段。

第一是建立责任、考核机制。由于街道机构是依法行使相应的政府管理职能，拥有组织领导权、综合协调权和检查监督权，在社区管理中起主导作用，因此要求在社区管理中建立“条包块管、各司其职、以块为主、综合管理”的责任机制和考核机制，改变以往责权不分、责任主体不明、权责利不统一、多条线考核间交叉、重复的缺陷，明确了工作责任，保证了工作效果。第二是在行政上引进法律机制，按照依法行政的原则，引进法律手段，将法律、法令、法规等作为管理的依据，不合法的坚决不做，违法的坚决查处，确保法律的权威性，依法规范行政职能、行政行为、行政程序和行政监督，提高管理主体的法律意识和依法管理

① 张堃、何云峰：《社区管理概论》，上海三联书店，2002 年，46～57。

的能力，使社区管理高效、有序地进行。第三是作业引进市场机制，作业是具体管理内容的落实，它有一定的成本，须投入资金。资金充裕程度和成本高低直接影响作业的效果。在新体制下，要将经济手段引入作业领域，改变以往不重视成本、不讲究效益、不注意投入效果的缺陷，通过引入竞争机制，通过实行自主经营、自负盈亏的企业化管理来强化人们头脑中的经济观念和效益观念，以社区居民为服务对象，通过吸引社区居民，服务社区居民，让社区居民满意的途径来增加经济效益，这种逐利行为和满足居民需求的统一，将使社区管理的成本降低，而社区管理效果却大大提高。第四是运行引进监督机制，建立和完善社区管理的监督机制，它对进一步改善社区管理体制具有很大的意义，因为它能加强党风廉政建设，树立党和政府以及社区管理主体的形象，增强其权威性，它还能纠正行业不正之风，保证职能部门、中介机构和各类社区组织更好地为广大社区居民服务，密切党群之间、干群之间以及各社区成员之间的关系，其重点是对社区的党政组织及其负责人实施党内监督和行政监督。①

6.3.2 资金供给与运作机制

社区管理的正常开展，有赖于服务资源的供给与利用。一般来说，社区管理的资源构成主要分为物质资源和人力资源两个部分。而物质资源又可分为有形资产、设施和无形的资金两个部分。在我国社区管理事业发展的进程中，一直存在着管理需求的扩展和管理资金的短缺这一对矛盾。所以，我们要讨论社区管理的资金供给和运作机制。

实际上，社区管理的无形资源——资金是保证社区管理事业持续运转的物质基础，也是衡量一个地方社区服务事业发展水平的重要标志。因此，如何形成一个有效的服务资金的筹集或供给机制，就显得十分重要。从我国目前的情况来看，社区管理资金的供给渠道及状况，主要体现在以下四个来源：

（1）政府对社区服务的资金投入。社区管理作为社会保障体系的一部分，有相当一部分属于政府的责任范围，因此，政府的投入始终是社区管理的重要资金来源。在发达国家，政府投资一般占 50%以上，我国目前最多占 30%左右。政府投资的形式分为直接投资和间接投资两种形式，直接投资来源于财政的专项拨款，间接投资则通过无偿提供场地和设施或减免税收等形式来实现。

（2）各种社会捐助形成的资金投入。社会各界对社区服务的资金援助是多方面的，可以是机关、企业、社会团体或个人的捐助等。随着社会管理的发展和公民参与意识的提高，社会捐助的资金将有不断增长的趋势。据不完全统计，1995～1997 年，仅广州市社区管理所获得的社区捐助资金总额就达 6000 多万元，平均

---

① 张堃、何云峰：《社区管理概论》，上海三联书店，2002 年，46～57。

每年达 2000 万元。

（3）有奖募捐基金投入。有奖募捐基金是近几年来中国社会福利资金的主要形式，各大城市也纷纷从有奖募捐基金中提取一定的资金用于发展社区管理事业。像广州自 1997 年以后每年有 100 万元的有奖募捐基金用于社区管理事业。上海仅 1998 年就通过发行福利彩票筹集社会福利基金 7500 万元，其中有近 3000 万元用于区、县一级的社会福利设施的建设。可以说，有奖募捐资金正成为社区服务资金的重要来源。

（4）社区服务自身产出的再投入。在社区服务的各种项目中，除了为无依无靠、无经济来源的特殊对象提供基本生活需要的服务是无偿的外，其余超出基本生活需要的服务都可以是收费的。尽管在理论上，社区服务应不应该收费是一个有争议的问题，但在实践中，各社区对居民有支付能力的服务项目实行收费已是普遍现象，并且通过有偿服务和盈利服务来补偿其他福利性服务的成本和为社区服务筹集资金。

以上几种资金的来源中，前三项资金为外筹资金，是社区服务管理机构向政府或社会争取、募集的资金。后一项资金为内筹资金，是社区服务管理机构依靠自己的力量自行筹集的资金。我国大部分城市的社区管理往往以自筹资金为主，外筹资金为辅。而社区管理资金来源的不稳定又造成了中国社区服务独特的筹资模式是以有偿服务弥补无偿服务。这种模式的优点是社区服务具有了自我生存和自我发展的能力，其不足是容易使社区组织重经济效益而忽视社区服务的社会效益，容易产生用有偿服务代替社区服务中的无偿福利服务和公益服务的组织行为。

6.3.3　行政管理体制与机制

社区管理的管理体制与机制包括行政管理与行业管理两个层面，是规划、协调、指导和规范社区管理事业发展的制度保证。其中，社区服务的行政管理是指在政府行政系统层面，通过政策、法规和行政力量实施对社区服务的管理。10 多年来，我国各地已逐步构建了“政府领导、民政主管、社会参与”的社区服务管理体制与机制。

（1）政府领导。与西方国家社区组织的发展和社区服务活动自下而上的运行机制不同，我国的社区服务事业自开展之初，就呈现出政府自上而下领导和推动发展的特点。这是因为，在以往计划经济的体制下，我国的“亚社区”长期行使的是政府管理与监督的功能，社会福利功能仅局限于“单位福利”，覆盖不到无工作能力、无经济来源的弱势群体，如孤老、孤儿等。大多数居民在生活上、心理上对社区并无特别的归属感和依赖感，一旦他们遇到生活困难、家庭问题，首先求助的是“单位”而非社区。这种情况不仅使社区与多数居民之间难以形成福利服务、公益服务的供求关系，也使得社区服务缺乏自下而上的动力机制和群众基础。改革开放以来，在社会转型的过程中，我国社会福利供给的短缺和社会福利需求的增加的矛盾，使得政府一方面着手全面改革社会保障制度，另一方面大力推行社区服务以增加社会服务的供给。在实践中，我国政府利用行政构架的效率，自下而上大规模地推行社区服务。事实证明，社区服务之所以能在中国得到如此迅猛的发展，完全得益于政府的态度和政策导向。可以说，如果没有政府的推动，仅靠社区内部居民自上而下的参与，社区服务充其量只能是一个或几个社区的发展，而不是整个地区乃至全国的发展。

政府对社区管理的介入主要涉及：社区管理政策的研究、制定和推行，社区管理规划的制定和实施，社区服务标准的制定和实行，社区管理机构的审批，行政立法和监督等。具体来说，第一，政府通过各项政策推动和扶持社区服务的发展；第二，政府在组织上具体落实社区管理工作；第三，政府是城市管理工作的规划指导者。政府的行政动员、政策指导、组织参与是社区服务发展的主导力量。特别是在我国社区组织还缺乏自下而上的运行机制时，政府对社区管理的推动更显得不可缺少。

（2）民政主管。具有中国特色的社区管理不仅将对民政工作对象的服务需求置于主体地位，而且在组织建制上由民政主管。这是因为：第一，社区管理具有特殊的民政服务历史渊源和社会福利性质，而民政部门一直承担着管理特殊社会福利的职能，有责任对新产生的社会需求做出反应；第二，民政部门同时主管城市基层政权和居委会工作，拥有推行社区服务的行政支持网络；第三，民政部门具有推行社区服务的政策资源、设施依托、人员准备等工作基础。在现实的运行中，整个社区服务的主管部门是民政部，主要由民政部门的社区服务办公室进行宏观管理。

社区服务经过10多年的发展，其内涵与外延正在不断丰富和扩展，已超出社会福利或民政工作的范畴，越来越具有社区发展的特征，民政部门的职能和权限已经难以胜任社区服务事业的管理。在实际运作中，社区服务的主要管理还是街道和乡镇这一层次。这是因为，街道和乡镇是社区服务真正展开的生活空间，也是社区服务的真正组织者和提供者。从立足民政到立足社区的转变，是中国特色的社区服务发展的必然趋势。立足社区就是把社区服务置于社区发展的范畴，使之成为社区发展的功能目标和组织形式。也就是说，通过社区服务的推行，不断改善社区的经济、社会和文化发展水平，培养社区成员参与意识和互助合作精神，增强社区的凝聚力，最终实现社区的全面发展。

（3）社会参与。社会参与首要的是社区居民的参与。社区居民的参与，既是社区管理发展的动力，也是社区管理追求的目标。同时，居民自觉地参与社区管理意味着他们社区意识和社区责任感的提升。社会参与还包括社区内外机构团体的参与。社区内外的机构有街道社区各个政府派出机构，民政、公安、税收、城建、工商等部门，共青团、妇联、工会等组织，企事业单位等。社区内外机构全方位参与社区服务可以充分调动一切社会资源，推动社区服务的发展。此外，就社区服务的具体运行机制来说，对于不同性质的操作单位应实行不同的运行机制。对此，民政部曾给予了概括性的提示，即“对于满足民政对象和特殊困难群体的基本需要、没有盈利条件的福利性单位，政府给予补贴；对于以满足社区居民物质文化生活需要为目的的福利经营性单位，应按照社会效益为主的原则进行规范，主管部门根据其承担公益性任务和社会效益、经济效益状况，适当给予补贴与扶持；对于完全有经营能力和盈利条件的社区服务单位，实行自负盈亏、自我积累、自我发展的运行机制”[①]。

6.3.4　行业管理体制与机制

社区服务的行业管理是指根据市场经济条件下服务业的行业特点和运行规律而实施的社区服务管理方式。1993 年国务院 14 个部委颁布的《关于加快发展社区服务业的意见》，要求“把发展社区服务业作为与提高人民生活水平、提高人口素质密切相关的行业纳入第三产业发展规划及其他有关规划”，从而社区服务在行业上作为第三产业的服务也得到了优先发展，经过 10 多年的实践，社区服务行业管理制度的基本框架已经初步确定，其内容主要包括以下两个方面：

第一，各省市纷纷建立行业管理机构。社区服务的行业管理总的归民政部门管理，但为了进一步加强其行业管理，许多区、街道、居委会分别建立了不同名称的行业管理机构，如上海在街道社区一级成立了社区服务中心；在广州市，有的区在区一级成立了社区服务管理总站。

第二，通过社区服务认证制度，健全行业管理规范。由于社区服务是特殊的第三产业，不同于单纯的经营型企业，它通过社区服务认证制度要求被认证单位和个人必须具备一定的资格，拥有一定的服务手段和相应的软件、硬件，承担相应的领导责任，坚持社会福利属性和便民微利性质，自觉接受民政部门的领导。例如，广州市民政局、工商局和地税局联合制定的社区服务认证制度就规定了以下四方面的内容：①对各级社区服务设施和网点统一实行认证制度。②社区服务证书适用对象为区、街道、居委会主办的福利服务、优抚服务设施；以居民生活服务为主的便民、利民网点；经营性的服务设施或网点。特别是经营性的社区服务设施必须同时具有工商营业执照和社区服务证书。③持有社区服务证书的服务设施和网点，可以享受不同规定的税收减免和政策优惠。④实行社区服务证书

---

① 《大力发展社区服务业，建立健全城市社会福利服务体系》，载：民政部社会福利司：《全国社区服务经验交流会议文件汇编》，1995 年，19。

年检制度，对经年检不合格者，取消其社区服务证书。[①]社区服务认证制度有效地规范了社区服务业的运行和发展，制约了违背社区服务宗旨的不良行为的发生。[②]

① 朱勇：《广州市社区服务发展研究报告》，载：《中国社会福利与社会进步报告》(1999)，社会科学文献出版社，1999年，296、297。
② 徐永祥：《社区发展论》，华东理工大学出版社，2000年，194。

第7章

城市社区民主政治

■7.1 社区民主建设的重要性

从民主理念的角度看，社区建设的目标是建立一个具有自我控制与协调能力的人所组成的社会，人们在有共识基础上的制度环境中，共同选择集体生活方式或目标，而达成此目标的方法就是民众参与公共事务的讨论并做出选择。因此，以民意为皈依应是公共管理者施政的最高准则。尊重民众的尊严、价值与潜力，将其行为的正当性向民众回应，是身处民主大环境中的公共管理者所应具备的首要认知。民主的价值所在，不只是程序上尊重多数人的偏好，而是在实质上提升每个人在集体意志下的自然权利。[①]

7.1.1 社区民主建设是社区功能的关键

社区建设、社区管理和社区发展，离不开政府的规划、投入、指导、管理等社区行政职能的实现，也离不开广大居民对社区公共事务的社会参与。只有政府的积极性，没有广大居民参与社区公共事务的积极性，那是不可思议的，也不是现代完整意义上的功能健全的社区。现代社区的建设、管理与发展，必须重视居民的社会参与和社区民主的精神及实践。

社区的社会参与和社区民主功能，其基本含义就是，社区发展为人们参与社

① 徐勇、陈伟东：《中国城市社区自治》，武汉出版社，2002年，141。

会事务提供了区域社会的场所以及民主建设与民主管理的机会，同时，社区发展也有赖于居民的社会参与与民主管理。积极推动居民的社会参与和社区民主建设对于提高社区生活质量，搞好精神文明建设和人的社会化，维护社会稳定，从而整体提升社区发展的水平，都是非常重要的。

从实践的观点来看，社区是人们认识社区、参与社会生活的第一场所。人们参与公共事务无疑也应先从社区开始，而参与社区的公共事务正是参与全社会的公共事务和国家政治生活的前提，就这个意义而言，“社区就是人们涉足公民参与、学习参与的首要场所，也是人们走向更大、更广泛的公民参与的舞台的起点”①。

总体来看，社会民主是社会责任与社会权利的统一体，既体现了社会成员对社会发展、公共事务的一种责任，又体现了其享有社会福利与社会保障的权利、劳动与就业的权利、受教育的权利以及参与管理社会公共事务的权利。如果将社会民主概念引用到社区发展中来，那么，它集中体现为居民对社区责任的分担、对社区公共事务的参与以及对社区发展成果的分享。

对政府来说，提倡和鼓励居民的社会参与和民主管理，一方面可以增强居民对政府的信任和支持，有利于实施政府制定的社区发展政策；另一方面则可以将潜在的社区资源发掘出来，成为现实的人力资源和智力资源，并转化为社区建设、管理和发展的强大动力，适度地降低政府在经济、政治和社会等方面的成本支出及可能的风险。

对居民来说，积极参与和民主管理社区的公共性社会事务，一方面可以培养健康的社区意识和公益精神，增进居民相互之间的关怀和情感交流，消除现代社会常见的人际冷漠、人际阻隔现象，形成感性的、见得着也摸得着的“我为人人，人人为我”的新型社会主义价值观；另一方面，则可以发掘和发挥自己的潜能，更好地体现和实现自己的社会价值和人生意义，塑造丰富多彩、健康向上的生活方式，提升自己和家人的生活质量。

从当前我国社区发展的现状来看，社区的社会参与和社区民主功能的开发或实现情况并不能令人满意。虽然许多城市和农村的社区在建设与发展之中，指导思想上都相当重视居民的社会参与，但居民的社区意识仍比较薄弱。除退休职工及孤寡老人、残障人士等弱势群体外，大多数的社区居民仍普遍缺乏参与社区公共事务和民主管理的热情与积极性。即使具有参与社会事务热情和积极性，很多人在参与实践中往往带有被动参与的特征，而非以社区的主人翁精神状态投入到参与实践中去。②

之所以产生如此令人尴尬的现象，其深层次的原因莫过于遗留下来的单位人体制和社区发展中的政府行政权力本位制仍然发挥着主导作用。如果说已经受到

---

① 孙慧民：《城市社区发展》，载：《上海跨世纪社会发展问题思考》，上海社会科学出版社，1997 年，205。
② 徐永祥：《社区发展论》，华东理工大学出版社，2000 年，97～99。

冲击并正在转变的单位制是影响居民参与社区公共事务和民主管理之积极性的外在原因，那么，社区建设、管理和发展中的行政权力本位制则是影响居民社会参与和社区民主的内在原因。因此，在社会转型和单位制这一外在原因短时期无法解决的条件下，应着力从社区发展的内因上去面对和解决行政权利本位制的弊端，积极构造具有中国特色和本社区特点的、引导居民参与社会事务的新机制，只有这样，我们的社区方能获得可持续发展的动力。

为了更好的认识这一新体制、新机制的重要性，下面引述的推论是不无裨益的："通过人人参与，创造优美舒适的环境，提升人的生活质量，达到人与自然的和谐统一，社区才呈现为生活共同体；通过人人参与，频繁的交往与沟通，形成祥和、团结、合作的社会环境，达到人与社会的和谐统一，社区表现为一个社会共同体；通过人人参与，互助供给，构成一种我为人人，人人为我的理想的道德境界，达到人与自然的和谐统一，社区又表现为一种道德共同体；通过人人参与，发掘潜力，发挥己能，充分实现人格的全面发展，达到人与自己的和谐统一，社区方能体现为一种情意共同体；通过人人参与，提倡奉献精神，实现美好的社会理想，提升人生境界，达到天地人相和谐，社区便成为一个信念共同体。"①

7.1.2 积极推进社区民主化过程是我国社区建设的必然要求

党的十三大指出："基层民主生活的制度化，是保证工人阶级和广大人民群众当家作主，调动各方面积极性，维护全社会安定团结的基础。"十四大明确提出："要加强基层民主建设，同时发挥职工代表大会居民委员会和村民委员会的作用。"十五大更详细地指出："城乡基层政权机关和基层群众性自治组织，都要健全民主选举制度，实行政务公开和财务公开。群众参与讨论和决定基层公共事务与公益事业，对干部实行民主监督。"从而使我国在国家权力结构体系层面追求现代民主政治的发展进程，走上了一条首先注重奠定基层民主制度的基础、渐进地拓宽基层政权中的政治参与渠道、不断推进政治现代化与民主化进程的道路。

而社区建设正是顺应这种推进基层民主的需要而产生的。首先，社区建设是一种有组织的区位性的社会行为，主要采取民主协商、民主决策、民主管理、民主监督的手段，动员社区内各团体、各社会成员共同为社区发展献计献策。因此，它适应居委会自治性质，通过推进社区建设社会化，有利于提高居委会自治程度。

其次，社区建设的基本方法就是发展民主。正如市场机制会实现对资源合理的配置，产生最大的经济效益一样，民主是产生最合理、最和谐社会后果的社会机制。在这个问题上制度和机制的创新是关键。我国人大民主政权体制和党领导下的政治协商的方式应当在社区组织中得到发展。也就是说，两种政治形态要在

① "上海'九五'社会发展问题思考"课题组：《上海跨世纪社会发展问题思考》，上海社会科学出版社，1997年，210。

社区里有它们的投影。社会主义民主要从基层做起，现在全国许多街道已十分注意在社区发展中通过议事协商的方法来组织社区，解决社区建设中的许多问题，一些街道成立社区管理委员会、社区发展协调委员会，完善街道居民代表会议制度。它们体现了人大和政协的组织精神，同时也是以社区居民和社区内单位的推举和选举为基础的。当然这种协商和协调的方法和过去政府部门的联席会议有着不同的含义。它不再完全寄希望于行政的权力机制，而是通过民主的方式调动各方面的积极参与。社区的问题只有通过不同的单位与组织，用民主协商和代表协商的方法来进行。这将是我国民主制度深化和普及的开始。可以设想，基层民主制度的逐步建立和完善，直接有助于提高居民表达和行使民主权利的能力，可以使我国人大的政体和基层的民主形式逐步接轨，使选区和社区建立起实质性的联系，相当部分按区域人口配额产生的人大代表能真正代表居民的利益参政议政，这将是我国民主政体进一步实现社会主义现代化的新的蓝图。

最后，社区建设是扩大基层民主，实现社区居民自我教育、自我管理、自我服务，进而提高社区现代化管理水平的基础工程。改革使许多“单位人”变成“社区人”，今天的社区越来越成为人们利益的共同体。而以动员社区力量、开发社区资源、密切联系群众、及时解决问题、情系千家万户为特点的社区建设，则能使这种利益得到空前的加强，从而大大增强社区的凝聚力、居民的认同感和归属感。在这种情况下，推进基层民主，就有了坚实的群众基础和思想基础，社区居民具有共同的利益，他们关注社会事务，关心社区的民主选举、民主决策、民主管理和民主监督，有效实现社区居民的自我教育、自我管理和自我服务。社区的现代化管理，最重要的是人的管理。通过社区建设，推进基层民主，正是在解决人的管理问题。这样，也就为提高社区现代化管理水平，奠定了坚实的基础。

扩大民主、居民自治，是建设社会主义政治文明的要求，党的十六大报告指出，发展社会主义民主政治，建设社会主义政治文明，是全面建设小康社会的重要目标。在城市社区扩大民主，实行居民自治，是社会主义政治文明建设的重要组成部分，也是建设社会主义政治文明的基础。没有基层民主的发展，政治文明建设就没有根基，同时也是不完整的。

■7.2 社区参与

社区参与有赖于政府和非政府组织的介入，更有赖于社区居民的参与，社区参与的形式和途径是多样化的。社区参与是社区发展的内在动力源，是城市基层民主的基础和核心内容，也是我国社会主义民主的重要组成部分之一。所以，在我国的社区建设、社区发展和社区管理中，应从制度上营造和完善有助于社区参与的条件，鼓励多样化的社区参与，切实解决影响社区参与的主要矛盾和问题。

7.2.1　社区参与的概念和分类

“参与”一词在不同的领域有着不同的表达名称，如政治参与、基层参与、决策参与、社区参与等。其基本含义在于人们对某一领域发展计划的制定和实施所施加的影响或直接参加了这一领域的整个发展过程，以及对发展成果的分享。

结合联合国对社区发展的理解以及国内外社区发展的实际，我们倾向于从定义和结构上去把握社区参与这一概念和要义。社区参与的定义可以表达为：社区参与既是政府及非政府组织介入社区发展的过程、方式和手段，更是指社区居民参加社区发展计划、项目等各类公共事务与公益活动的行为及其过程，体现了居民对社区发展之责任的分担和对社区发展之成果的分享。当然，这是一个广义的概念，狭义的社区参与概念则仅仅指居民的参与实践。

1. 社区参与结构

关于社区参与的结构，可从参与的主体、客体、动机和目标取向等四个方面来把握。

（1）社区参与最重要的主体是社区居民。参与主体是指在参与行为中起决定性作用的人。社区参与的主体除作为自然人的社区居民外，也包括社区内的政府、单位、社会团体三种法人。但归根到底，居民是本社区的主人。居民的参与行为将直接或间接地影响社区发展。

（2）社区参与的客体是社区中的各种社会事务。从宏观上看，社会现代化是包括政治、经济、文化、社会等各方面现代化在内的系统工程。从微观上看，社区发展也同样包括社区政治发展、社区经济发展、社区文化发展、社区社会发展四个方面。社区发展状况如何，有赖于社区居民在这四个方面主动参与的程度和效果。

（3）社区参与的心理动机是公共参与精神。心理动机是参与活动的起点，是激励并维持参与行为达到一定参与目标的内在动力。公共参与精神的兴起不仅体现了居民要求自我价值的实现和自身潜力的发挥，表明社区主体心态的发育成熟和对公共利益、公共领域的自觉认同，而且是实现社区发展和培育市民社会的精神支撑。

（4）社区参与的目标取向是社区发展和人的发展。社区居民通过广泛参与，促进社区的积极变革和演化，推动社区发展和社会的全面进步。而社会发展的核心是人的发展，人的全面发展是社会发展的终极目标。以人为本的发展观决定了社区发展不仅要满足居民在生活安全等方面的需要，还要满足居民在精神、文化、自我价值实现等方面的需求。

2. 社区参与类型

根据参与的主体意愿、参与形式、参与渠道和参与的内容，可以对居民的社区参与活动的类型进行这样的概括和区分：

（1）根据参与主体意愿的强烈程度，社区参与可分为吸纳型参与和自主型参与。吸纳型参与是政治系统通过社会动员，将社区居民纳入参与范围内，是“要我参与”的被动型参与模式。自主型参与是以参与主体的明确意图和积极行动为特征，是“我要参与”的主动型参与模式。

（2）根据参与主体的组织形式，分为组织参与和非组织参与。组织参与是指社区居民通过常设型的各种组织参与社区事务，如居民代表大会、志愿服务活动。非组织参与则是社区居民不通过组织形式，个人自发地行使民主权利或参与社区事务，如邻里互助。一般来说，在居民参与意识较低的情况下，更需要通过完善各种组织参与的载体，提高其参与程度，并带动非组织参与的开展。

（3）根据参与渠道的制度化水平，分为制度化参与和非制度化参与。制度化参与是以制度为支撑的参与行为，它能持续稳定地进行，推动社区的持续发展；非制度化参与是指参与行为没有制度予以支持，可能声势浩大，但不能持久。

（4）根据社区参与客体的内容不同，分为社区社会参与、社区经济参与、社区文化参与、社区政治参与。其中，社区社会参与包括社区生活秩序的参与和社区生活环境的参与。生活参与和环境参与是社区参与的最初阶段，也是社区发展的基础保障，如社区居民参与助弱帮困、社会救助、小区治安、小区绿化、小区环境卫生的整治等。社区经济参与主要指居民对自身和社区共同体的经济利益和福利事业的关心和参与。经济参与在经济体制转轨时期的意义重大，如下岗人员的再就业，离退休人员的社会保障机制移植到社区，必将引起居民参与意识的提高。社区文化参与既指居民参与社区文化娱乐活动，也指居民参与社会公德的培养和社区精神的塑造。城市要走向现代化，必须以现代社区精神和新型市民伦理为精神动力。社区政治参与指居民对社区的政治事务的关注和参与过程。社区居民不仅对社区内的社会、经济、文化事务进行参与，而且需要参加社区管理和国家事务的管理，如参加社区选举、参加居民会议等。今后，还将包括对社区人民代表的选举、政协委员的推荐等，社区建设应当把提高社区的自治水平作为最终目标之一，这就要求居民提高民主意识、提高政治参与意识、提高政治参与意识。社区居民的政治参与度越高，说明这个社区的基层民主水平与程度越高。[①]

---

① 徐永祥：《社区发展论》，华东理工大学出版社，2001年，226～229。

7.2.2　社区参与的重要意义

1. 社区参与是衡量社区建设成功与否的重要标志

社区服务对象主要是社区居民，开展社区建设就是为了提高为社区居民提供服务的能力和水平。如果社区建设脱离社区居民的现实需要，不能为居民提供优质高效的公共服务，就不能算是成功。因此，无论是拓展社区服务、发展社区卫生、繁荣社区文化，还是美化社区环境，加强社区治安，都必须以社区居民的广泛参与为基础。有了社区居民的广泛参与，社区建设的组织者才能真正了解居民的现实需要，从而能够产生较好的社会效益。比如，在一个以老年人为主的社区，应当设计较多的老年服务项目；而在一个以流动人口为主的社区，应当强化学习、培训服务，这些信息只有在居民的广泛参与中才能体现出来。居民的参与过程实际上就是公共服务的提供者与公共服务的使用者之间相互交换、传递信息的过程。所以从一定意义上说，“社区成员的参与状况决定着社区建设的效果”。

2. 社区参与是社区建设健康发展的动力源泉

社区建设实际上就是建设社区，最愿意建设社区的当然是居住在社区的居民。居民是社区建设的主体和动力源泉，只有社区居民广泛、直接、深入地参与和治理，才能逐步培育居民的社区归属感、认同感和现代社区意识，使社区自身的各类资源得到最有效的整合和最充分的利用，从而推动社区建设健康、有序地发展。同农村村民自治一样，我国城市社区建设也以政府主导开始的，居民参与多为动员式参与。动员式参与不是居民意愿的真实反映，因此不能成为社区建设的动力。比如，过去每年三月都要花费大量人力物力，动员社区居民学习雷锋做好事，参与的人虽多，却不能持久。所以，社区要想得到理想的改变和发展，应当特别注意动员式居民参与和自主式居民参与之间的区别，通过培育、指导、组织、服务等多种手段，发展自主式居民参与，使社区逐步向居民自治迈进。

3. 社区参与是搞好社区建设的根本保证

社区建设是我国城市管理体制的重大改革，是一项系统工程，涉及政府的多个部门，需要社会各界的广泛参与。在这众多的参与对象中，社区居民因其地位特殊而成为社区参与的主体。一方面，社区单位和社区中介组织尽管也住在本社区，但却是相对封闭的，其业务范围是向其他社区开放的，其他社区同样也会影响其发展。居民则不同，社区就是他的生存环境，与他的生活质量息息相关。可以说，居民是社区建设的主要受益者。另一方面，在资源相对匮乏的情况下，居民的广泛参与就成为推动社区建设各个具体项目实施的重要保证。社区建设以人为本，人是社区建设的课题，又是社区建设的主体。“没有人就没有发展”。同样的，没有居民的广泛参与，也就无所谓社区建设。

7.2.3 居民社区参与的现状

1. 动员式执行性参与是目前居民参与的主要形式

所谓动员式执行性参与，是指社区居民在社区工作人员的动员、劝说下参与执行社区管理机构业已形成的事项，比如参加居委会组织的各类活动、开会听取居委会或街道有关本社区工作的通报、部署等。这种参与既不能对社区事务开展的具体项目进行决策，也不能对社区公共权力的运作进行监督，因而属于执行性参与。

2. 精英参与理论与社区精英参与

北京大学的王思斌教授认为，我国社区建设中的居民参与理论主要是一种精英主义的参与理论，即认为居民参与是完全被动的参与，是按照精英人物设计好的计划来开展活动。这些精英人物包括社区中有名望的居民、有较高社会地位的居民和社区居委会成员或积极分子，政府官员在制定社区发展规划是一般吸纳上述精英分子参与。[①] 而普通平民很少受到邀请。

3. 非政治性参与是目前居民参与的主要内容

所谓非政治性，是指从参与内容上讲，居民参与的社区事务多与政治不沾边或关系不大。就社区居委会而言，政治性参与主要指选举委员会和选举各级人大代表。前者主要是由居民代表或户代表投票选举，且三年一次，参与规模不大，广泛性不足；后者也并非全体居民都能参加，那些在单位登记为选民的居民，则不参加本社区的选举。

4. 参与率低、参与机制不完善

被动式执行性参与的直接后果是居民参与率低、参与机制不完善。受被动式执行性参与形式的支配，能否有机会参与正式社区事务的关键在于是否得到了社区管理机构的邀请。受到邀请最多的当然是受社区工作人员赏识的所谓“社区积极分子”，其次是居民代表，普通居民则很少能有机会参与较正式的社区事务。从居民来讲，由于参与事项极少涉及社区公共权力的运作，因而居民对参与的价值和作用表示怀疑，缺乏足够的参与社区事务的热情。

① 王思斌：《论民本主义的社区发展观》，《社会科学》，2001 年，第 1 期。

5. 参与期望与参与现实之间存在矛盾

许多人在分析社区参与不充分时，都把居民参与意识差作为一个重要原因。其实问题的关键在于居民期望参加的社区活动参加不了，如对社区重大事务参与决策和管理、对社区权力的运作参与监督等，而社区管理机构提供给居民的多是居民或特定居民没有多大参与期望的项目，如打扫卫生、为民服务、组织治安联防队等。参与期望与参与现实之间的矛盾实质上是一个利益关系或者说权力的再调整问题。社区建设的核心是实现社区自治，社区自治的关键又在于是不是真正把权力还给社区居民。①

■7.3 社区自治

7.3.1 社区自治的概念和意义

1. 社区自治的概念

自治（autonomy）源自于希腊语的“autos”（其意为“self”，即自我的意思）和“nomos”（其意为“rule，governance”，即治理的意思）。因此，就字面意思说，“自治就是自我治理或自我做主的状态”（the state of being self-sovereign）。换言之，自治就是依照你自己的方式而生活的权利。按照目前学术界、理论界通行的解释，所谓自治，是指“民族、团体、地区等除了受所隶属的国家、政府或上级单位的领导或指导外，对自己的事务行使一定的权力”。由自治含义引申，我们今天所建立的社区，属于自治对象中团体的范畴。因此，社区自治是指社区居民有自我决定社区公共事务的权利以及权利行使的方式。

2. 社区自治的意义

（1）从政治的角度看，强化社区自治对于推进我国民主政治建设的进程，建设政治民主的国家，具有重大的意义。江泽民同志在党的十五大报告中指出：“扩大基层民主，保障人民群众直接行使民主权力，依法管理自己的事情，创造自己的幸福生活，是社会主义最广泛的民主和实践。”邓小平同志在《党和国家领导制度的改革》一文中也曾深刻地指出：“政治上充分发扬民主，保证全体人民真正享有通过各种有效形式管理国家，特别是管理基层地方政权和各项企业事业的权力，享有各项公民的权力。”这些论断都明确地阐述了让人民参与国家管理的重大意义。社区作为城市基层群众自我管理、自我教育、自我服务的自治组织，是我国

① 窦泽秀：《社区行政》，山东人民出版社，2003 年，267～273。

人民行使管理权力和民主政治建设的重要基础和有效形式之一。如若失去这一基础形式，共和国大厦将失去根基，长治久安将难于实现。

（2）从经济发展的视点看，强化社区自治对于贯彻党的基本路线，加快我国现代化建设的步伐，建设经济繁荣、政治民主、人民富裕的现代化强国具有重大意义。社区是构成社会管理最基本的细胞，是人类赖以生存的家园，是一切经济活动和经济发展的基础。如果这一细胞失去活力，管理杂乱无章，环境恶劣，人类将无法生存，生产力将无法提高。经济发展也必将无从谈起。因此，社区自治事关国家政治稳定和经济发展，其现实意义十分重大，历史意义更加深远。

7.3.2 社区自治的内容和职能

1. 社区自治的基本内容[①]

我国宪法第 111 条明确规定：“城市和农村居民居住地区设立的居民委员会或者村民委员会是基层群众性自治组织。”《居组法》根据宪法的规定，对居委会的性质和职能做出了详细而明确的法律解释，在第 2 条中明确规定：居民委员会是居民自我管理、自我教育、自我服务的基层群众性组织。根据上述法律规定，社区自治应当包括以下六项内容。

（1）人事选免。社区居民委员会的组成人员必须由本居住地有选举权的社区成员大会或代表大会依法选举产生，同时，社区成员大会或社区成员代表大会还具有依法随时补选因故出缺的社区居民委员会组成人员，具有随时罢免、撤换不称职的社区居民委员会的组成人员的权利。任何组织、任何个人都无权干涉社区居民委员会的选举。

（2）财务管理。社区的财产受国家法律保护，任何单位和个人不得侵犯。社区有权拒绝不合理的财力和人力的摊派。社区兴办的公益事业，可以通过民主自愿的方式，向受益的社区成员筹集资金。政府拨付社区的办公经费，社区居民委员会有权按照规定自主使用。社区居民委员会兴办的社区服务产业所得的税后利润，社区委员居民会有权按照政府的有关规定，将其用于社区活动经费、社区工作者的补贴和社区服务事业扩大再生产的投入。社区的财务和财产应当按照国家有关规定建账和管理，并接受社区成员的自治监督。政府或社会有关单位需要社区协助完成其自治职能之外的工作，必须按照“费随事转”的原则，给予社区一定的劳务费用，社区方可协助完成。否则，社区有权拒绝。

（3）社区教育。社区运用社区成员喜闻乐见的形式，对社区成员开展遵纪守法、依法履行公民应尽义务的教育。组织社区成员开展社区精神文明建设，倡导邻里互助、尊老爱幼、破除迷信等社区文明新风。

---

① 周文建、宁丰：《城市社区建设概论》，中国社会出版社，2001 年，145。

（4）社区服务。社区可以根据社区成员的需要，通过兴办便民利民服务事业、建立志愿者协会组织、开展社区志愿者活动等形式，为社区成员提供各种生活服务。

（5）社区事务管理。社区的重大问题，必须经过社区成员大会或社区成员代表大会讨论决定，社区居民委员会对全体社区成员负责，定期向社区成员大会或社区成员代表大会报告工作，在社区议事协商委员会的监督协调下，完成社区成员代表大会的决定和决议。社区成员代表大会有权依法制定《社区自治章程》和各类《社区自治公约》，实行自我管理。社区要建立社区青少年、妇女、老年人、治安调解等协会组织，开展自我管理活动，依法维护各类人群的合法权益，维护社会的安宁和稳定。

（6）运用自治的办法和方式，协助政府做好社区计划生育、治安、爱国卫生、优抚救济和青少年教育等项工作。

2. 社区自治的职能

（1）自治方式。①民主选举。是按照法律规定，由具备选举资格的社区居民，在公开、公正、公平的前提下，按照一人一票、秘密、无记名、差额等原则选举社区自治组织成员的一种政治行为。社区居民委员会作为城市社区群众性自治组织，其组成人员由社区成员代表大会选举产生。②民主决策。社区的重大事项，由社区相关机构根据一定的程序进行民主讨论或协商，并形成一定的决议交付执行的决策过程。社区民主决策的主要机构是社区居民代表大会。社区的日常决策一般由居委会同党支部做出，社区居民也可就相关事宜参与决策。③民主管理。社区居民委员会负责执行社区成员代表大会的决议，对社区的公共事务进行具体管理；社区的办公经费和社区服务收入由社区居民委员会依据有关规定管理和支配。④民主监督。社区成员（包括社区居民、驻社区单位）对社区居民委员会的工作实行民主监督，对不称职的社区居民委员会成员，可以向社区成员代表大会提出撤换、罢免建议。“四个民主”是一个具有内在联系的、不分割的整体。在“四个民主”中，民主选举是基础，没有经选举成立的各项自治组织，其他三个民主无法开展。民主决策是关键，有了好的领导班子，还要发扬民主，大家的事情大家讨论，才能把事情做好。民主管理是举措，各项决策制定以后，必须依靠各项切实有效的管理措施去执行，才能使决策落到实处。民主监督是保障。前三个民主的任何一个环节，都必须由社区居民进行适时的、必要的监督才能保证依法进行，才能使其发挥应有的作用，达到社区自治的目的。

（2）协助职能。社区居民委员会除履行属于自治范畴的职责外，要协助人民政府或其派出机构做好与居民利益有关的工作。

（3）监督职能。社区居民委员会代表社区成员对政府的工作依法进行评议。

对居住在社区内的党员干部的社会表现进行监督和评议；对物业公司的工作进行监督，组织业主对物业公司进行评议。

7.3.3 社区自治的主要规范

1. 依法自治

依法治国是我国的治国方略之一，在国家范围内的一切组织和个人在法律面前一律平等，是依法治国的基本原则。社区作为国家基层社会的群众自治组织，依法自治是必然的选择，而且是社区自治的首要前提。只有依法自治，社区才具有法律地位和法律保障。实行依法自治的规范应当包括以下两个方面的内容：一是社区必须在严格遵守国家法律法规，在国家法律法规允许的范围内开展社区自治活动。二是社区应当根据国家的有关法规，通过社区成员大会或社区成员代表大会，采取制定社区自治章程、社区管理制度、社区公约等形式，体现国家的法律意志，实现依法自治。

2. 党领导下的自治

中国共产党是我国社会主义革命和建设事业的领导核心，是我国各族人民利益的忠实代表。社区建设坚持党的领导，也是我国的社区建设有别于西方国家社区发展的最明显的特征之一。社区作为我国社会主义革命和建设的组成部分，作为我国基层社会管理和社会生活的组成部分，只有坚持党的领导，才能保持正确的发展方向。我们把坚持党的领导作为社区自治的主要规范，并非意味着党包揽一切，而是党对社区建设的政治领导。

3. 政府指导下的自治

国家管理社会生活是通过各级政府对社会各种组织的行政领导或行政指导而实现的。我国的各级政府是履行党的为人民服务宗旨的政府，城区政府是居委会组织法明确赋予其指导、协调和帮助社区实现自治职能的政府。同时，居委会组织法也赋予了居委会协助政府做好社会治安、优抚救济、爱国卫生、计划生育和青少年教育等项工作的职能。因此，政府需要社区协助完成基层社会管理的任务，社区也必须接受政府的指导协调和帮助，这是法律所确定的政府与社区的相互关系。社区只有在政府的指导下，其自治活动才能成为有组织、有目的的社会活动。我们提出社区建设，必须具有政府指导的规范，并非意味着政府包揽社区建设的一切工作，也并非意味着社区建设是政府职能在社区的延伸，重走政府领导社区、忽视社区自治的老路，而是要在明确政府与社区的指导、支持和帮助关系的基础之上，防止“社区政府化”和“社区无政府化”两种错误倾向出现。

社区自治实行政府指导，应当包括以下三方面内容：一是规划指导。政府通过制定长短结合的社区建设规划，明确社区建设的目标、指导社区制定实现目标的措施和方法，同时，政府通过制定政策法规，引导、扶持社区公益事业的发展，规范社区的行为，宏观指导社区建设按照既定的目标不断推进。二是管理服务指导。政府根据国家的相应法规，指导、帮助社区依法建立社区自治组织，指导社区依法履行自治组织的职能，指导社区依法制定自治规章制度，指导社区管理步入规范化的轨道。同时，建立起以政府财政为主导的社区建设投入体系，并通过政府的积极倡导，建立起社会捐助多元化的社区建设投入体系，为社区建设提供财政资金支持。三是组织协调服务。政府通过建立区域所有成员（自然人和单位法人，或称为自然居民和单位居民）参加的社区建设联席会议等组织形式，整合区域社会所有成员和资源的力量，协调区域内各种群体的利益关系，并服务于各种群体，使辖区内社区建设的行为趋向和谐统一，促进社区建设目标的实现。

4. 社会参与下的自治

全社会参与和监督社区建设，是社区建设发展的内在动力和不竭源泉。如若失去广大社会成员的参与和监督，社区建设将失去动力。

社区自治实行社会参与的规范，其主要内容应当包括以下三个方面：一是党和政府要通过制定相应政策法规，倡导盘活存量资产，激活增量资产，面向社会，鼓励进行资源共享，规范社区的共建行为。二是在城区的区域和街道辖区，要分别建立健全由区、街党政主要领导，驻区部队、机关、学校和企事业单位主要领导参加的社区建设联席会，行使本辖区社区建设的议事协商、宏观规划、民主决策的权利，民主协商制定本区域资源共享、资源社会化、社区共建的相关制度和各种公约，形成社会的事情大家办的运行机制。在社区中，要充分发挥社区议事协商委员会的作用，按照区域社区建设联席会的工作机制，建立本社区成员共驻共建的“社区公约”，形成社区共建运行机制。三是社区建设的根本目的是，坚持以人为本的宗旨，优化社会环境，造福人民群众。要让广大社区成员在社区建设中得到实惠，深受其益，发挥社区成员的优势和特长，鼓励所有社区成员各尽所能，采取智力、技能、财力、物力、资源共享等多种形式，实现其在社区建设中的自身价值和社会价值，为社区建设贡献力量。

7.3.4 促进我国社区自治的途径

经过多年的社区建设和发展，我国居民与组织的社区意识、参与意识、自治行为都有不同程度的提高，但总体上讲，人们的社区意识、参与意识、自治行为还不够多，还有待于我们采取一些措施与办法去提高社区的自治程度。

1. 采用多种形式调动社区居民广泛参与社区自治的积极性

（1）进一步强化宣传教育，培养居民社区意识。社区居民树立强烈的社区意识，是促使他们广泛参与社区建设活动的思想基础。从各地的实践情况看，增强居民社区意识的主要途径之一是强化宣传教育，形成“社区是我家，联系你我他，社区是我家，建设靠大家”的良好氛围。强化宣传教育，要注意针对性、广泛性和多样性。

（2）坚持社区需求本位原则，注重用共同需求、共同利益来调动居民广泛参与的积极性。所谓坚持社区需求本位原则，也就是从本社区的客观实际出发，把解决各社区成员尤其是大多数居民群众的实际需要放在首位，把解决群众普遍关心的热点、难点问题作为社区建设工作的重点。由于解决这些问题符合绝大多数居民群众的共同需求和共同利益，可以使他们得实惠，从而势必调动居民群众广泛参与的积极性。

（3）建立和完善居民参与的机制。从长远来看，要使居民参与自治建设社区的积极性保持下去，就必须将居民参与社区推向规范化、制度化，要依据有关法规、政策，通过民主程序和法定程序制定相应的规章制度，形成一整套参与机制，如激励机制和责任机制等。

2. 大力培育社区自治组织

依据居民参与和自治的不同领域，社区自治应该是多样化的，西方国家社区建设与发展的一个重要经验就是培育社区中介组织。例如，美国现有非营利组织140多万个，美国民间每年约有5000亿美元投入非营利事业。其中个人捐助一项就达1000亿美元以上，大大填补了政府用于这方面的资金的不足。此外，受薪雇员约1000多万人，积极参与中介组织活动的志愿人员有9000多万人。

在我国政府和市场之间还缺乏完备的社区中介组织，中介组织参与社区建设在我国尚处于发育阶段。随着社区建设的推进，在市场经济体制下，民间组织和社会团体的作用将逐渐增大，社区中介组织将成为发展的趋势。所以，只要是符合国家法律法规、群众欢迎、有利于促进社区建设深入开展的社区中介组织，我们都应采取积极扶持的态度，充分发挥它们的作用。要加大力度鼓励和支持各类志愿服务组织的社会工作，并使其逐步规范化、制度化。

3. 提高社区内单位广泛参与社区自治的积极性

社区内单位是指社区地域内的一切单位，这里主要是指除中介组织之外的单位，既有企业单位，又包括事业单位和部队、机关；既包括公有制单位，又包括非公有制乃至混合所有制单位。由于我们过去长期搞计划经济，单位办社会现象还在延续，还有相当多的单位缺乏社区参与意识和社区自治建设活动，还没有在社区建设过程中发挥应有的作用。这种状况极不适应社区建设发展的需要。因此，要从以下几个方面入手扭转这一局面：其一，要通过多种形式营造社区共建的氛围，使企事业单位认识到，企事业单位把社会职能转移给社会，并不意味着这些单位的组织也应是多类型、多层次的。同时，为了实现居民对社区建设的积极有序参与，需要对有关的社区自治组织进行功能性整合。在当前要防止与纠正实践中出现的两种偏向，一是仅仅将居民委员会视为城市社区自治的唯一组织形式而排斥其他自治组织的发育和发展。二是只看到自治组织多样化的必然性而忽略了自治组织间功能整合的必要性。目前培育社区自治组织的重点应是社区中介组织，即志愿者协会、业主委员会、文化体育类社团。这些组织不以赢利为目的，是主动承担社会公共事务和公益事业的社区中介机构。如何推进社区自治？首先，不能脱离所在的社区，而是要通过依托、参与、支持社区自治工作，充分利用社区的各种资源，使社区资源得到最佳整合与配置，促进社区与单位的共同发展。其次，要坚持互利互惠、成果共享的原则，使企事业单位通过参与社区建设与社区自治，能够分享建设成果，促进自身事业的发展。再次，要在不断探索、总结共建经验的基础上逐步构建企事业单位参与社区建设与社区自治的机制体系，把社区共建、社区自治逐步推向制度化阶段。

4. 加强政府在社区建设、社区自治中的推动作用

社区自治，并不是否定政府在社区建设中的重要作用。事实上，无论是在中国或是在国外社区建设搞得成功的国家，加强政府对社区的领导，都对社区建设与发展起了无法替代的作用。政府通过法律和政策，采用宏观调控手段指导和支持社会中介组织、聘用社区工作者、发动志愿者等经济和社会的方式来组织、管理和推进社区的发展。[①]

■7.4　社区民主建设的渐进性

近年来，我国在社区民主建设方面已经取得了一定程度的进展，但我们应该看到，在这些成绩的背后，还存在着不少问题。有些问题是受传统行政体制的惯性影响，有些问题则是我们在社区设置当初就存在弊端。因此，社区民主不可能在瞬间建立，也不可能轻易就得以实现，社区民主建设需要经历一个长期的、渐进的过程。

---

① 韦克难：《论社区自治》，《四川大学学报》，2003年，第5期。

7.4.1 改革开放以来我国城市社区民主建设的回顾

改革开放前，我国城市社区的居民，主要是以所在工作单位为依托接受住房分配等福利保障和生活服务、履行选举人民代表等各项民主权利的。那时，“单位制”是城市社会结构的主要特征，这种社会结构主要以有固定工作单位的、享受全面福利保障的城市居民为主。从近十几年的发展看，随着城市各项改革的深入，原来由政府和单位承担的许多社会服务性功能，已逐步向城市居民生活的社区转移。因此，城市社区和居委会的功能和地位正在得到不断加强。与此进程相一致，城市社区的基层民主建设工作也逐步开展起来。

1989 年 12 月 26 日，七届全国人大常委会第十一次会议通过了《居组法》，对改革开放条件下城市居民自治的性质、任务、组织形式及其他相关制度做出了全面规范，并第一次把“开展便民利民的社区服务活动”明确作为居民委员会的一项主要职责。为了贯彻实施《居组法》，从 1990 年开始，全国各省、市、自治区都结合本地实际，着手制定了相应的实施办法。目前，各省、市、自治区人大都通过了《居组法》在本地的实施办法。同时，许多城市也依法进行了居委会的整顿和建制改革，调整了居委会的设立规模，健全了居委会的组织机构，完善了居委会的各项工作制度，初步理顺了各方面的工作关系，使居委会工作得到了较快发展。

随着改革开放的深入，我国经济和政治体制发生深刻的变化，“社区建设”的概念逐步与发展居民自治功能紧密结合了起来。1999 年，国家民政部在 26 个城市的部分辖区开展了社区建设的试点和实验工作，对社区建设的发展模式进行了积极探索。同年，民政部制定了《全国社区建设实验区工作实施方案》，对实验区社区建设的总体要求、基本原则、工作步骤、工作内容、组织领导等做出了明确规定，提出要改革城市基层管理体制，培育和建立与社会主义市场经济体制相适应的社区建设管理体制和运行机制。该方案的制定和实施，大大促进了各实验区社区建设工作的顺利开展，为社区建设工作在全国的整体推进打下了良好的基础。

2000 年 11 月，中共中央办公厅、国务院办公厅转发了《民政部关于在全国推进城市社区建设的意见》（中办发[2000]23 号文件），全面、系统地阐述了社区建设的内涵、目标、意义、指导思想和主要内容，为扩大城市基层民主、推动城市改革和发展指明了方向。文件下发后，各地结合实际情况，进行了认真规划、部署和安排。据统计，在该文下发约半年多的时间里，全国有 16 个省、市、自治区召开了社区建设工作会议，18 个省、市、自治区以党委和政府的名义下发了相关文件。另据不完全统计，全国在 100 多个城市确定了 150 多个实验区，以进一步推广社区建设试点工作。

2001年3月，社区建设被列入《国民经济和社会发展第十个五年计划纲要》，这意味着社区建设已经成为我国经济社会发展的有机组成部分和衡量经济社会发展的重要指标。2001年7月，为了推进社区建设，民政部印发了《全国社区建设示范活动纲要》，要求各省、市、自治区从2001年开始，都要选择有一定工作基础的大中城市和市辖区作为示范单位，有组织、有计划、有步骤地开展社区建设示范活动。到2005年，全国直辖市、省会城市和计划单列市的社区建设都要基本达到中办发[2000]23号文件提出的目标要求。

目前，在党和政府的领导下，在社会各界积极参与下，我国城市社区建设已步入新的发展时期，全国城市社区建设正在由点到面，由大城市向中小城市，由东部发达地区向西部发展中地区全面展开，并在健全社区民主选举、发挥社区服务功能等方面取得了明显成效。

在民主选举方面，我国城市地区已经普遍建立了由社区居民通过间接或直接方式选举产生的社区委员会或社区居民委员会等群众性自治组织。其中，直接选举方式是指由社区居民直接选举产生社区委员会或社区居民委员会，间接选举是指由社区居民先选举居民代表，再由居民代表选举产生社区自治组织。目前，间接选举仍是城市社区自治组织的主要产生形式，但直接选举的适用范围正在逐渐扩展。与此同时，城市社区的民主决策、民主管理、民主监督制度也正在逐步规范和完善之中。

在社区服务方面，社区自治组织的作用不断加强。目前，社区服务工作主要以社区自治组织为依托，通过市场服务主体、社区志愿者队伍和政府扶助等形式，广泛地开展面向社区居民的便民利民服务和文化、体育、娱乐、卫生服务，面向离退休老年人、残疾人、优抚对象的社会福利服务，面向困难居民、困难职工的特殊服务和面向社会及企事业单位的社会事务服务等项工作，受到了社区居民和单位的广泛欢迎，并由此增强了社区意识和社区凝聚力，促进了城市基层民主建设的发展。此外，社区建设在社区文化、社区组织、社区环境、社区治安和社区医疗卫生建设等方面，也取得了显著成效。特别值得一提的是，在2003年上半年抗击和防治“非典型肺炎”的斗争中，我国的基层群众性自治组织发挥了极其重要的作用，这也是多年来推进基层民主建设的成果。

由此可见，以社区居民自治为核心的城市基层民主建设已显现出强大的生命力和巨大的社会效益，成为社会主义市场经济条件下城市管理工作的重要基础和促进城市现代化建设的重要推动力。在维护社会稳定，促进经济和社会协调发展，改善居民生活环境，提高人民生活质量，密切党和政府与人民群众的关系，推进社会主义文明建设，特别是使改革开放过程中出现的下岗失业问题、贫富分化问题、社会保障体制转型等问题造成的社会震荡和不稳定因素降低到最小程度方面，发挥着日益重要的积极作用。[①]

7.4.2 社区民主建设存在的主要问题

目前我国城市基层民主建设还有诸多需要完善之处。例如，由于社区设置行政化，城市社区的自治功能还不够完整，社区的部分社会职能仍需要由政府和居民的工作单位承担；实行城市社区居民自治后，基层政府与社区的关系如何重新定位；部分社区居民主体意识不强，政治参与热情不高，影响社区自治功能的充分发挥等，仍是需要继续在实践中探索和解决的问题。[②]

1. 社区设置行政化，社区居民认同感、归属感不强

从动力来源看，社区民主建设是政府自上而下推动和社会自下而上催生的双向过程。由于我国社会自主性、独立性先天不足，“国家行政全能主义”的惯性又十分强大，“政府推进、行政主导”是目前我国社区民主建设的基本特征。社区自治也只是在党的领导和政府指导下的有限自治。

政府推动社区民主建设，是目的和手段的统一。作为目的，它要求建立一种与市场经济体制负面效应相抗衡的社会治理机制，把日益由“单位人”向“社会人”转变的城市居民动员和吸纳到现行政治体制内；作为手段，它既要通过管理模式的创新提高公共服务能力，又要以此激发和培育社区的民主意识和人文精神，在社区层面实现新的社会整合。然而，政府推动社区民主建设的结果走向极端，即社区设置严重的行政化倾向。其主要表现是：把社区与行政区混为一谈；在社区地域调整中过分强调行政区划分的整齐划一，而忽略了社区居民在共同生活和社会交往中形成的认同感和归属感。反映在实际操作中社区民主建设更注重于物的“硬件”投人，即更强调社区规划和社区生活设施的设立，而忽视“软件”建设，即社区运行机制的完善和社区居民支持网络的建立，特别是在如何提升居民社区意识和社区归属感问题上重视不够。社区民主健康运行所需要的居民认同感、归属感和凝聚力，都是社区成员通过自己的力量共同解决面临的问题并共享整体利益的过程中产生的，而不是政府或其他力量解决了他们的“硬件”问题之后再慢慢发育的。其结果往往出现有建设而无发展的局面。

政府开展社区建设时，社区便被赋予强烈的行政功利性。社区体制取代原有街居体制的直接原因，在于新的时代下政府管理城市的需要。市场化的改革彻底打破了原有单位体制，单位不再是整合社会资源的组织平台，不再是一种利益共同体，也不再是城市社区的主体，而仅仅成为人们生产劳动的工作场所。这使得原有单位所承担的大量社会职能必然外溢。这些社会职能流向无非有两个：一是

---

① 王一程：《改革开放以来的中国基层民主建设》，《政治学研究》，2004 年，第 2 期。
② 冯尊前：《社区民主建设存在的问题及对策性思考》，《理论观察》，2005 年，第 3 期。

政府，由政府全部承担起来；二是社会，社会职能应该由社会来组织管理。

但政府担心的是，由发育不成熟的社区来承担改革开放释放的繁重社会职能，其结果是基层社会苦不堪言，可能导致城市社区的动荡、混乱和无奈，进而威胁社会的稳定。于是，政府率先进行以“权力下放、中心下移”为核心的自上而下的城市管理体制改革。政府的积极性起到了立竿见影的效果，同时也形成了一种错觉，即认为社区事务建设是政府的事情，与社区群众没有关系，从而形成了对政府组织的依赖性；政府也习惯于把社区自治组织当成自己的“下属”。因此，由政府包揽社区事务也就习以为常了。政府在民主建设中的“国家行政全能主义”，致使社区自治组织的自治性严重缺乏。

政府包办社区民主建设和社区治理的直接后果是：作为社区治理的两大主体——政府和自治组织的功能失调、角色错位。居委会的行政化意味着它对城市基层社会的代表性不足，与居委会行政功能的上升相应的是它的民主自治功能下降。实践证明，行政权利延伸的程度，与居民自治程度呈现反比关系。这种局面，一方面使政府承担了社区民主建设的所有成本以及社区民主建设的道德责任与道德风险；另一方面社区组织与社区群众参与社区事务的热情被压抑，社区组织自治能力的提高受到阻碍。

2. 社区居委会作为“自治法人”的法律地位悬而未决，社区居民权利不能得到有效维护

对于社区居委会来讲，无论是 1982 年宪法，还是 1989 年颁布的《居组法》都做出明确规定：“居民委员会是居民自我管理、自我教育、自我服务的基层群众自治组织。”即国家通过宪法和法律的形式，赋予了居委会管理本社区公共事务和公益事业的治理权和自治权。这种自治权利具有毋庸置疑的合法性。

但目前这种自治权利的法律地位并没有解决。我国现有法律登记的组织法人共有五类，即机关法人、事业单位法人、工商企业法人、社团法人和民办企业单位法人。这五类法人国家法律都作为实体法人进行明文规定，它们是独立民事诉讼主体，承担独立的民事责任。而城乡基层自治组织并没有作为实体法人登记和规定，只是从政治上予以明确，法律上却是空白。这种状况使诸如居委会等基层自治组织处于一种尴尬境地：第一，法律并没有规定这类自治组织具有法人资格，因此，其法律主体一直悬而未决。第二，法律上的空白，致使现实中这类自治组织表现出严重的行政化倾向，国家民政部把基层群众自治组织的管理放在基层政权和社区建设司，实际上是将其作为基层政权同等看待的。这与宪法、居组法的基本精神相背离。第三，一旦这类组织不具有法人资格和民事诉讼的主体地位，那么就为这类组织侵犯人民群众合法权益提供了一条通途，当城市居民的合法权益受到侵害时，不去找居委会用法律武器来维护自己的正当权益，而是找政府、

找市长以讨还公正。

3. 社区居民政治参与程度低，社区民主建设缺乏持续推进的动力

参与是民主的实质，民主是参与的保障。社区民主建设的生命线就是把社区成员参与的积极性调动起来，使他们充分行使自己“四大民主”权利。从这个意义上讲，社区是社区居民涉足、参与的第一场所，也是他们走向更大、更广泛的公民政治参与舞台的起点。

从总体上看，目前的社区参与仍处于弱参与阶段：社区居民参与虽然已经出现，但涉及的面不够广泛；社区居民的参与意识虽然已经觉醒，但十分薄弱，自主性差；有些社区的居民参与发展很快，但整体水平不平衡，一些社区居民的参与几近于零；从社区参与的人员构成上看，最希望参与社区民主自治的群体，比如进城的“农民工”、城市下岗职工、“社会闲散人员”又由于种种原因，无法参与到社区事务的民主决策和民主管理中来。致使这些城市社会的“弱势群体”具有较强的“相对挫折感”，甚至产生严重的逆反心理和敌对情绪。从制度建设上讲，目前我国社区参与制度化环境不够完善，缺乏参与渠道，现有的渠道也不够畅通，因而影响了居民参与向纵深发展。“国家行政全能主义”的惯性，也在一定程度上影响了居民参与的积极性。另外，有人认为，在当代中国进行民主建设，必须由国家自上而下的推动，最主要的首先要使强大的执政党——共产党内部率先民主，以此带动社会民主。没有高层民主，奢谈其单元民主、基层民主的发展无任何意义。因此，所谓社区民主是理论上的怪胎，政治上的乌托邦，实践上的错误和形式上的欺骗，对社区民主的实践绩效和生命力持严重的怀疑态度。还有的人担心，发展社区民主，推进社区自治，会降低国家政权的汲取能力和调控能力。因此，他们主张政府不应当过分“放权让利”。有人甚至认为，发展社区民主，给黑恶势力提供了兴风作浪的机会，城市富人群体极有可能通过自己的强势地位影响和操纵社区民主，社区民主的结果将会成为“恶人政治”和“富人民主”，这不但有悖于民主的本意，也会有损政治制度化和国家一体化，引起城市社会失序、混乱乃至政府失控。这种认识上的偏差有意无意地成为阻碍社区民主发展的因素。

针对上述问题，我们既要认识到社区民主建设的艰巨性，又不能消极无为，而要认真分析问题，积极寻找解决问题的对策。最为重要的，我们必须始终坚持社会主义方向，正确认识和把握好社会主义民主的实现程度与实现条件的关系。胡锦涛同志指出，建设社会主义政治文明是一个内容广泛的系统工程，涉及政治思想、政治制度、行政管理、法制建设等方面，“需要我们进行多方面的长期努力”，“有领导、有步骤地全面加以推进”。社会主义民主的发展，有赖于经济的发展，广大干部和群众文化教育水平、政治思想觉悟和道德素质的提高。他强

调，必须坚持和发展社会主义政治思想，用社会主义政治思想武装党员、教育人民，按照促进社会主义物质文明、政治文明、精神文明协调发展的要求，扎扎实实地做好为逐步更充分地实现社会主义民主创造条件的各方面工作。

在当前扩大城市社区民主的工作中，必须加强和改善党的领导，搞好党的基层组织建设，充分发挥党内民主对人民民主的示范和带动作用，注意分析和解决社区民主建设中出现的各种新情况和新问题，努力健全和完善保证人民群众当家作主的各项制度。

第8章

城市社区的公共服务

所谓社区公共服务，是指以社区为单位提供的社会公共服务，它是用服务形式满足社区居民共用性消费需要的社会公益产品。社区公共服务包括：社会为了社区的需要而提供的社会公共服务以及社区本身为满足自己的需求自行安排的共有服务，即社会为社区提供的公共服务和社区自给的公共服务。[1]前者主要由政府提供，后者主要由各类社区组织提供。其中社区组织作为政府与社区居民之间的中介环节，它对社区居民所提供的公共服务并不是全方位的，它所提供的是市场不能或不愿提供而政府又无力或不能提供的服务。相对政府所提供的公共物品而言，社区组织所提供的社区物品具有部分排他性和部分竞争性，主要是半公共物品，如社区安全、社区生态环境、社区医疗保健、社区文化体育、社区社会保障、社区公共设施、社区人际关系等。

■8.1　社区公共服务的特征

8.1.1　社区公共服务的提出

在我国，社区服务的发展已有20多年的历史。社区服务是指在一定的地域范围内以满足社区成员的需要为目标，以社区服务机构为主体，福利服务与有偿、低偿服务相结合的多层次、多功能的社会服务。狭义的社区服务，主要指面向传

① 杨团：《社区公共服务新论》，华夏出版社，2001年，21。

统民政对象提供的各种帮助和服务，广义的社区服务不仅包括狭义的社区服务，还包括面向社区全体居民所提供的公益性服务、公共服务以及便民利民服务等。

迄今为止，我国绝大多数的社区都是以社区服务中心为依托来运行社区服务项目。从设施上，社区的公共服务设施在短短的几年间有了很大程度的改善，社区服务中心遍及全国城镇，1999 年全国城镇社区服务设施已达 15.7 万个，其中城镇社区服务中心 6098 个，为老年人、残疾人、儿童、家政服务等各类社区服务站（所）15 万个。2000 年第一季度末，城镇社区服务设施 166 301 个，街道社区服务中心 7325 个。不过，这些公共设施并没有全部用于公共服务。社区服务中心的投资主体和开办运营主体的主要提供者是政府，绝大多数中心决策权和管理权归街道办事处。由于缺乏足够的运营资金，绝大多数中心采取自负盈亏项目，出租场地等方式以盈补亏，勉强维持日渐萎缩的福利项目。至于公共服务，则随政府投资总量的变化而处于时好时差的状态。据北京市 91 所社区服务中心调查，收入的主要来源是：盈利性项目 38.9%，低偿项目 37.9%，政府拨款 17.9%，出租房屋 5.3%。在社区服务中心建筑面积中，有 10.9%的面积用于房屋出租。可见，作为社区最主要的公共服务设施和服务组织的社区服务中心，有明显的趋利行为。

2002 年，中国社会科学院研究员杨团在其《社区公共服务研究报告》一文中，率先提出“社区公共服务”概念。提出社区公共服务的概念首先是为将私人性质的小商品服务从社区服务中的分离出去，明确公共服务与私人服务的不同性质、不同的投入机制和运行机制。社区公共服务与其他社会服务一样，其发展前景是将提供者与生产者分离。政府作为提供者，除承担社区规划的责任外，需要着力解决社区公共服务融资和成本补偿的政策问题，而将具体的服务生产委托给社区的非营利组织承担。社区公共服务的投入主体首先是各级政府，而不是社会力量。

从实践看，社区公共服务在社区内早已经存在，只是目前混淆在便民利民的商业服务中，没有专门凸现出来。不过，社区公共服务诞生与发展的历史要早于便民利民服务。20 世纪 70 年代中期，出于当时特定的历史条件，在党的宣传部门的要求下，城市开展宣传和文化活动，各街道纷纷建起了文化站或活动站。这个传统在一些城市街道一直坚持至今。例如，北京北新桥街道文化站始建立于 1975 年，主要开展图书借阅、文化娱乐、体育健身等活动，在 1992 年建立了街道社区服务中心，但迄今为止，文体活动仍然是社区服务的主要项目，形成了以组织文体活动为主要特色的社区服务。再如，上海静安区各街道一直坚持进行的社区五小阵地，即活动室（图书室）、宣传栏、教育基地、健身园、卫生站建设，其渊源可追溯到 20 世纪 70 年代。这些在街道建立的文体设施就是最早的城市社区公共服务设施，据此发展的群众性业余文化娱乐团队、全民健身活动、卫生保健服务等都属于公共服务的范围。

社区的公共服务与其说是与民政部所倡导的社区福利服务共存共生，还不如说是社区福利服务催生了社区公共服务。20 世纪 90 年代中期，社区环境、社区教育、社区卫生等明显具有社区公共性质的服务项目扩展开来，社区广场、社区卫生站、社区环保绿化队、社区治安防范体系、社区老年服务中心、社区再就业服务中心、社区事务受理中心、社区社会保障所等公共设施和组织纷纷设立，与 70 年代中期最先建立的街道文化站等设施和组织一起，构成了社区公共服务的载体。按照现行体制，这些公共服务设施或组织分别由建委、教育局、卫生局、公安局、文化局等不同部门主管，形成了社区公共服务管辖单位的多样化和多中心。一般认为，这种多中心管理体制阻碍了社区公共服务的发展，赞成组成一个协调机构，进行相对的统一指挥。在沈阳市沈河区，已经进行了这个方面的试点，建立了以社区人事、财产、教育、服务、管理等五个方面的自治为内容的新型社区。建立了区域内所有成员（自然人和单位法人）包括区、街道党政主要领导、驻区部队、机关、学校和企事业单位主要领导参加的社区建设联席会议的组织，行使本辖区的重大议事的协商与决策。

8.1.2 社区公共服务的特征

（1）福利性。社区公共服务本质上是一种社会福利事业，是为了增进社区的社会福利，它是把社区中的社会孤老、残疾人、优抚对象以及失业、下岗人员和青少年等急需帮助的弱势群体作为主要服务对象和重点，以保障和维护他们的基本生活权益为出发点。国家和地方政府通过社区以及社区组织等对孤寡老人、残疾人、贫困家庭等社会弱势群体所提供的维权服务及救助服务等，社区组织对这些弱势群体提供的生活供养、疾病康复、社区照顾等服务，对现役军人、退伍军人、军人家属、烈士家属等提供的国家抚恤、生活照顾及就业安置等方面的优抚服务。[①]

（2）公共性和公益性。社区公共服务是一种公共物品。公益性的本质是使社区居民都能平等地享有接受公共服务的机会和权利，而不管居民的收入状况和社会地位的高低与否，它强调的是社区居民都有享受社区卫生保健、环境保护、文化体育等公益性服务和公共空间、公共生态等公益设施服务的机会与权利，社区公共服务不是也不应该成为针对某些特殊居民及家庭的商业性服务。

（3）区域性或“地域性”。社区是人们社会活动的场所，是地域性社会。因而地域性是社区公共服务的重要特征，我国城市的社区公共服务以街道、居委会、小区为依托而展开，农村的社区公共服务以村、镇为依托而展开，明显具有地域性特征。在对象上，社区公共服务以本社区内的成员为主；在人员的构成上，社区公共服务由本社区的专业和志愿人员所构成；在资金来源上，主要由本区域内

---

① 李森：《城市社区建设概论》，山东大学出版社，2001 年，139，140。

的有关职能部门提供以及个人和团体的捐助等来加以解决。

（4）群众性和互助性。这是社区公共服务两个有着内在联系的特征，它鲜明地界分了社区公共服务与政府服务、市场服务以及个人和家庭服务。就居民个人获得服务的方式而言可以分为三大类：一是靠家庭或亲朋好友提供服务；二是靠社区邻里提供服务；三是靠市场调节或政府调节供应的服务。家庭和亲朋好友提供的服务是传统社会习惯的自然经济的做法，邻里和社区公共服务也带有这种自然经济的传统特征。现代社会的特征就是要么靠政府调节，要么靠市场调节向个人提供正式的标准化的专业服务以代替传统服务的不足。但值得注意的是，现代政府供应或市场供应服务具有自身的不足，就是服务成本高、程序化、官僚化，不能满足个人的人性化需求。所以，现代人们重新审视现代化过程中这种正式的标准化的专业服务是否必然代替传统的自然服务方式——家庭或亲朋好友服务和社区公共服务。而社区公共服务引起新的高度重视（包括在西方市场经济完善的高福利国家）的主要原因正在于此。社区公共服务要靠专业社会工作人员进入社区，动员社区中的自然存在的邻里、朋友、街坊，大家组织起来在社区相互服务。所以，群众性和互助性是较准确地把握了社区公共服务的独特属性，以区别于家庭服务和现代化的政府机构服务和市场企业服务。

群众性包含两层意思：一是服务对象的普及性，即不仅包括社区内的弱势群体、优抚对象，还包括社区中所有需要社区公共服务的居民；二是指社区内的居民，既是社区公共服务的对象和服务的受益者，同时又是社区社会服务的参与者和重要的社会资源。因此，要推动社区公共服务事业的发展，必须重视和开发来自于社区居民的资源，努力发挥居民参与社区公共服务的积极性。这种群众性、互助性的社区公共服务，有助于居民间的相互了解，增进彼此的情感交流，维持基本的社区意识；同时，这种服务又可填补国家或政府、各种社会机构与社区组织所无法或不能涉及的一些服务空白。

■8.2　社区公共服务的类型

由于各个地方所举办的社区公共服务项目存在着差异，因此在种类划分上各个地方不是很一致。大致说来，我国对社区公共服务的分类有两种方法，或是两种标准：一是以社区公共服务的内容为分类标准；另一种是以社区公共服务方式为分类标准。[①]

① 窦泽秀：《社区行政》，山东人民出版社，2003 年，233。

8.2.1 以社区公共服务内容为标准的分类

以社区公共服务的内容为分类标准，具体划分为三类，就是“面向老年人、残疾人、优抚对象等提供的福利服务；面向社区居民提供的公益性的便民利民服务；面向社区企事业单位和机关团体开展的双向服务”三大类服务体系。

1. 社会福利服务体系

其项目主要有：

（1）老年人服务系列。老年人服务是指社区为满足老年人生存和发展需求，提供免费和低费服务。老年人服务包括老年人保障性服务和老年人福利性服务两部分，老年人保障服务主要为最基本的生活照顾、医疗服务，以做到“老有所养”、“老有所医”；老年人福利性服务主要是满足老年人颐养天年的需要，以达到“老有所学”、“老有所乐”、“老有所为”。老年人服务是一个系列，包括众多的项目：一是养老服务，如老年人公寓、社会福利院、老年人生活服务站等，为各类老年人提供生活资料和生活服务；二是健康服务，如医疗保健服务、体育锻炼项目等，为老年人保持身心健康提供服务；三是生活娱乐服务，如设立社区老年活动中心、老人公园等，为老年人的生活娱乐提供服务；四是教育文化服务，如兴办社区老年大学、设立退休老人业务劳动介绍所，给老年人提供教育和就业机会；五是婚姻服务，开办老年人婚姻介绍所，为单身老人“牵线搭桥”，提供服务。

（2）残疾人服务系列。残疾人是社会上特别困难的群体，对残疾人的社区公共服务就是通过医疗的、工程的、心理的以及其他手段，给予物质上和精神上的帮助，协助他们克服各种困难，树立信心，为社会做出贡献。开展社区残疾人服务是社会文明进步的标志，也是衡量社区公共服务工作能否专业化的重要指标。社区为残疾人提供的服务项目有：一是劳动就业服务，通过举办福利工厂、按摩诊所和个体经营方式来帮助残疾人从事合适的工作。二是康复服务，涉及生理、智力和心理三个方面，包括提供医疗服务，开设康复门诊部、康复诊疗室、工疗站、康复服务咨询指导中心、精神卫生工作站、康复心理咨询中心等。三是生活服务，建立社区残疾人养老基金会，对丧失劳动能力的残疾人给予生活保障；照顾残疾人的日常生活等。四是公共设施服务，创造“无障碍”社会环境，公共场所和公共设施尽量推行“无障碍”建筑设计，以方便残疾人活动。例如，在一些主要街道铺设有盲人行走的专门道路；在马路旁专门铺设的略带斜坡的利于轮椅的残疾人进出街道、商店；一些发达国家或地区的飞机场、火车站候车室，也专门安装其通道，便于残疾人上下飞机、火车等。

（3）社区青少年服务系列。社区青少年服务是指社区为青少年、幼儿的身心健康和成长发展在物质和精神方面提供各种帮助和服务，这是实现青少年生活社会化的必要途径。在现代社会，随着家庭的小型化和核心家庭、独生子女家庭的增加，传统意义上的家庭功能也日益减退，其中幼儿与青少年的家庭生活服务与教育就成为一个较为突出的问题。在社会结构、家庭结构、生活方式都发生了巨大变化的今天，人们的工作压力越来越大，生活节奏越来越快，那些忙于生计的父母无暇顾及幼儿的照管、学龄儿童的中餐甚至教育等问题，特别是在城市社区，少儿的社区公共服务已成为一个十分突出的问题。社区青少年服务项目有：青少年生活服务，青少年教育服务，如兴办社区托儿所、幼儿园、学前班、少年宫、少科站、少儿图书馆、青少年俱乐部以及各种兴趣爱好班等；社区青少年帮教服务，社区可以预防青少年犯罪和对失足青少年进行帮教矫治，社区通过组织家长、街道派出所和单位、学校等多方组成帮教小组，用关心、帮助、教育的态度，帮助失足青少年解决生活困难，进行思想道德教育，开展健康、有益的活动，同时，妥善及时安置好解除劳教、少管的失足青少年的上学、就业等问题，以巩固教育改造的成果等。青少年社区公共服务也是适应家庭、学校、社会一体化教育的客观要求。家庭、学校、社会之“三位一体”教育是保证青少年健康成长的一条重要方针，要求三方教育协调一致，形成良好的教育网络。青少年服务可以有效地防治青少年犯罪，对失足青少年进行帮教矫治。

（4）再就业服务。劳动力剩余现象是我国改革开放以后出现的新的社会经济问题，如何解决剩余或富余劳动力的出路问题，为他们提供再就业门路，是各级政府和社会有关机构所面临的紧迫任务。农村的家庭联产承包责任制的全面推行，使得人民公社时以隐性形式存在的农业剩余劳动力如同蓄水池的水，在拆除栏坝后必然宣泄而下一样，积蓄多年的农村剩余劳动力在内外条件具备后，经过短暂的彷徨，大量地流向非农产业，流向城市，流向城市社区，形成浩浩荡荡的“民工潮”。这是我国第一次劳动力剩余及其转移。当第一次劳动力剩余及其转移方兴未艾，我国第二次劳动力剩余及其转移又接踵而至，城市职工下岗和失业。尽管第二次劳动力剩余及其转移晚于第一次近十年，但不幸的是，第二次转移是在第一次转移所形成的“民工潮”毫无退潮迹象的情况下发生的；尽管两次社会流动在主体、机制、功能上各不相同，但却都是寻找工作。在工作岗位有限、劳动力供大于求的情况下，农民无田可种而进城，工人无工可做而下岗，两股潮流必然发生冲撞，最后形成“合力”而加压于社会，使政府和社会承受的压力骤增。面对农村和城市的劳动力剩余，如何为城乡剩余劳动力的转移提供条件，为他们创造新的就业机会，减轻剩余劳动力对社会所造成的压力，就成为党和政府以及社会各界普遍关心的问题。而通过社区公共服务，开展再就业工程，不仅能够很好地解决剩余劳动力的生活困难，也能很好地、直接地解决劳动力的分流与就业问题，促进社区和社会的稳定与发展。福利服务体系还包括：为优抚对象提供的生活照料和医疗康复等服务，如成立烈军属服务站、烈军属活动中心等；为贫困人员和贫困家庭提供的扶贫救济服务；为失业人员和下岗职工提供的再就业服务。

2. 便民利民服务系列

其项目主要有：家务劳动服务，包括家庭保姆介绍、代买菜、洗衣、打扫卫生、护理病人、送煤上门或代换煤气罐等；居民生活服务；社企之间的相互服务或双向服务。主要是新建社区福利设施，加强社会保障功能以及发展第三产业。

3. 面向社区企事业单位、社会团体之间的双向服务

社区和企业之间的相互服务是以“街企共建”和街企之间的“双向服务”为代表的。一方面，社区中的各种机构和组织，如工厂、学校、机关、商店等需要社区为其提供诸如文化教育服务、卫生保健服务以及职工中午工作餐、医院衣物换洗、单位治安防范等服务；另一方面，由于社区内企事业单位的介入，为社区公共服务提供了额外的资源和动力，促进了社区公共服务的深入发展。

8.2.2 以社区公共服务方式为标准的分类

如果从社区公共服务方式上来分，可以分为社区福利性服务、社区公益性服务、社区互助性服务、社区志愿者服务和社区经营性服务。

社区福利性服务是指对免费或低偿提供给社区弱势群体的服务或商品。它一般是需要界定特殊的弱势群体，如民政对象、社区下岗失业人员、残疾人、青少年、老人等。这种服务方式一般都是由第三者付费或补贴，服务对象只缴很低费用或免费。

社区公益性服务是指由公共筹资并公开免费提供给所有社区成员的服务。它是一种社区层面的公共物品，如社区环境美化、社区卫生清理、社区全民健身以及其他社区公共设施等。这种服务方式资金来源是靠政府资助或社区内动员，但它的使用和其资助者不对称，它的使用是公共的、免费的。

社区互助性服务是指社区内具有互补性的不同成员之间的互相服务，主要是指社区的居民之间的相互照顾和服务，而且应强调以服务换服务，而不是相互购买服务。互助性服务也指几个成员开展的互助合作社，共同管理，共同经营，共担风险，可以对社区中的其他成员提供服务。社区互助性服务与街道和企业间的双向服务是有区别的，在街道和企业单位的双向服务应包括公益性、福利性、志愿性和经营性等不同特性，因此，街道和企业单位间的双向服务不应称为互助服务。

社区志愿者服务是指社区居民或机构志愿向社区提供的服务。志愿性强调的是非盈利、非政府组织等特点，即是居民或机构在一种价值观鼓励下志愿的、不图私利地提供的服务。这种服务一般是配合社区福利性服务向社区中的弱势群体提供的免费服务，或是配合社区公益性服务向社区公众所提供的公共物品服务。

社区经营性服务是指社区中的居民或机构按市场交易原则向社区居民提供的服务。社区经营性服务是利用社区的内在资源和市场需求组织的服务，服务提供方式虽然是市场交易原则，但因贴近社区，所以比较灵活、个性化和有地方或区域特色。另外，利用社区资源组织的服务也可以充分调动社区资源，促进社区发展，增加社区居民的收入额。所以，社区经营性服务仍然强调社区公共服务的两个要件：一是依靠社区内在资源；二是服务于社区居民。它不是指在社区中的一切经营性服务都叫社区经营性服务，比如连锁百货超市、房屋建筑公司在社区提供的家庭装修等，甚至物业管理公司提供的物业服务也不能称其为社区公共服务。但是，社区中的下岗职工组织起来的家政服务、百货零售、修理服务等我们称之为社区经营性服务。社区经营性服务和市场体系中的经营性服务的关系应该澄清，社区经营性服务是利用社区资源，促进社区发展、增加社区居民收入的，解决社区乃至社会问题；市场化体系中的经营性服务则是大资本扩大市场赚取利润的。市场体系中经营性服务会随时进入社区，挤垮社区中的经营性服务，所以要给社区中的经营性服务以扶持保护，以免被挤垮，也要防止滥用社区公共服务的名称、被市场上大资本企业所使用，保护本不该保护的资本。当然，社区中的经营性服务也会发展壮大，成为大企业，按资本利润最大化原则经营，这时其性质就变成了市场体系中一部分，就不该享受优惠扶持，而是和市场中的企业平等竞争。

■8.3　社区公共服务的提供与生产

8.3.1　社区公共服务的参与者

在社区公共服务中，有接受者、提供者、生产者三种不同的角色，他们履行不同的职能。

（1）社区公共服务的接受者（即消费者）。是指直接接受社区公共服务的集体消费单位的居民。所有的公共服务生产都要接受服务的消费者的积极投入。所有接受者是社区公共服务的重要协作生产者。

（2）社区公共服务的提供者。是指具有决定社区公共服务供给能力，并且实施提供功能的组织者。在我国，绝大部分的社区公共服务是由街道办事处提供的。

（3）社区公共服务的生产者。是指受服务提供者的委托，为服务接受者提供操作服务的机构或者机构的组成部分。在生产者当中，有直接服务的生产者和间接服务（或辅助服务）的生产者之分，有占支配地位的生产者和非支配地位以及非常规情况下的生产者之分。为一个服务区域提供一种服务的生产者可能是相对多样性的。

8.3.2 我国社区公共服务的提供方式

我国的社区公共服务首先是在大中城市发展起来的，从总体上讲，社区公共服务是在政府的推动下发展起来的，基层组织在这一过程中发挥了主体作用。同时，社会各界和广大居民群众也积极参与进来。我国社区公共服务的提供方式可以简单地归纳为“政府推动，基层组织主办，社会各界广泛参与”[①]。

（1）政府推动。我国社区公共服务工作是以政府搭台、民政牵头、有关部门相互配合的方式加以开展的。此外，政府还利用各种媒体对社区服务工作进行广泛宣传，推动社区服务的发展。政府在参与社区公共服务的组织、落实中，发挥了强大的推动作用。1990 年，民政部颁发了《社区服务示范城区标准》，在全国发起了“创建示范城区”活动。1998 年，民政部命名了 46 个“全国社区服务示范城区”，此项活动的开展，激发了更多城区向示范城区标准迈进。上海市政府率先在全市范围内通过媒体举办的“征集社区服务标志、口号、征文”活动，在社会引起了广泛的反响。“社区连万家，情系你我他”的口号被全国众多城市所采用。可见，政府的行政动员、政策指导、组织参与是社区公共服务发展的主要推动力量。

（2）街道主管。街道作为政府的派出机构，是社区建设的直接实施者。街道办事处主管城市社区的组织、协调与管理工作，履行行政职能。在我国行政条块关系尚未理顺、专业社区工作管理组织及志愿者发育不足的情况下，街道发挥了作为政府派出机构的行政职能，依托政府的行政网络，实施社区管理，从而使政府对社区工作的推动作用得以充分体现。街道不仅主管社区工作的规划与操作，履行事业管理职能，还主管社区工作的资源开发，履行经济管理职能。总之，街道在社区工作中是集行政、行业、资源供应等职能于一身的主管者，在社区工作中发挥着重要作用。

（3）居委会操作。居委会是社区公共服务的主要依托和服务主体，其主要职能与社区公共服务具有高度的一致性。作为居民自我管理、自我教育、自我服务的基层群众组织，居委会本身就担负着开展便民利民服务、维护居民合法权益、开展精神文明建设、办理辖区居民的公共事务和公益事业、调解民间纠纷、协助

---

① 贾征：《社区服务与社会保障》，中国劳动社会保障出版社，2001 年，81。

维护社会治安等多项社区服务任务。因此，组织开展社区公共服务是居委会义不容辞的职责。作为城市中的基层群众性组织，居委会能够十分清楚地了解社区居民的实际生活困难，可以有的放矢地为社区居民及时地提供各种服务，有针对性地解决居民一系列的现实困难，为广大居民群众提供良好的生活环境和生活备件，从而增强社区凝聚力。

（4）社区共建。城市社区服务工作中的一个主要特点在于社会各界的广泛参与。目前，社区共建者除街道和居委会之外，主要来自社区内机构团体、社区外机构以及社区居民。

8.3.3　构建社区公共服务的新模式

面对居民需求的多元化，建立社区公共服务资金的多元化筹集模式、公共服务的多元化供给模式，大力发展社会中介组织，是社区服务走出资金不足、供给不足和质量不高困境的有效途径。[①]

（1）建立社区公共服务资金的多元化筹集模式。一般来说，社区资金主要来自四个渠道，即政府财政拨款、社会单位捐助、社区居民捐助和社区经济收益。目前，政府投入是解决社区服务资金不足的主要途径。随着我国经济的持续发展和国家财政收入的增长，中央和地方各级政府要加大对社区公共服务的投入力度，将社区建设费用纳入各级政府的财政预算，提高投入比例。同时，在目前地方政府财力不足的情况下，要改变单纯依靠政府出资的局面，积极探索建立社区资金筹集办法，拓宽资金筹集渠道。一是设立社区建设与发展基金，接受企事业单位、居民捐赠。二是制定基金捐助办法。对于企业、个人捐助资金的给予税收减免等优惠政策，鼓励社会资金参与到社区的建设和发展中来。三是制定基金管理办法，加强监管，确保基金专款专用。四是对于参与捐赠的企业、个人进行宣传表彰，以树立社会公益意识。

（2）建立社区公共服务的多元化供给模式。面对居民需求的多元化，任何一个组织都只能承担有限功能，无法大包大揽。建立多元化的供给模式是满足居民需求、发展社区服务的必由之路。根据服务的对象、服务提供的产品、服务的运行机制等因素，将社区服务项目划分为有偿服务、低偿服务和无偿服务，科学界定其范围。有偿服务面向全体社会成员，通过市场机制来提供产品和服务，主要是私人物品，诸如家政服务、美容理发、快餐配送、日用百货等；低偿服务和无偿服务面向社会特殊群体和弱势群体等特定社会成员，通过市场机制、行政机制、志愿机制来提供产品和服务，主要是混合物品和公共物品，诸如社会保障、医疗卫生、公共安全等。按照以人为本、分工合理、社会公正、权责对等原则制定政

---

① 刘志昌：《转型期构建社区公共服务模式探讨》，《理论界》，2005 年，第 12 期。

策法规，建立社区服务准入制度、相关优惠制度和社区服务监管办法，鼓励企业和个人提供产品和服务，推进社区服务组织的实体化和服务的产业化。有偿服务采用市场机制，低偿服务采用市场和行政机制，实行财政补贴、税收减免等；无偿服务采取行政、志愿机制等，实行国家生产或国家购买，鼓励企业和个人提供志愿服务和自我服务等。

（3）建立以需求为导向的社区公共服务发展模式，提供个性化的服务。社区公共服务具有福利性、公益性、地域性、相对流通性等特征，流通的领域相对局限于社区范围内。社区公共服务的发展应以人为本，在遵循市场规律的前提下，采用市场调节和行政指导相结合的方式，根据社区需求发展社区服务，避免造成无效供给或低效供给。转型期社区分化和贫富分化，决定了低收入社区和低收入群体是公共服务关注的重要需求单元。推行个性化的社区服务，要以满足低收入社区和群体的需求作为重点，完善最低生活保障制度，建立社区医疗基金和互助基金，改善弱势群体及其子女的就业、就医、学习环境，积极开展劳动技能培训和下岗再就业工作，为全体居民提供平等的学习和就业机会。同时，针对不同的社区提供不同的公共服务，不搞“一刀切”。

（4）大力发展社会中介组织，推进国家、市场、社会的职能回归。随着经济体制的改革和社会体制的转轨，我国正由原来的“国家”一元体制向“国家、社会、市场”三元分化。我国目前的社会转型“实际上就是国家这一社会单位内部各种社会组织、社会群体之间关系的调整和重构，其中最主要的是代表国家行使权力的政府与各种社会组织关系的调整……社会转型看作政府与民间关系的重构也许更为合适”。这种关系的重构实质上就是国家、市场、社会的职能回归，是政府、市场与社会中介组织间权利和义务的重新划分。市场经济国家的经验及西方福利国家的危机说明，公共服务领域存在市场失灵和国家失灵，因此需要社会承担相应的职能。没有社会中介组织的充分发育，“政府包办”的局面仍将继续，难以实现公共服务供给的多元化。政府应在公共管理中起催化作用，掌舵而不是划桨，即决策而不是执行。政府应退出私人物品和服务的商业性生产，主要从事公共产品的生产和公共服务制度环境的建设，由目前政府包办过多，逐步向政府与企业、社会中介组织等联合供给，实现国家、市场、社会的职能回归。

8.3.4 社区公共服务的具体内容

社区公共服务是一项复杂的系统工程，在提供社区公共服务时，必须坚持“立足群众需要，一切从实际出发”的原则，把社会效益放在首位。为了更好地实施服务，不断提高居民的生活质量，就要熟悉提供社区公共服务的基本工作方法，如社区公共服务规划的制定、制度建设、工作监督等①。

1.　社区公共服务规划的制定

社区公共服务要有发展规划，否则就会偏离正确的轨道。从现实情况和可操作的角度来看，社区公共服务规划大致可分为现状分析、总体目标规划、具体指标规划和保障措施规划等内容。

（1）社区公共服务的现状分析。主要通过调查、统计与文献资料的分析，掌握社区公共服务现行的环境条件及其发展优势与不足，从而判定社区公共服务的发展阶段与发展水平，明确社区公共服务中存在的问题，为社区公共服务目标体系的提出和相关政策的制定奠定基础。

（2）社区公共服务的总体目标规划。总体目标规划应反映规划年限内整个社区应达到的总体水平，并对各主要部分的规划起规范作用。总体目标的确定，主要依据对社区公共服务现状的科学分析和对社区公共服务发展趋势的科学预测。

（3）社区公共服务的具体指标规划。这是社区公共服务规划的主体内容。其涉及方面的多少，取决于社区公共服务基本构成部分的多少，这些方面的规划应与总体目标的规划相一致，并注意各部分之间的相互协调与组合。

（4）社区公共服务的保障措施规划。这部分内容主要是解决社区公共服务的体制和机制问题、经费和物质保障问题。大致包括社区公共服务的组织体系、管理体制、参与机制、激励机制、经费来源、物质保障等方面的规划。

2. 社区公共服务的制度建设

制度是工作的依据和规范，是工作考核的标准。社区公共服务的规章制度涉及工作人员的职责、行为规范、奖励制度、奖励方式以及奖金来源。制定社区公共服务制度的目的是：通过规范的管理要求，使社区各级组织、各个部门在统一的规范下开展各项工作，实现社区公共服务的预定目标。社区公共服务的制度建立，是社区公共服务制度化和规范化的重要前提。制度建设是一个系统工程，既有宏观指导的内容，又有可操作和可供检验的具体条文，因此，制定制度时要考虑周全。具体来说，应坚持以下原则：

（1）注重实效，具体详细。社区公共服务的规章制度既要简明扼要，又要具体，还要有可操作性。只有这样，规章制度才能在实践中发挥作用，否则只能是纸上谈兵。

（2）结合实际，切实可行。社区公共服务的规章制度必须立足于工作现有条件，同工作的现状和发展趋势相吻合。否则，制定出来的制度将会是形同

---

① 汪大海、魏娜、郇建立：《社区管理》，中国人民大学出版社，2005 年，104。

虚设。

（3）主客观相结合。客观是事物的本身要求，主观是人们通过努力而达到的客观要求。社区公共服务具有很强的弹性，因此，制度建设上要留有余地，使工作既能在规范下动作，又能在创造性发挥中更为完善。

（4）体现社会公平。“制度面前，人人平等”。制度制定者首先要把自己融入到制度中，而不是制度之外。制度本身对每个人的行为都具有规范作用，因此，任何人都不能凌驾于制度之上。

3. 社区公共服务的监督、检查和评比

社区公共服务工作是一项全新的社会实践，社区工作者在实践中就如何全面衡量和评估社区服务的效果、怎样促进社区公共服务不断深入发展等问题进行了深入细致的探索，一些地区甚至建立了社区公共服务的达标考核机制。

（1）社区公共服务的四个维度，即社区公共服务的参与率、受益率、满足率和满意率来评价社区服务质量。社区公共服务的参与率是指在社区公共服务中，辖区单位与社区居民发动状况的测定指标。其计算公式为

公式一　社区居民参与率=参与服务的居民数/社区有服务能力的居民总数

公式二　辖区单位参与率=参与服务的单位数/辖区社会单位总数

社区公共服务的受益率是指社区居民与辖区单位从社区服务中得到帮助、照顾的比例数。其计算公式为

公式一　居民受益率=受益居民户/社区居民总户数

公式二　社会单位受益率=受益社会单位数/辖区社会单位总数

社区公共服务的满足率是指居民提出的需求通过服务得到满足的比例。其计算公式为

需求满足率=需求满足量/居民提出的需求总量

社区公共服务的满意率是指社区居民群众和辖区单位对社区公共服务感到满意者所占的比例。其计算公式为

公式一　居民满意率=表示满意的居民数/社区全体居民数

公式二　社会单位满意率=满意的社会单位数/辖区内社会单位总数

（2）全国社区服务示范城区考核评分表。1995 年，民政部根据全国城市社区服务工作总体情况，在反复征求意见的基础上，经过多次修改，制定了“全国社区服务示范城区考核评分表”该表共分 7 大项，60 小项：组织机构 5 项 100 分（表 8.1）；管理制度 7 项 100 分；政策扶持 9 项 100 分；资金筹集 6 项 100 分；设施建设 6 项 200 分；服务队伍 7 项 100 分；服务水平及效益 20 项 300 分；总分 1000 分。

表 8.1　全国社区服务示范城区考核评分表（组织机构）

考核项目	序号	考核内容	考核办法	单项得分	总分	实得分
	1	建有政府领导、民政主管、各有关部门代表参加的区、街两级社区服务领导或协调机构	查阅有关部门正式发文或批文，同时查阅会议及活动记录	区 20 分 街 20 分	40 分	
	2	社区服务领导或协调机构在区、街民政部门设有办事机构	查阅有关部门正式发文或批文，同时查阅会议及活动记录	区 15 分 街 15 分	30 分	
	3	区、街民政部门的社区服务办事机构配有专职工作人员	查阅民政部门“三定”方案，核定编制人员，同时查阅工作计划及记录	区 5 分 街 5 分	10 分	
	4	区、街分别建有社区服务行业管理组织（如协会）或社区服务指导中心	查阅有关部门正式发文或批文，同时查阅会议及活动记录	区 5 分 街 5 分	10 分	
	5	居委会建有社区服务协调组织，并有专职的社区服务管理人员	查阅居委会有关文件资料	组织 5 分 人员 5 分	10 分	

说明：《全国社区服务示范城区考核评分表》共有 7 张，此处仅列出考察“组织机构”的表一。表二至表七分别考察“管理制度”、“政策扶持”、“资金筹集”、“设施建设”、“服务队伍”、“服务水平及效益”。

为了便于操作，并考虑到全国各地社区服务发展的不同状况，各个小项的检查计分，基本上按照各项标准采取是与否、得分或不得分的办法进行，达不到标准不得分，超过标准不加分。

对街道、居委会的检查，先由区里根据不同街、居的程度差异划出一、二、三类（要求各占 1/3），然后由评审组随机抽查，采用加权平均法算出平均得分。

8.4　社区公共服务的发展趋势

8.4.1　我国社区公共服务的发展回顾

从我国城市社区公共服务的发展来看，社区公共服务大体经历了三个发展阶段：

第一阶段，社区公共服务萌芽（雏形）阶段，为“单位–街居”模式。20 世纪 50 年代初、中期，“国家–社会–市场–一体化”结构造成政府对社会和市场的替代，政府通过权力、资源的垄断和全能型政府的确立适应了计划经济体制对行政管理体制和社会管理体制的客观要求，也造就了社区领域的薄弱力量。居委会的公共管理作用被超强的政府完全取代，单位制成为这种结构的微观组织基础和制度基础，拥有一定行政级别、完全官僚化、机关化了的各类企事业单位成为国家公共事务组织与管理的主要形式，政府对公民的政治控制、社会管理、社会服务、社会福利与社会保障等，主要通过单位来实施，居民不需要在居住地的社区中得到服务。"块块"组织即社区组织的管辖对象也越来越少。最初作为国家基层政权机构的街道办事处和作为地域性社会群众自治组织的居委会负有的是反映人民意见、传递和推行政府法令、加强政府与群众联系，协助政府作好城市管理与建设，稳定社会秩序，动员群众、发展生产，救助烈军属和市民困难群体等职责。具体来看，20 世纪 50 年代至"文化大革命"以前，在恢复和发展生产，收容和改造游民、散兵、娼妓，维护社会治安，优抚救助，开展卫生运动、改善环境、扫盲、移风易俗和生活服务等方面，提供了对社区居民生活事务和经济事务方面的公共服务。可以说，街道和居委会依靠行政资源管理社区事务，只是对在单位以外的社会弱势群体或边缘群体提供生活救济或互助合作，虽然也属于服务提供，但只是一种补充和辅助，在整个社会公共服务体系中处于细枝末节的地位，起的是拾遗补缺的作用，目的也重在稳定社会秩序、救济边缘群体。这一阶段的社区公共服务以行政化、补足性为显著特点。

第二阶段，调整发展阶段，始于 80 年代，成长于 90 年代，为"政府–社区"模式。这一时期，中国社会进入经济主导型加速转型期，机制转轨、结构转型、利益调整和观念转变齐头并进，传统社区服务面临前所未有的供给需求。

（1）"社区人"的增多。与新中国成立初期"单位人"驱逐"社区人"的构想不同，中国随后的经济体制改革和政府管理体制改革实践导致的是"社区人"取代"单位人"。目前的"社区人"包括无单位人和离开单位人，前者无法从传统的单位中获得公共服务和公共产品，后者又面临公共服务的缺损和公共产品的短缺。表现特别突出的，比如，随着国有企业的改革，大量失业、下岗人员被转移到社区。

（2）社区需求的多元化。政企分开、政社分开、政事分开使大量的社会服务得以释放，最终落到社区。社区居民对生活质量的意识和要求逐步提高，如对社区生态环境、治安环境和生活服务的要求不断提升。居民把过去对单位的需求转变为对社区的需求，要求有更多、更高质量的社区服务，社会服务日益表现为社区服务。

（3）迅速的城市化带来层出不穷的社会问题。面对迅速的城市化，原有以行政隶属关系和行政命令建立起来的城市管理体制不能适应这种变化，带来一系列环境、交通、卫生、就业等问题，政府在此面前无力解决，迫切需要社区的力量。中国社区公共服务内容的拓展首先从社区服务的发展开始。中国的社区服务实践是在政府的广泛发动和组织动员的基础上进行的。20 世纪 80 年代中期，中国政府提出社区服务概念，以此取代“街道社会福利服务网络”概念，在理念上被界定为社会保障制度的组成部分，本质属于社会福利服务，目的在于将国家负责的社会福利制度改革为社会化福利制度。可见，社区服务最初是出于民政工作的社会化和城市居民生活水平不断提高的现实需要。社区内的街道和居委会开始由政府管理机构逐步转变为社区性机构。随后的发展中，社区服务的提供者被界定为社会力量，拓展了社区公共服务的资源来源渠道，对象也从民政对象扩大到社区的全体居民，从国家包办的社会福利服务体制逐步转向国家、集体和个人，开始了社区自给服务与政府公共服务两者相结合的真正意义上的社区公共服务。具体表现为：由传统的政府行为为主向社会力量共同参与和共建转变；由单一性、分散性服务向社区多领域、多项目的服务转变；由仅依靠居委会和少数人提供社区服务向服务社会化转变。社区公共事务内容不断丰富，包括了社区教育、社区卫生、公共环境、公共秩序等。在社区中介组织不成熟的社会转型期，除了具体提供服务的城市政府服务组织外，居委会在其中扮演了重头角色。这一阶段以经验性、模糊性、实践混沌性、福利性为特点。

第三阶段，全面拓展阶段，对“社会–社区”理想模式的努力思路已明确。1998年，国务院的政府体制改革方案确定民政部在原基层政权建设司的基础上设立基层政权和社区建设司。2000年开始了具有来自于政府自上而下的规划动力和社区自下而上的需求动力的全国性的社区建设。中国社区建设坚持以不断满足社区居民的社会需求、提高居民生活质量和文明程度为宗旨，把服务社区居民作为社区建设的根本出发点，强调充分调动社区内机关、团体、企事业组织等一切力量广泛参与，最大限度实现社区资源共享。

在实践中，社区建设提出的六方面的内容很快将社区服务由福利服务向着公共领域延伸。1993年以后，教育、文化、科技、建设、劳动、工商、税收等政府部门纷纷向社区延伸，介入社区的公共事务，在社区开展公共管理和公共服务，和社区组织一起合作治理社区事务，使社会公共服务的内容进入社区，开始超越了民政福利服务范围。原来界定为由社区福利服务业、便民、利民服务组成，从属社会保障体系和社会化服务体系的一个重要行业的社区服务不断向公共领域延伸。有学者将当前社区公共服务按类型划分为自治型公共服务（包括社区文体服务、居委会提供的社区公共事务服务），保护型公共服务（社区社会保障服务），专业型公共服务（包括社区物业服务、教育服务、卫生服务、社区中心设施服务、环卫和绿化服务），运营型公共服务（包括便民服务、社区老人服务）。这一阶段以拓展性、渐进性、服务性为特点。

8.4.2　我国社区公共服务发展中面临的问题

我国社区公共服务发展的目标是整合型社区公共服务，即在服务的提供方式、提供主体、服务资源来源乃至服务的消费状态等方面，呈现出政府、社区、市场的资源整合，以自主性、互动性、公共性为其特点，其模式可看作“社区–市民社会”。这种目标推进意味着要解决和明确诸多问题。①

一是服务主体多元化问题。在社区公共服务中，服务的主体是基层社区组织，这些组织包括基层政权组织，但更多的应是群众性自治组织。社区公共服务的提供主体大致包括行政主体：包括民政部、卫生部、劳动与社会保障部等承担社会服务职能的政府部门；虽属社区的非政府组织但在实践中演化为行政导向主体的街道办事处和居委会，主要是提供公共服务，延伸政府的社会管理职能。其他主体还应包括中介组织、专业项目组织、综合性组织、志愿者组织等社区的非政府组织和受政府委托的社区企业、事业和非营利性机构等，它们所履行的职能是社区内公共服务。

二是政府在其中的作用发挥和角色定位问题。中国社区公共服务初期发展离不开“行政化主导”和“行政推动”。社区组织与政府相互合作，通过政府将部分管理权限授予或委托给社区，实现政府对社区公共服务的输入，未来发展应转向指导与协调，继而以制度调节为己任。从发展来看，政府组织负责社区各个服务的宏观决策与规划、指导和监督；居委会负责社区公共事务和公益事业的组织与管理，民间组织则通过居委会以项目的形式，通过招标、委托等，成为社区公共服务的具体实施者和主要提供者。“社区–市民社会”模型要求政府作为一个重要的参与者和其他主体一起解决社区公共问题，协商和协调公民和社区团体的利益，提供全面而优质的服务，营建共同的价值观。

三是社区资源和社区力量的整合问题。社区公共服务应成为社区资源和社区力量的整合过程。政府如何鼓励国有企事业单位、城镇集体经济、民办企业及个人以资金、房产、设备、技术、信息、劳务等形式投入社区公共服务中？“社区内政府服务机构”（政府基层组织），如警察部门、工商税务部门、市场管理部门、环保部门等和社区组织，如何根据社区居民的需要和环境状况来提供公共产品组合？在社区公共产品供给过程中，如何建立制度规则，促使“社区内政府服务机构”和社区组织之间各司其职、协商合作？这一系列的资源整合应该包括权利关系调整、职责划分、管理权限界定、服务承诺制、民主监督等在内制度规则。

四是街道办事处和居委会的改革问题。街道办事处作为社区实际的管理中心，其职能和角色转换的问题成为社区公共服务提供的关键，包括公共权力在政府组织内部及政府组织与非政府组织之间的合理的配置、居委会纠正职能错位与角色混淆，从行政办事机构过渡为居民权益保护机构等问题。

五是社区社会工作服务机构和社区专职工作者的培育。社区行政已成为专业

---

① 田华：《社区公共服务：政府社会管理的新载体》，《云南行政学院学报》，2005年，第6期。

性、技术性非常高的职业，是一门科学，要求有一定的专业理论知识和特定技术，对专业社区工作者的培训、开发的滞后是未来发展一个不容忽视的制约因素。

六是社区中介组织的发展。社区中介组织既是社区公共服务的提供者，又是政府服务社区的合作者，成熟的中介组织应能接收政府的社区管理与服务职能，积极动员和吸纳社区居民参与社区行为，以完善的服务体系回应和满足社区居民的各项需求。从中国国情出发，中介组织应在满足居民生存层面需求、居民和社区单位生活层面需求和精神层面需求三个层次上健全组织体系。

8.4.3　我国社区公共服务的发展趋势

如果说 20 世纪是私人物品时代，那么 21 世纪是公共物品时代。最近 20 年来几乎所有带有全球性的重大事件都暗示着这一时代的到来：福利从理念到制度的变革；第三部门在全球的崛起；网络时代、基因时代个人与社会的信息整合；政府治道的变革；全球经济一体化中快速推进的政治和文化一体化进程等。面对全球公共物品快速增长的局面，必须对城市公共服务体制和社区治理结构进行重新调整。我国城市社区公共服务将呈现以下几种发展趋势。①

1. 社区公共服务的专业化

所谓社区公共服务的专业化，指的是社区服务组织和社区服务人员的专业化。作为社区公共服务组织来说，应当成为专业组织，专门从事社区公共服务的管理，社区公共服务组织的领导者必须熟知社区公共服务的各个方面的情况。作为社区公共服务人员，应当具备社区公共服务方面系统的专业知识，具有熟练的服务技能，并在各项服务活动中保证服务的质量与水平。

目前，我国社区公共服务队伍的整体素质与社区公共服务的发展要求远不相适应，专业化水平偏低，这是制约社区公共服务发展的又一重要因素。我国从事社区公共服务的工作人员主要是家庭妇女、离退休人员、下岗失业人员和有劳动能力的残疾人等。他们大多没有受过系统的社区公共服务工作的专门训练，不能很好地根据居民实际需求设置服务项目和服务方式，使一些服务设施处于闲置和半闲置状态，服务质量提高也不快。与此同时，随着社区居民生活水平的不断提高，对社区公共服务的技能与水平的要求也越来越高。不但家庭教师、家电维修、房屋维修等需要较高的专业技能，就是洗衣做饭、照看老人等看似简单的事情，也不能缺少基本的专业知识。但从目前的情况看，社区公共服务队伍的整体素质还满足不了社区居民的需求，其服务质量达不到居民群众的要求。

提高社区公共服务专业化水平的途径：

---

① 李森：《城市社区建设概论》，山东大学出版社，2001 年，162。

（1）开展专业培训，提高服务水平，是提高社区公共服务队伍整体素质的重要途径，也是推动社区公共服务业发展的一项重要措施。要以社区公共服务中心为依托，分门别类地进行家庭护理、家政服务、卫生清洁等专业培训，未经培训者不得上岗。

（2）设定社区公共服务职业技能考核标准，实行社区公共服务业认证制度。这是保证社区公共服务质量的一项重要措施。对此，我国劳动和社会保障部于2000年7月1日起颁布实施《招用技术工种从业人员规定》，确定了90个工种的从业人员必须持有职业资格认证书才能进入劳动力市场参与就业，其中就有家政服务员。不久，又颁布了《家政服务员国家职业标准》，将家政服务纳入国家正式职业。从事家政服务人员，只有通过了有关专业考核的达标者才可以持证上岗。社区公共服务由此才能走向规范化和专业化。有了规范化与专业化的社区公共服务组织和社区公共服务队伍，才能有高质量的社区公共服务，也才能赢得社区居民对于社区公共服务组织由衷的信任。

2. 社区公共服务的网络化

社区公共服务的网络化是指社区公共服务上下左右纵横交错的网络体现。它包括社会服务网络和信息服务网络。社会服务网络的主体是市、区、街的社区公共服务中心，居委会、社区单位小型分散的服务组织以及社区服务志愿者组织是它的补充。信息服务网络是指与信息高速公路建设相结合的服务网络。

在我国各城市都建有市社区服务中心、街道社区服务中心和居委会社区服务工作站，已经形成了市、街道、居委会三级社区服务组织网络，这是较为稳固的社区服务阵地。要依靠社区服务组织网络，开办各种服务项目，为社区居民提供服务。但是，随着我国市场经济的发展和居民生活水平的提高，这种单纯的服务模式无论是在发展规模上还是在服务质量上都难以满足社区居民的需要，尤其是在现代化程度比较高的大、中城市，更是如此。

建立起一种与市场经济相适应的运行机制和运作方式，以沟通服务与提供服务的关系、沟通政府与市场的关系，克服社区服务的盲目性，动员各个方面的资源，有的放矢地为社区居民提供全方位的服务，已经成为社区服务发展的关键。在各地的探索中，信息服务网络开始逐步地跨入社区服务。上海市石门二路街道于1998年12月中旬建立了全国第一家街道社区服务电脑网络中心。上海市卢湾区则成为运用电脑信息网络，开展社区服务的突出范例。它们在各个居委会设立了触摸式电脑，建立了覆盖全区的信息收集和传递网络，把全区的政府机构、学校、商场、修理部、厂家等，凡是能够为居民提供服务的单位都作为服务资源网罗了进来，分门别类地建立了信息数据库。与此同时，它们还在求助中心开设了热线电话，居民通过热线电话把自己的需要告诉中心，中心再把需要的服务告诉能够提供服务的单位。而且，居民还可以通过电脑网络自己上网查询服务信息，选择自己所需要的服务。上海市推广了卢湾区的经验，组建了上海市社区服务中心，配置了一流的硬件设施和专门人才，开通了上海社区服务热线电话，开通了上海社区服务网址，并在全市 400 多个社区设置了触摸式电脑终端，建立了功能强大的数据处理中心。这个网站把各个区县的社区公共服务网连成一体，构成了一个由市、区县、街道、居委会四级网络及数千个网员单位、数万名社区工作者和志愿人员构成的大服务体系。

3. 社区公共服务的产业化

“产业”一词在英语词汇中与“工业”是同一个词，都是“industry”。“产业化”与“工业化”也是一个词，即“industrialization”。社区服务产业化，实质上是指，社区公共服务作为一个完整的产业，应当像工业一样，有其完整的工艺流程，有衔接有序的生产环节。社区公共服务组织作为一个企业主体，既有根据社区居民需求设置的一系列服务项目、服务设施和受过专业训练的服务人员，又有完备的高质量的服务与管理，而最终投向市场的社区公共服务能够经得起检测与评估。概括地说，社区公共服务产业化就是根据社区居民的需求把社区公共服务的项目分门别类地形成一体化和社会化的工业生产链条。

实现社区公共服务的产业化，一是要有一个健全的组织体系，二是要有一个完善的社会化体系。社区公共服务的社会化使社区公共服务工作由封闭到开放，其投资方式由单渠道到多渠道，服务对象由特殊到普遍，管理方式由直接到间接的发展过程，是社区公共服务向产业化发展的不可逾越的发展阶段。社会化是以社会效益为目标兼顾经济效益，产业化则是在保证社会效益的前提下追求经济效益的最大化。社会化不同于产业化，实现产业化必须实现社会化。

第9章

城市社区的经济发展

同其他经济现象一样，城市社区经济的产生与发展是以其对社会的贡献而逐步引起人们的注意和重视的。研究和剖析社区经济的产生与发展，对把握社区经济的发展趋势是非常重要的，既有利于了解它的成长过程，又有利于判断它的发展变化，与此同时准确把握城市社区经济在社会发展中的定位。

■9.1 创收经济的历史作用

9.1.1 创收经济的概念

对社区的研究国内外都比较重视，给社区赋予的含义也比较多。但对社区创收经济进行研究的极少，目前社区创收经济理论研究尚是有待开垦的领域。因此，对社区创收经济并没有被赋予什么含义。在传统的经济学序列中并没有社区创收经济的说法，但社区创收经济现象的出现是客观的。不接受社区创收经济的人认为，社区只有服务，只有文化、教育，没有创收。其实不然，社区是一个具有一定地理空间的社会体系。既然是一个社会体系，就不可能排斥其经济构成。在这个体系中，人们是要生活的，是要消费的。要生活就需要为其提供生活资料，要消费就要有交换。在市场经济条件下，提供生活资料，满足消费需求的交换，实际上就是一种创收经济行为。日本的经济社会学家富永健一认为，生活体系是从人格标准出发，把“需求、欲望”等作为“能”来投入，在其信息功能作用的“生活意识”（以主体对客观的现实生活环境所具有的主观感觉和认识为核心，是价值观、生活目标、阶层指涉消费、购买意识等所谓心理学因素的复合体）的统治和导向之下，通过“生活结构”（在生活体系内部相对地独立于短期变动的，而且在反复发生的意义上说是比较稳定、可以客观地观察的各种因素模式）这一比较牢固的机构，产出“生活行动”。“生活意识”是变化的，它不断投入，附加新的消息，这就对人格标准产生影响，使它产生新的“需求”和“欲望”，结果产生新的行动，使“生活结构”也很快发生变化，于是消费行为便产生了。消费主体不是在社会和文化的真空中生活，而是在一定的地域、在社会关系的网状组织中生活。社会关系的网状组织理所当然地应包括经济活动组织，因此，消费是不能实现的。除非是商品交换原则在经济社会中消失了，人们的消费需求完全是“按需”分配的。否则，社区的经济只能是不可或缺的。在中国现实的情况下，生活的方便、购买的方便、消费的方便，在很大程度上体现在社区。因此，社区的创收经济、文化、教育、服务是同时存在的。

社区是一种客观存在，是不以人的意志为转移的。在客观体中产生的客观事物，也是一种客观，社区创收经济就是一例。对社区中产生的经济现象用“社区创收经济”的概念进行表述，是对这种经济现象及其产生的客体进行的一种概括，反映了其产生的客体特性。同时把这种经济现象产生的地理空间和可运作特性都表现出来，这也是经济学理论的一种概括和抽象。

那么应该对社区创收经济赋予什么样的含义？综合经济学理论和社区的特征，社区创收经济可以定义为：在一定的社区中物质形态和价值形态的资源变数通过市场机制的作用重新组合配置，创造新价值的一种经济现象。之所以这样概括，主要是基于如下原因：①一定的社区是指具有一定地域空间的社区，即介于社会与团体之间，其地域范围近似于街道，但不等同于街道，因其超越了街道的地域范围；②物质形态和价值形态的资源包括有形资产、资金和无形资产如技术、专利等；③变数是指可流动性；④资源在重新组合中，是市场机制起基础作用；⑤资源重新配置后应产生新的效益，即 1+1 应大于 2。给社区创收经济赋予上述含义，与社区自身发展的实践是相吻合的。

9.1.2 创收经济的产生和运行效果

科学技术的发展，以其革命性的方式推动着生产力和人口的集聚，城市化的步伐随之大大加快。改革开放之前，我国的城市仅有 200 多个，现在我国的城市已有 668 个。虽然各国对城市设定的人口标准不同，如中国为 6 万人，朝鲜为 5 万人，日本为 3 万人，原苏联、芬兰、澳大利亚为 2 万人，美国为 10 万人，但是城市化快速发展的趋势是明显的。城市的发展，使城市居民数量陡然增加，居住地比较集中，人口密度增大。聚集于城市的人们不是由血统或种族关系所组成的，而是依附于社会分工或地缘关系聚合在一起，构成了一定的复杂的社会关系。正如马克思所说："城市本身表明了人口、生产工具、资本、享乐和需求的集中；而在乡村里所看到的却是完全相反的情况：孤立和分散。"[①]人们集中到城市，不可能从事农耕，而是从事非农产业。城市的土地也主要是用来经营非农业的各行各业，如工业、建筑业、商业、服务业、金融业等。人口集聚到城市以后，居民群随之增加，如何为居民群创造大致相同的条件和机会，去选择劳动和文化发展的环境以及社区完善的设施和方便的交通等，是城市政府必须考虑的问题。在工业化的过程中，特别是在工业化的初始阶段，第一位的是要为积聚的人口提供相应的就业机会。提供就业机会的渠道常常是兴办工业企业。工业生产的专业化、合作化和联合化以及通过把某些生产单位甚至生产车间分散置于邻近的社区，导致了居民区的联合，扩大了社区的范围，增加了社区的社会性。这也是企业办社会的最初动因。

为什么在工业化的初始阶段社区的矛盾不那么突出？这是因为：①从农村到城市，生活环境的改善，预期与现实大致协调，不会发生冲突。②无论是企业，还是城市政府所提供的劳动、文化发展环境和社区设施等方面的选择与进城后脱贫的人口的选择需求基本吻合，没有大的矛盾。一般来讲，脱贫期的人口在需求上是比较容易满足的，大都不会提出过高的要求。特别是中华民族吃苦耐劳的传统美德在很大程度上能够吸收消化需求之间的矛盾。③工业化的起步给城市人口以改变其生活景况的机会，工业化的发展又给他们以新的希望，两者基本能够融合，不会发生大的差异。所以社区发展的矛盾不是很突出。

随着工业化前进步伐的加快，科学技术对经济发展的贡献比例也在逐步加大，人们的价值观念也发生了巨大的变化，工业化所产生的负面效应也随之日益显露，需要解决的社会问题逐渐增多，如环境污染、噪声、交通、道路、教育、医疗、保险、住房等。加上中国实现工业化的客观环境是众多的人口，所以解决问题的压力比较大。

从某种意义上讲，科学技术进步与人口就业是相互矛盾的关系。科学技术的进步提高了劳动的效率，与此同时，就业岗位会相对减少。就业岗位减少，而需要就业的人数并没有减少，需要寻求新的就业机会。在社会问题不是非常突出的情况下，政府的财力基本上能够适应需求不旺的公共开支。但在社会问题逐步突出的情况下，有限的财力就难以为继了，入不敷出的现象就会经常出现。一方面政府财政拮据，而解决某些社会问题又要相应的投入；另一方面，居民心里预期较高，从而导致供需矛盾比较尖锐。没有资金来源解决不了问题，要解决某些问题，只有另辟蹊径，寻觅新的方法。人们的价值观念发生变化后，依赖意识减少

---

① 《马克思恩格斯全集》第3卷，人民出版社，1960年，57。

了，自主意识增强，对要解决的社区问题由旁观者变为参与者。这种参与实质上是一种社区意识。社区成员的社区意识增强后，寻找解决社区问题的经济支撑的积极性提高了，开始各自冲破传统的束缚，致力于发展社区经济，于是就出现了社区创收经济。

社区创收经济于原存在于社区中的单位经济是既有联系又有区别的。原存于社区中的单位经济形态，如附属于国有企业的“大集体”、集体企业派生出来的“小集体”、机关团体兴办的劳动服务公司等，都带有生产自救的性质，是自力更生的产物，封闭性极强。其发展方式因为原始资本积累过程太长，所以极其缓慢。社区创收经济与这种单位经济在上述方面正好形成鲜明的对照。不过它们的共同作用是：创造了就业机会，在不同的时段上促进着社会主义经济的发展。

9.1.3　我国社区创收经济的演变阶段

我国的社区创收经济形式，萌芽于 20 世纪 50 年代初期的群众性自救组织。从那时以来，我国社区创收经济的演变大致经历了以下四个时期：

1. 社区创收经济的初创时期（20 世纪 50 年代）

新中国成立初期，为了医治战争创伤，巩固新生的人民政权，党和政府提出了用合作化的方式恢复和发展国民经济，以扩大就业，繁荣经济，稳定社会。城市街道积极组织居民开展生产自救活动，成立了一些群众性生产自救组织，为部分社区居民提供生活保障。但当时的经济形式主要是个体经济，多以个体手工业和小商贩经营，收入微薄。

1956 年公私合营后，为了安置更多的待业人员，更好地方便居民生活，城市街道办事处又创造条件统筹安排人力、物力、财力和场地，将分散的手工业、个体商贩联合起来，组成手工业者合作社、个体劳动者合作社，并扶持举办了一批属于集体经济性质的加工组、服务站、商店、食堂等社区企业，这些就是街道社区创收经济的最初形式。

在这一时期，街道社区创收经济的主要特点是：因陋就简，艰苦创业。广大社区居民尤其是长期足不出户从事家庭劳动的家庭妇女，冲破了传统观念的束缚，积极响应党的号召，走出家门，因人制宜、因地制宜地办起了一大批劳动服务加工组和生产组，用自己的双手艰苦创业，为建设社会主义添砖加瓦。

2. 社区创收经济的成长时期（20 世纪 60 年代）

从 50 年代末到“文化大革命”前，随着社会主义建设高潮的日益高涨，街道社区创收经济也逐步成长壮大，由原来的社区劳动合作组织，发展成为自愿结合、自主经营、自负盈亏、自我发展的集体企业。这一时期街道社区创收经济发展的主要特点是：成型壮大，受到干扰。

在党和政府的有关方针政策的扶持和城市骨干经济的支援下，街道原有企业的规模得到了扩大，逐步形成了以城市居民生活服务和城市骨干经济服务为宗旨，以街道闲置劳动力为主体，以手工劳动为主要手段的我国城市社区创收经济模型——街道集体经济。

但是，在成长壮大的同时，街道创收经济也遭遇了其发展史上的第一次重大干扰。当时“左”倾错误把社会主义公有制和全民所有制等同起来，认为公有制成分越纯越好、越公越好，集体经济被当作是低级的、落后的经济形式，因而在政策导向上采取了全面硬性地向全民所有制的“穷过渡”。以集体经济形式存在的街道经济也难以幸免于难，遭受了种种干扰和破坏，许多街道集体企业由于无法过渡到全民企业而被合并、平调、解散，生产明显下降。事实证明：“欲速则不达”，这种超越生产力水平的拔苗助长，给街道经济带来严重的创伤。

3. 社区创收经济的缓慢发展时期（20 世纪 70 年代）

“文化大革命”后期，我国的就业问题由于上山下乡的知识青年返城而日渐突出。为解决这一问题，各大城市的街道曾一度兴办了大量“知青”企业，发展了一批服装、纸制品、日用小商品为主的加工业和零售业，使街道社区经济在绝境中起死回生。这一时期街道社区经济发展的主要特点是：素质提高，初具规模。

由于返城“知青”都是受过中等教育的知识青年，他们的加入使街道社区创收经济的面貌发生了变化，主要表现在以下三个方面：首先，人员素质的提高，使企业管理开始走上正规化道路。早期的街道社区创收经济从业人员主要由家庭妇女和退休职工组成，受文化水平的限制，他们对企业的管理往往是家庭式的、小作坊式的管理，手段相当原始和落后。大批“知青”的加入，为街道社区创收经济带来了新的文化、新的理念，使企业管理开始步入正轨。其次，管理方式的转变，使企业资源形成了合力。为了更加充分地利用街道社区经济的存量资产，各地街道开展了企业间的合并和横向联合，把原有的经营同类商品或同行业加工的分散企业，合并或联合为一体，实现企业资产的扩张，扩大市场占有份额，从而更加有效地利用原有资源，使街道社区创收经济初具规模，得到了壮大。再次，分配制度的调整，使企业职工的政治地位和经济地位得以提高。20 世纪 70 年代中期以前，街道社区创收经济的工资形式多为日工资制。例如，上海市街道企业职工的日工资为 0.80～0.90 元，且缺乏劳动福利待遇。70 年代中后期，为适应街道社区经济的发展，各地纷纷调整和改革原来分配制度，变日工资制为不同等级的月工资制，并在企业建立了工会，给予职工一定的劳动保护和福利保障，极大地调动了街道社区经济从业人员的生产积极性。

上述变化为这一时期的街道社区创收经济的发展注入了动力。通过自身的联合和合并，以及加强与外系统的经济合作，街道社区创收经济产生了新型的经济实体——生产服务合作联社，从而使社区经济更上一层楼。

4. 社区创收经济的快速发展时期（20 世纪 80～90 年代）

20 世纪 80 年代以来，改革开放为街道社区创收经济注入了新的活力和生长点，街道经济得到了快速的发展。这一时期又可以分为两个阶段：

第一个阶段：经济体制改革前十年。1979 年底，党的十一届三中全会做出了把工作重点转移到社会主义现代建设上来的重大决策，并以农村为突破口，开始了经济体制的改革，极大地解放了农村的生产力。1984 年，党的十二届三中全会明确提出："我国社会主义经济是有计划的商品经济"，从此，经济体制改革从农村转向了城市。

城市经济体制改革的不断深入，促使街道职能发生了重大调整，由以往的单纯民政福利性的社会基层组织，转变为集城市管理、社会服务、行政管理、经济建设为一体的综合服务和管理型社会基层组织。人们也越来越意识到发展街道创收经济对开展街道工作，对于稳定社会、繁荣整个城市经济都有非常重要的意义。各地纷纷放宽政策，扶植、引导、鼓励、促进街道经济的发展，使街道经济进入了快速增长的时期。

这一时期社区创收经济的主要特点是：打破封闭，向外发展。在全国改革开放的浪潮中，街道社区创收经济同样向外敞开了大门，一方面向外招商引资，举办与外商合资合作企业；另一方面增加了出口，寻找新的发展空间。在政府优惠政策的扶持下，街道创收经济出现了不少出口创汇的外向型企业，使街道创收经济形成了内外型企业并存的格局。

第二个阶段：经济体制改革后十年。1992 年，邓小平同志的南巡讲话和党的十四大的召开，确立了我国经济体制改革的目标是建立社会主义市场经济体制，使我国改革开放和社会主义现代化建设进入新的发展阶段，同时也为社区创收经济的发展创造了良好的条件。由此，我国街道创收经济迎来了快速发展的第二个春天。这一阶段的主要特征是：多元经营，形成体系。

市场经济体制的建立，打破了国有企业一统天下的垄断格局，使弱小的街道创收经济得以在更广阔的经济领域展露身手，实行多元化、多角度经营，逐步形成了以工贸实业、社区服务业和房产物业为主的经济体系。[①]

① 袁秉达：《社区论》，中国纺织大学出版社，2000 年，85。

9.1.4 社区在创收经济发展中的作用

社区作为介于社会与团体之间的一个小社会，在经济发展中的作用是非常重要的。

第一，经济与社会的发展应该是协调的，如果不协调，就会出现畸形现象，反过来不是影响经济的发展，就是影响社会的发展。城市是经济与社会发展的产物，是人类文明的一种重要标志。作为城市中的社区，其产生与发展同样印记着城市运行的轨迹。在现代经济与社会发展的过程中，存在着超越不同文化和体制的普遍性侧面，即随着经济与社会的发展，出现了组织大规模化、人口高度集中、教育活动水平提高、发展空间受到挑战等问题。无论是发达国家，还是发展中国家，都不同程度地存在这些问题。中国是发展中国家，其间的城市与社区，人口都相对集中、公共设施短缺、交通拥挤、住房紧张、入学与就业的压力等问题比较突出。这些社会问题的存在，一方面阻碍了经济的发展，另一方面解决这些社会问题在很大程度上又要依赖于社区创收经济的发展。正因为如此，联合国在1959年提出了“经济发展与社区发展的均衡”的意见，以铲除阻碍经济发展的各种社会因素。联合国的这个意见基本确认经济发展应该优先，将经济发展视为解决后进国家面临的各种社会问题的手段，并把铲除阻碍经济发展的社会障碍称为社会发展。实践证明联合国的这个判断与实际发展比较接近。许多社会问题的解决确实需要依靠经济发展，而社会问题的解决也的确是经济发展的前提条件。不能设想，在社会问题突出、社会矛盾尖锐的地方，经济还能顺利发展。

社区作为一个微缩型社会，既存在上述的问题，同时它又有条件解决这些问题。因为它相对来说比较小，解决其存在的社会问题所需的边际成本比较低，成功的概率较大。比如江苏的张家港市，原来是一个名不见经传的小港，由于其社会问题解决得比较好，经济发展较快，很快就成为全国两个文明建设的先进典型。由此可见，像社区这样的社会实体，它既构筑着社会，又构筑着国民经济的基础，它的发展与否，直接影响着经济与社会两个层面，其经济作用与社会作用都是不可低估的。

第二，无论是什么性质的城市，都具有一定的经济功能。即使是文化城市或旅游城市，为其服务的第三产业也必不可少。如果是经济中心，其经济功能则更强。城市是由若干社区所组成的，城市的功能理所当然由若干社区所承担。城市的功能与社区的功能是同向的，两者是系统与子系统的关系。从经济社会学的角度看，城市经济功能的载体，或者说是经济功能的基本单元是社区，而不是一般意义上的单个企业。企业是社区中履行生产、流通等职能的经济单位，不具有社会职能。只有企业群出现，才可以构成社区。就像一个自然人一样，承担民事责任的应该是人，而不是人的手、脚和嘴。在现代经济社会生活中，经济现象、社会现象都不是孤立的，单一的，而是错综复杂的，具有一定的社会性。城市经济功能的发挥，不仅需要有企业的高效运作，而且更需要有社区经济的繁荣。当构成城市的若干社区的经济都繁荣起来时，这个城市的经济就具有活力，经济功能就比较强，烘托这个城市经济功能的社会基础就比较广泛、扎实。如果把城市经济功能仅仅负担在单个企业上，一是不全面，因为经济功能的发挥应有金融、科技、信息、中介机构等许多方面的参与；二是不能承受竞争激烈的市场。企业在竞争中盈利或亏损，扩张或收缩甚至破产都很平常。这样一来，经济功能变数周期太短，频率太快，不符合城市经济功能运作周期。社区中分布着众多的企业，这些企业的规模大小不一，集合着这些企业的社区就相当于一个小型的社会，众多的企业相互维系，可以分散市场经济竞争所产生的投资、生产、经营风险。

第三，我们不能认为社区仅仅是人们休息和生活的场所，它同时也是人们发展的地方。如果在社区中仅仅是休息和生活，甚至有可能产生社会进步的“迟缓症”。之所以会出现这种情况，主要是因为：①人处在悠闲的环境中，过多的怡然自得容易消磨意志，不思进取；②社区如果只具有生活和休息的场所，那么有若干社区所组成的城市功能也只能是提供人们生活和休息的场所，果真如此，城市就会变成一个巨大的消费市场。而没有支撑这种消费的基础和来源，消费是不能持久的。③我国正处在发展过程中，消灭贫穷和落后的任务还相当艰巨，不发展就会落后，落后就会降低我国在国际上的地位。所以，无论从哪个角度讲，社区都不能只是人们生活和休息的场所，还应该是人们发展的场所。

社区的发展是解决社区主要问题的过程。社区如果不存在问题，人们就没有解决问题的要求。社区所解决的问题，实际上是社区发展的目标。通常情况下，一个社区的发展目标往往是指想解决社区内的主要问题，而最主要的问题往往是带共性的问题。从现实情况看，社区的最大问题是经济发展不够。由于经济发展不够，实力不强，解决社会发展方面问题与矛盾的能力比较欠缺。因此，发展经济是社区的一个极为重要的任务。只有经济的发展，才能为社会发展提供必要的条件。经济发展在社会发展中起着基石的作用，它不仅能改变人们的衣食住行等条件，还能改变人们的思想观念、社会关系，促进社会发展。社区的发展不仅是解决社区主要问题的过程，而且还是社区中居民、机构、团体的一种社会行动过程。社区的发展不是个人行为，也不是单个机构或单个团体行为，而是社区成员的整体行为。在许多情况下，人的愿望不是单靠个体能实现的，在绝大多数情况下，是作为与他人的相互行为来进行的。如果仅仅是少数个人发展，或者少数单位发展，就缺乏共通性，也构不成社会性。只有社区内多数成员的发展，再促成全社区的发展，这样的发展才是社区所期待的。换言之，只有多数成员发展了，致富了，社区才能繁荣，城市的繁荣也就有了基础。[①]

■9.2 税源经济的蓬勃发展

“税源经济”是社区经济发展的重要途径。改革开放以来，作为社区指导者、管理者的街道办事处、居委会，始终坚持以经济建设为中心，它们常常作为经营主体直接参与各种经济活动。兴办了一些企业，开发了一些项目，取得了不少的成绩。但是，随着改革的不断深入，市场经济体制的不断完善，市场竞争的公平性越来越明显，曾经在计划经济体制下享受的一些经济指导者、管理者直接参与经济活动，其所固有的机制矛盾日益突出。我们因此把“税源经济”锁定为社区经济发展的重要途径，就是通过努力推进社区服务，强化社区管理，加大社区建设力度去营造一个良好的社区环境，以此吸引更多的投资者。与此同时，加大协税、护税的工作力度，确保税收任务，也会为开展社区的其他工作奠定坚实的物质基础。[②]

9.2.1 城市社区税源经济发展中的矛盾与问题

城市社区的经济实体在发展过程中尽管有许多有利条件和因素，但也遇到了不少的矛盾和问题。这些矛盾和问题都是在发展过程中产生和出现的，如果不予认真对待，会制约社区税源经济的发展。这些矛盾和问题归总起来，主要有以下几方面。

1. 体制的制约

社区的经济实体是在经济转型过程中发展起来的。所谓经济转型，是从一种制度安排变换到另一种制度安排的过程。在资源的重新配置中，原有体制的惯性力对社区经济发展的制约作用是不可低估的。长期以来，企业隶属于行政主管单位，部门所有的概念，无论是企业还是企业的主管部门，都是根深蒂固的。在资源的重新配置组合中，企业虽然拥有对其资产的占有、支配、处置权，但是也常常要请示与报告，看看主管部门的意见如何。如果有不同的意见，企业也不敢擅自做主。所以造成主管部门与企业的关系难以磨合，企业无法不受任何牵制而直接进入市场。说到底，原有的体制仍然发挥作用，在现实的经济、社会生活中，在许多方面、许多领域中行政主管还在发挥主导作用，企业不可能脱离这个现实而独立存在。时代的要求是，主管部门应该顺应市场经济发展的要求，注重为企业的生存与发展创造良好的环境，让企业集中精力谋求自身的发展。与此同时企

① 叶金生：《社区经济论》，企业管理出版社，1997年，20。
② 王静：《谈加强城市社区建设工作》，《理论与实践》，2002年，第6期。

业也要强化自我约束机制，树立良好的企业形象。企业的权力越大，自我约束机制就应该越强。权力与约束应该成正比，没有监督约束的权力是危险的。只有建立合理的制度，企业运作才能有规范，有规范才能有效率。

2. 政策制约

政策性制约与经济管理体制有密切关系，政策的制定与执行是靠体制而实现的。政策是体制的体现，体制是政策的载体，两者紧密依存在一起。现行的政策对社区经济的发展有一些是起促进作用的，有一些是起制约作用的，允许多种经济成分同时并存，鼓励生产要素合理流动，扩大对外开放等政策，对社区经济实体的发展起积极的推动作用。然而也有一些政策对社区经济实体的发展制约性极大，突出反映在税收政策上。现行的税收政策是实行属地纳税，这与社区经济实体的发展是相逆的。属地纳税是按照行政隶属关系划分的，强调的是行政疆界，由此也隐含着纳税人的相对稳定性。社区经济实体不应该被强调行政疆界的管理，强调的应该是经济原则和扩张性，其发展不应受行政疆界的限制，只要能发展，什么地方都可以。兴办企业需要有投资主体，支持兴办企业的也常需要一些群体，这些群体通常为社区的管理机构，即区或街道。因为社区的发展与管理需要这些机构进行操作，承担着社区发展与管理的责任和义务，这些机构理所应当要分享社区经济实体发展的成果，分享的成果一是用于发展社区，改善环境，创造新的发展条件和基础。实行属地纳税的办法，不利于兴办企业的单位鼓励企业实现自己的扩张计划，越过行政疆界到最能发挥企业长处的地方去发展自己，同时遏制了企业对社会资源利用可能达到的最大潜力。在社区交邻的地带，常常出现争抢税源的情况。减免税源的权限应该是中央政府的。为了抢夺税源，有的不惜以降低税赋的办法进行竞争，结果不仅造成税源流失，也导致税收政策紊乱。这不利于社区税源经济的发展。

与此同时，税务机构的设置也不利于社区经济的发展。每个级次的财政主体都希望非常清楚地了解和掌握本级次的税源情况和征税进度，而在第一线征税的税务所，其设置不配套，不是一个基层财政主体配置一个税务所，而是几个基层财政主体共同拥有一个税务所。这样一来，基层财政主体对自己的税源情况心中无底，也缺乏主动权。并且在征税实践中时常出现错税、串税或人情税的现象。

3. 分配制约

分配是经济活动的一个重要方面，是对经济成果分享的一种方式。经济发展到一定程度，即可供分享的效益出现后，就需要进行分配。分配是从两个层面进行的：一个层面是税收，即企业缴纳的税收由各级政府分享；另一个层面是企业内部，即税后利润的分享。从社区经济的发展实践来看，这两个层面的分配对社区经济的发展都有一定的制约。

首先，税收分享制约了税源经济的发展。分税制财政体制的确定，旨在保证中央与地方财力的需要，增强国家的宏观调控能力，促进地方微观经济搞活。由于对宏观调控能力形成原因认识上的差异和财权与事权不统一对政府行政功能所造成的缺陷认识不足，在实际操作中出现了一些不合理的因素，对地方、对社区经济的发展造成负面影响。在实行分税制的财政体制中，实际上是循着宏观调控能力的强弱取决于财力的多少这个思路进行的，把财力作为宏观调控能力的标志。于是在分税时，主体税种的大部分归中央财政收入，以确保中央财政的宏观调控能力。给地方留的税种虽然多，但没有主体性税种，征收难度大，又不稳定。尽管中央对增值税部分采取了灵活的税收返还政策，但大部分仍集中在中央，地方的财力明显受到影响。在这种压力下，负担社区发展与管理责任的基层政府发展经济的积极性也受到影响。

其次，企业内部分配不合理。为了鼓励社区经济的发展，地方政府常常拟定一些鼓励经济发展的政策，对经济效益增长比较快的企业给予一些奖励。这种奖励发放的对象和发放的形式多对企业的后续发展产生或多或少的影响。奖励过于集中于企业负责人，容易打消职工的工作积极性，过于平均化的分配，又不利于对领导者的激励。[①]

9.2.2 培育城市社区税源的主要对策

要解决现有的城市社区税源经济所面临的问题，提高社区企业的经济效益，合理配置和利用资源，增强城市社区经济税源的竞争力，着力点应该体现在以下几个方面。

1. 理清加快经济税源所有制结构改造的基本思路

社区税源经济实体既包括了社区中的国有经济，又包括了非国有经济。非国有经济是指传统形态的国有企业以外的集体、合作、联营、股份制、外资、合资、私人、个体等经济实体。

对社区经济的发展，需要紧密结合各个城市社区的具体情况，解放思路、开拓创新、与时俱进、抢抓机遇，大力发展区域特色经济，积极调整不合理的所有制结构，一方面加强对传统工业企业的改造，另一方面大力发展非公有经济。具体措施可以包括：

第一，继续深化国有企业改革，推进城市社区的经济战略性调整。要继续推进国有经济的战略性改组，对大型国有企业加快实行规范的公司制改造，全面推

---

① 叶金生：《社区经济论》，企业管理出版社，1997年，93～99。

行现代企业制度，实行企业制度的创新和经营机制的转换，发挥骨干和带头作用，加快企业存量资产流动和重组的步伐，加大企业兼并力度，鼓励和支持企业从规模大向竞争能力强，从经营的分散化向专业化发展。

第二，要大力发展非国有经济，加速第三产业发展。发展非国有经济，要结合各城市社区自身的资源优势，积极扶持和促进集体、个体、私营经济的发展，提高其在城市经济中的比重，加速发展现代商业、服务业。促进金融、保险、证券业扩大规模，增加服务品种和范围，改善服务质量，增进城市社区现代化的服务水平。

第三，在有条件的城市社区大力发展生态旅游、医疗、健康保健业服务机构，全面提高社区人们的生活质量，扩大就业容量。

第四，推进信息产业和网络经济等高新技术产业的发展，使这些技术在城市社区的金融、保险、现代商业服务业等领域的广泛应用，一方面可以迅速增强社区第三产业的竞争力，同时又可以提高社区第三产业的国税收入比重。

2. 制定城市社区经济税源所有制调整的相关政策

要进一步完善城市社区的财政转移支付体制。一方面，对存在资源枯竭情况的城市，增值税、企业所得税收入全部留归当地，用于产业结构调整。对实施税收优惠政策造成某地财政减少的部分，可由中央财政给予转移支付政策。另一方面，针对某些城市资源型企业办社会的问题，对企业上缴的城市建设维护税和教育费附加进行返还。在企业办社会没有移交地方政府前，政府应考虑对企业的城市维护建设税和教育附加给予减免，以支持企业在城市社区相应方面的投入；或者运用转移支付机制，由政府通过财政转移支付给予补偿。①

3. 以可持续发展思想指导地方财源建设

各级地方政府要按照市场经济要求和公共财政导向合理调整地方财源建设战略，以可持续发展思想指导地方财源建设。地方财源建设要以产业政策为中心，讲求效益和效率，做到与政府宏观调控相结合，与经济发展战略重点和布局相结合，与深化企业改革相结合，与市场经济相结合，与提高财政运行质量相结合。

4. 建立健全公共财政框架下的地方税体系

第一，建立健全我国公共财政框架下的地方税体系的基本原则。基本原则包括：建立健全地方税体系要与社会主义市场经济发展的要求相适应，分阶段、分步骤进行；建立健全地方税体系要有利于扩大内需；建立健全地方税体系要与我

---

① 王晓玲、徐晨：《黑龙江省经济税源所有制结构分析》，《学术交流》，2004 年，第 12 期。

国融入世界后的经济形势相适应；建立健全地方税体系要与当前的税费改革相结合，既保证地方政府的收入水平，又不增加纳税人的税收负担；建立健全地方税体系要适应世界各国税制改革的新潮流和新动向。

第二，加快建立健全相配套的具体措施：例如，配合当前的财政政策，重新探讨我国现行的地方税制，对那些不利于扩大投资、消费和出口的地方税要加以改革和完善，而对那些有利于扩大内需的税种，则要及时开征；按照市场经济简化税制、公平税赋的要求，尽快对外资实行国民待遇，统一内外两套地方税制、促进公平竞争、保证我国税收利益；结合我国实际，科学划分税种，合理确定地方税主体税种，保持地方税收入的适当规模；对现行的地方税税种进行改革，优化地方税制，完善地方税体系。①

■9.3 从街道经济到社区经济

9.3.1 街道经济

街道是我国城市行政区划分的最小单位，也是城市“两级政府，三级管理”体制中最基础的一级。按照国家民政部门在《城市街道办事处条例》中要求，街道工作必须“以经济建设为中心，城市管理为重点，政权建设为基础，党的建设为保证，两个文明一起上”。街道经济，正是街道办事处为了履行管理城市、服务社区和组织居民生活的基本职能，通过创办各种形式的街道企业而形成和发展起来的一种经济形式，它的立足点在街道所辖的社区和居民委员会。

1958年前后，随着大跃进兴起，大炼钢铁、全民办工业的出现，城市的广大妇女走向社会、谋求职业，中国的劳动力突增，街道办事处为了解决妇女的就业要求，把走出家门的妇女组织起来，办起街道的小企业和服务业，街道经济便由此而诞生了。街道经济由于是在小作坊、小工厂的基础发展起来的，因此，街道经济从诞生时便具有规模小、资金短缺、技术设备落后的特点。

20世纪60年代和70年代是街道经济缓慢发展阶段。由于种种原因，城市的街道集体企业和街道社会生活服务单位，曾多次被市、区收归管理，一直到改革开放前，街道经济的生存发展步履艰难。②在这种高度集中的计划经济体制下，国家对社会资源的控制又十分严格，处在体制边缘的街道经济获取资源的条件显然不能与国有企业相提并论，从而也使其长期局限于为城市居民提供日常生活服务的职能和城市经济中拾遗补缺的作用。

---

① 北京国际城市发展研究院中国城市“十一五”核心问题研究课题组：《城市税源建设与公共财政体系》，《领导决策信息》，2004年，第44期。

② 胡忠明：《现代城市街道管理》，广东人民出版社，2001年，105，106。

改革开放后是街道经济迅猛发展阶段。街道经济的资源供给条件得到了明显的改善，传统体制的逐步松动意味着国家对社会资源的控制不仅在范围上日趋缩小，而且在方式上也开始由直接转向间接，街道经济获取人、财、物等资源的约束已经大大减少。比如，现有的街道经济实体大部分是在党的十一届三中全会以后发展起来的。全党工作重点转移到经济建设上来后，为街道经济的再次发展创造了条件和机遇，短短几年内，街道经济就如雨后春笋般地发展起来。相当多的街道集体企业已改变过去那种小规模、技术设备落后的状况，不但建立了现代化的厂房和生产线，不少产品已走出了国门，畅销海外。几十年来，街道经济虽几经周折，但却顽强地生存下来，并有了长足的发展，对社会稳定、国家税收、人口就业等方面做出了重大的贡献。

上述街道经济的发展轨迹表明，如果社会需求的增长和资源供给状况的改善是改革以来街道经济的基础动因，那么街道办事处利益主体地位的逐步形成则是导致这种变化的直接动因。街道企业一开始就是由街道办事处牵头组织或兴办的，因而街道办事处事实上也一直是街道经济的管理者和获得者。然而，由于传统体制下管理权限集中在市、区政府特别是市级政府手中，基层管理往往被上级政府的“条条”所分割。作为派出机构的街道办事处在总体上只能充当执行上级政府指令的角色，而其本身并没有被明确赋予经济管理的职能，因而一些规模较大、获利较多的街道企业往往随时可能被区政府或各种“条条”收缴。尽管改革开放前街道也能从街道经济的发展中获得好处并用来提高街道和居委会工作人员的待遇，但由于街道办事处利益主体地位不明确或不稳定，发展街道经济的内在冲动上不十分强烈。改革开放以来的情况则与此形成了鲜明对比，尽管城市管理体制的改革尚处在起步阶段，而且不同城市在改革进程和改革形式上也互有差异，但改革的方向是完全一致的。街道办事处的经济管理职能正在强化，责、权、利脱节的现象也趋向缓和，特别是 20 世纪 80 年代后期开始，许多城市都相继实行了新的街道财政管理办法，其核心失去对街道财政预算内收入实行“核定技术、超收分成”。这种政策对街道办事处来说，既增加了压力，更增加了动力。在某种程度上，近 10 多年来城市街道经济的迅猛发展正是街道办事处竭力推动的结果。

综上所述，街道经济是特定经济社会背景和特定发展阶段的产物，是“行政区经济”在街道层面的表现形式，随着社会主义市场经济体制的建立和完善，社会主义生产力水平的不断提高，街道经济应该而且也必然会逐步脱离街道办事处而汇入市场经济的大系统。与此同时，作为行政区经济范畴的街道经济将随之退出历史舞台。然而，社会生产力从不发达到发达、社会主义市场经济从初步建立到高度完善将是一个漫长的过程。在今后可以预期的很长时间内，无论从城市经济的增长还是从社区服务和建设的需求看，街道经济的认识既要立足当前又要放眼长远，既要看到街道社区服务与建设事实上已离不开对街道经济的依赖这一事实，又要从战略高度促进和引导街道经济的改革和发展。

9.3.2 社区经济

1. 街道经济到社区经济的转化

街道经济与社区经济的关系问题是我国特定经济社会背景下的产物。在计划经济体制向市场经济体制转轨和行政区–社区模式主导的双重背景下，一方面街道办事处管辖范围被当作了城市社区的地域范围，街道实际上被赋予了城市基层行政区和城市社区的双重身份；另一方面，由于社会发育程度低，街道办事处又不得不充当了社区发展中几乎唯一的主体。正是在这样的情况下，城市社区发展的每一方面都要仰仗街道经济的支持，街道经济与城市社区之间形成了密不可分的关系，街道经济也因此被不少人改称为社区经济。显然，随着我国社会主义市场经济体制的完善和城市社区内源动力的增强，街道经济与社区发展之间的关系必然会出现新的变化，相应地，人们对社区经济的概念也会进行新的评价。

2. 我国社区经济在其发展过程中呈现出以下主要特点

（1）服务社区，服务社会。街道社区是城市居民生活的基本场所，也是社会众多企事业单位的驻地。社区居民在日常生活方面的各种问题，客观上需要街道社区就地及时解决；驻地单位的许多事务，同样也需要街道社区提供必要的帮助。于是街道社区经济在发展中就与城市的其他经济形式之间形成了一种社会分工，具有了一种独特的服务功能，即服务社区、方便居民、服务社会、扶助城市骨干经济。这种独特的服务功能，使社区经济具有广阔的发展空间。因为，一方面，随着人民生活水平的提高，社区居民的日常生活消费在数量和质量上将不断增加和上升；另一方面，随着经济体制改革的深入，大批中小型国有企业将出现属地化趋势，这些都会为社区经济带来新的服务内容和服务客体。因此，对于有关居民日常生活所需的早点业、家政业、维修业、集贸市场等服务业，以及驻地单位有关基础设施建设、环保设施建设、治安综合治理等各项服务工作，街道社区经济有着巨大的发展潜力。

（2）发展平稳，效益递增。既然街道社区经济的功能定位于服务社区、服务社会，那么，它便具有了持续的市场需求和稳定的供求关系。由于社区居民和驻地单位在生活和工作中会不断产生新的消费需求和服务需求，为街道社区经济不断提供新的商机，这就在客观上为街道社区经济的发展创造了条件，使其得以在发展中始终增长平稳，并不断获取新的经济效益。

20 世纪 90 年代以来，我国街道社区经济发展迅速，整体水平呈现逐年上升趋势。尤为可喜的是，近年来，虽然由于部分企业产品老化、技术力量薄弱导致营业额和产值有所下降，但其总体利润额和税收额却在大幅度增长。

（3）拾遗补缺，运转灵活。社区经济是城市经济体系中的“子系统”，大多数经济实体都属于城市经济体系中的“配属经济”形式。它把为居民服务，为社会服务作为自己的经营方向，在参与社会分工与协作的过程中甘当“配角”，拾遗补缺，做其他经济形式不易做和不愿做的工作。而这正是社区经济在竞争中得以生存和发展的法宝。几十年来，各地街道社区企业往往把那些因零散量小而大中型企业不易干的，因利润低而非工企业不愿干的，却又是社区居民和驻地单位迫切需要的经营门类和服务行业纳入自己的生产经营轨道，以此成为社会经济体系中不可缺少的有益补充。

同时，社区经济由于受到厂地空间的限制，大多数企业规模偏小，全国街道社区企业 90%多是小企业。然而小企业有灵活的特点。乡镇经济的发展壮大，主要就得益于它的灵活机制，而街道社区经济就灵活的经营机制而言，几乎与乡镇经济处于同一水平之上。因此，社区经济在生产、经营、管理、用人等方面，具有较强的市场适应能力，可以根据客户的要求及时调整经营策略，无孔不入地寻找和选择“空挡”发展自己。

9.3.3　社区经济的作用

社区经济在艰难曲折的成长过程中，始终保持着旺盛的生命力和独特的发展潜力，在城市建设和发展中所起的作用不可低估。

（1）社区经济是城市社区建设和综合管理的物质基础。随着特大型城市“两级政府，三级管理”体制的建立，街道自然成为党和政府工作的基础，市区经济和社会发展的基础，城市建设和管理的基础，社会稳定的基础。同时，社区工作的形式由过去单一的民政型转向综合管理服务型，街道工作的对象由过去主要做居民工作转向统筹协调区域性工作，街道工作的内容由过去单纯的社会事务性工作转向以经济建设为中心，三个文明一起抓。

街道工作的转型，是街道承担起了大量的与居民生活密切相关的具体事务，包括社区的环境建设、文化建设、教育建设、卫生建设和治安建设等内容。要完成如此复杂繁多的工作任务，必须要有大量的财力物力的投入，而源于区级财政的拨款却是远远入不敷出的。社区经济所提供的财源，使街道办事处具有了加强社区建设的经济实力，有能力落实有关社区环境管理、绿化管理、交通管理、治安管理、外来人口管理、建筑工地管理等方面的各项措施，从而造福一方百姓，提高社区居民的生活质量。

（2）社区经济是安置就业，稳定社会的重要渠道。发展街道社区经济，可以拓宽劳动就业的渠道，有利于化解社会矛盾，维护社会稳定。

国内外的实践证明，小企业尤其是服务型的小企业，是安置就业的主要途径。

因为传统的第三产业对劳动者知识和技能的要求不高，可以大量地安置就业。而且小型服务业所需资本规模不大，市场进入的障碍较少。因此，发展小型服务也不失为一条安置就业的捷径。街道社区经济因其服务特色浓厚而又规模不大，成为我国社会劳动力再就业的重要载体。

近年来，促进再就业的各种劳动服务型企业正在各大中城市的街道社区中迅速发展，如社区再就业中心、自立市场、再就业基地、社区生产劳动自救组织、街道家政服务部等，这些组织及其所属企业既解决了下岗职工的生活来源，又安置了社会闲置人员，缓和了社会矛盾，为促进再就业做出了很大的贡献。

据国家统计局所属美立德信息公司统计，目前京、穗、沪、沈等七个城市需要社区架通服务、维护服务、上门服务、接送服务、幼儿服务、养老服务、保健服务等 17 种服务的家庭数量占 70%，有 707 万以上的家庭可以为服务就业提供机会，各项服务累计可以提供 2000 万个就业机会，目前尚空缺 1100 万个。由此可见，大力发展街道社区的“服务经济”，完全可以为再就业创造一条宽广的渠道。

（3）社区经济是排忧解难，方便生活的手段。随着社会主义市场经济体制的建立和完善，社会分工越来越细，生活节奏越来越快，社区居民的生活需求，消费观念乃至整个社会的生活方式都在随着生产力水平的提高而不断更新，出现了家务劳动社会化的趋势，而这一新的消费趋势，必然会推进社会服务的产业化进程。

近年来，社区经济充分发挥自身的优势，通过建立广泛的社会化服务体系，以其量多面广的商业、劳动服务业、修配行业的网点以及房地产业，为社区居民排忧解难办实事，成为社区居民日常生活不可缺少的好帮手。

9.3.4 社区经济的发展

我国城市社区经济在市场化发展中面临诸多新的机遇和挑战，如何获得新的发展，必须要有新的发展思路和措施，审时度势，扬长避短，这样才能使城市社区经济进入新一轮的增长期。

1. 转变思想观念，勇于突破创新

社区经济的发展正面临政府新一轮的职能转变提供的新机遇，能不能找抓住这个时机，关键就在于社区职能部门和居民是否具有超前意识和科学预见。社区经济的从业人员首先必须从思想上破除那种自我封闭、因循守旧、僵化保守的意识，以思想的飞跃推动社区经济的飞跃。

当前，社区经济在思想观念方面必须有以下几个突破：

第一，要突破小富即安的自足思想，克服目光短浅的短期行为，用战略的目光规划好社区经济发展的长久之计。

第二，要突破单纯搞饭吃的保守思想，勇于在市场竞争中当主角，树立自己的龙头产品。

第三，要勇于跳出辖区范围，与内、外资联手发展，联合兴社。

第四，要突破依赖思想，树立强烈的危机意识，主动把握和充分利用社区经济的优势条件，在创新中求发展。

2. 改善宏观管理，调整产业结构

在市场经济体制和机制逐步确立的条件下，要使城市社区经济健康、有序地发展，对社区经济同样有一个如何加强并改善宏观管理、调整产业结构的问题。

第一，建立新型的街道社区管理机制。我国传统的街道经济，大都是借助街道办事处的财力、物力创办起来的集体经济，在管理体制上一贯实行由街道办事处直接决策和领导的模式。社会主义市场经济体制的建立和完善，要求改革原有经济运行机制和管理体制，充分发挥市场在资源配置中的基础作用，让企业成为真正的经济实体和市场主体，充分利用市场多各种经济信号反应灵敏的优点。为此必须改变原有的宏观管理模式。

首先，对于原来属于街道的经济资产，要通过建立公有资产管理委员会、投资经营公司和企业这三级网络，形成以资产为纽带的公有资产保值增值的管理运行机制。其中，公有资产管理委员会作为最终所有者行使出资人所有权，依法享有资产收益，而投资经营公司和企业则行使法人财产权，依法享有对法人财产权的占有、使用、收益和处置权。这样，既明确政企各方责权，又有利于街道集体经济健康地发展。

其次，对于那些在经济体制改革后诞生的民营经济形式，街道则完全应该放开手脚，任其在法律法规和政策方针允许的范围内自主经营、自负盈亏、自我发展。街道可以通过运用多种经济政策来引导民营经济的发展方向，为社区经济的发展营造良好的外部环境。

第二，合理调整街道社区经济的产业布局。一般来说，大中城市人口密集，住宅林立，难以找到更多的空余场地。场地成为制约城市社区经济发展的一个不利因素。为此，一方面必须合理利用原有的场地，使其发挥出更大的效能；另一方面，必须拓宽眼光，走出城区，去开辟新的发展空间。在这方面，不少先行一步的大城市提供的经验值得借鉴。

社区经济在调整产业布局中，在有限的场地上应优先发展城市社区服务业，突出社区经济的服务特色。可以在中心城区原有第二产业的厂房场地上开办餐饮、娱乐、证券、房产等第三产业，以此弥补街道企业场地小的弱点，优先发展第三产业，使城区经济结构得以趋向合理，更加突出“服务经济”的特点。对于那些有发展前途、有市场潜力的第二产业可以到郊区去开辟新的厂区，以满足其扩大规模，产品上档次的需要。

3. 转换增长方式，培育新增长点

国内外经济发展的经验告诉我们，要想使经济在有了一定的高度发展后继续保持增长态势，就必须转变经济增长的方式，增加经济运行中的技术含量，不断培育和开发新的经济增长点。我国街道社区经济在经历了20世纪90年代的快速发展后同样面临着这一问题。

第一，走集约式的经济发展道路。我国城市街道经济是借助街道行政力量创建起来的，长期注重资源和劳动力的投入，靠传统的粗放式生产方式经营。在各种资源日益贫乏、市场竞争日益激烈的情况下，要想保持城市社区经济持续高速增长，必须转变增长方式，由以资源投入为主的粗放式增长方式转变为以技术投入为主的集约式增长方式。

世界经济发展的实践表明，依赖资源的高投入的经济增长方式是难以支持企业的发展的。一般认为，企业的科技开发基金占销售收入1%是难以生存的，占2%的企业可以维持，占5%才有竞争力。我国从全国来看，研究与开发费用占GDP的比重逐步下降。从企业来看，大多数企业用于科技研究与开发的投入仅占其销售收入的1%左右，城市街道企业的技术投入更是低于全国的平均水平。这种低技术投入导致我国街道企业大多设备老化，技术落后，效率低下，产品竞争力弱。为彻底改变这种状况，必须采取以下措施，推动原来的城市社区小企业，逐步实行集约化方式。

一是大力促进企业成为科技开发的主体。转变增长方式，首先要解决企业动力问题。政府要通过改革税收、财务、折旧制度，鼓励街道企业加速科技进步和产品更新换代，鼓励企业广泛吸收新技术，新知识，不断开发新产品、新技术和新工艺。社区企业要克服规模小的劣势，利用适用技术形成自己的一技之长。

二是强化对企业的技术监督和考核。一方面，按国际标准对产品质量进行严格监督，促使企业采用先进技术提高产品的寿命、可靠性和精度；另一方面，要建立健全考核指标体系，从能耗、物耗角度考核企业利用资源的效率和污染治理达标状况，从而提高企业的技术含量。

三是创造条件实现规模效益。以前曾经把企业规模偏小当作是城市社区经济的一个优势。但突出优势的另一方面往往是突出劣势。小企业财力不足，无法进行前沿的技术开发研究，另外小企业由于产量达不到一定的经济规模不能充分利用各种资源。因此，必须鼓励和推动有条件的小企业进行横向联合和兼并，促使各种资源相对集中，增强社区企业进行技术研究和开发的经济实力。当然，规模的扩大要有一定的度，一般只有当边际成本小于边际收益时，扩大规模才能取得规模效益递增的效果。

第二，培育和开发新的经济增长点。长期以来，以街道为主体的城市社区经济主要由社区服务业、合作联社、民政福利企业构成，而且社区服务业中 80%的企业基本上是传统型的商业企业。这种传统的社区服务业为城市社区经济的增长做出了极大的贡献。

为使城市社区经济在今后的市场竞争中处于有利地位，必须注重培育和开发新的经济增长点。这里需要注意：其一，从实际出发选择新的增长点。经济的增长必须加大科技的投入，但这种增长不能只靠高科技。我国每年新型产业带动经济增长只有两个百分点，剩下的 5～6 个百分点的增长就要靠传统产业的增长。因此，培育和开发新的经济增长点，不能脱离社区经济发展的实际条件，必须根据需要和可能，加大对传统产业的改造力度，提高社区经济的劳动生产率，使夕阳产业焕发青春，生产出朝阳产品，以此作为社区经济高速增长的主要源泉。其二，要积极利用一切有利时机，开辟新的创收领域。首先，要根据社区居民消费结构、生活方式变化的新趋势，及时调整产品和产业结构。其次，要注意发挥产业链效应。在对外开放中，大型外资企业在后勤服务方面惯用的是社会化管理模式。城市社区企业应该充分重视这种产业链的效应，积极主动寻找为大型外资企业提供配套服务的机会，使产业链成为社区经济的新增长点。

4. 完善所有制形式，推广股份合作制

长期以来，我国以街道为主体的城市社区经济在所有制结构方面以集体所有制为主体，集体经济经历了形成、发展、异化等过程。经济体制转轨后，街道社区经济必须探索将集体经济与市场经济相结合的实现形式，使企业能够以市场为导向，按照市场需求配置生产要素和组织生产经营，使职工利益与企业利益紧密结合，从而为企业的发展提供强大的内部动力。在这方面，股份合作制作为市场经济条件下集体所有制的一种实现形式，值得我国城市社区经济广为采用。

5. 加强企业管理，提高竞争能力

企业管理是市场竞争的集中表现，是提高企业竞争能力的必要手段。它伴随着生产经营水平的发展而发展，至今全球企业管理理论已经经历了管理科学、行为科学、“管理职能丛林”和企业文化四个阶段。目前，随着知识经济时代的到来，管理方面的理论正在向学习型理念演变。我国城市社区经济要想在新的世纪里大展宏图，必须学习和借鉴世界上最先进的管理理念和管理方法。

第一，努力把企业建成新型的学习型组织。现代管理理论中的学习型理论认为，企业竞争的本质说到底是学习力的竞争，即企业各成员的学习动力、学习毅力和学习能力这三个要素的竞争。所谓学习型企业，是以共同意愿为基础，以群体学习为特征的横向网络系统，强调“学习+激励”精神。它的核心内容是将管

理重心下移，创造一种学习的氛围，使职工明确命运掌握在自己手中，从而自觉增强学习动力、学习毅力和学习能力。通过建立学习型企业，城市社区经济可以克服人才匮乏的不利因素，提高群体智商和创造力，从而取得更大的经济效益。

第二，优化使用企业内部生产要素。企业内部生产要素是企业生存和发展的基础，它是企业内部诸多因素的集合，包括人员素质因素、科技手段因素、财力资源因素、场地因素、管理基础因素、经营能力因素等。所有这些因素构成了企业的有形资产和无形资产，为企业的生存和发展提供着各种动力和能量。因此对这些内部生产要素的如何使用和配置，直接影响着企业的竞争能力。

第三，强化管理基础工作。首先，针对城市街道社区经济一部分企业决策随意，制度不全，奖惩不明的状况，要健全和完善各项规章制度和成本、质量考核指标体系，及时编制资产负债表、损益表和现金流量表等业务考核表，克服无章可循、有章不循、违章不纠现象，确保各项工作有人负责，有据可依。其次，要学会采用先进的现代管理技术、方法和手段，使企业的各项决策符合客观实际，使各种生产要素得以优化组合，使人的要素和物的要素的结合达到最佳状态，从而获得更大的经济效益。

第10章

物业管理

■10.1 物业与物业管理的内涵

10.1.1 物业的含义

“物业”一词，原出于香港及东南亚一带的地区和国家，自20世纪80年代引入中国内地后，其含义已日益明确。但是，谈到物业的含义，必须与房地产的含义联系起来理解——房地产由于其位置的固定性，通常又被称之为不动产（real estate或real property）。在英语中，real estate具体是指土地及附着在土地上的房屋和建筑物；real property除了具有real estate的含义外，还包括它附带的各种权益，包括所有权以及与此相关的占有权、使用权、收益权、处分权等。据此，物业的含义应该是指real property，可以界定为各类有价值的土地、房屋及其附属市政、公用设施、毗邻场地等。物业可以是未开发的土地，也可以是整个住宅小区或单体建筑，包括高层与多层住宅楼、综合办公楼、商业大厦、旅游宾馆、工业厂房、仓库等。[①]物业的概念随着房地产业的发展和我国行政管理体制的改革，不断扩充内容，一座大厦或一个住宅小区可以称作物业，一个正在使用的办公设施、经营场所、公共建筑等也可以称为物业。

① 周宇，顾祥红：《现代物业管理》，东北财经大学出版社，2001年，2。

10.1.2 物业的特点

作为土地与建筑物总和的物业，它与其他工业产品有着本质的区别，这主要体现在如下几个方面。

1. 耐久性

首先，从构成物业基础的土地来看，它对房地产开发来说，具有可以永续利用的特点，拆除某一建筑物或构筑物后，可以再建其他建筑物或构筑物。土地的寿命几乎可以说是与地球同在，因此相对于人的寿命来说，它可以看作是永恒的：其次，所开发的物业使用期限一般可达几十年乃至上百年。但物业的长期使用性在中国内地受到了国家实行土地有限期使用制度的制约，即土地和房屋本身是可以长期使用的，但对具体的某个使用者来说，又是有一定使用年限的。根据《中华人民共和国城镇国有土地使用权出让和转让暂行条例》规定的土地使用权出让最高年限，居住用地为 70 年；工业用地为 50 年；教育、科技、文化、卫生、体育用地为 50 年；商业、旅游、娱乐用地为 40 年；综合或者其他用地为 50 年。土地使用权期满，土地使用权及其地上建筑物、其他附着物所有权由国家无偿取得。

2. 建设周期性长、投资量大

物业开发建设周期比一般的商品生产周期要长得多，从土地征用到“三通一平”，到施工，到安装，到有关配套设施建设，再到竣工验收和交付使用一般需要一年左右或更长的时间。物业开发建设同时需要大量的投资，一般几千至上万平方米的一栋楼房，仅建筑安装工程造价就高达几百万元甚至几千万元。随着城市经济的发展和房地产市场的日益成熟，大中城市土地价格上涨较快，一平方米土地价格多在千元以上乃至数千元，上万元的情况也常见。近年来，由于城市建设中实行综合开发、配套建设的方针，物业开发建设中投资数额进一步增大，这一特点表现得更加突出。

3. 位置固定性

由于土地具有不可移动性，建筑物必须固定在土地上，也就形成了物业空间位置的固定性。这种固定性不是指泥土、地下埋藏物的位置不可移动，也不是指地形、地貌的不可改变，而是指土地的空间方位、位置的确定性。物业位置的固定性，使得房地产的开发、买卖、租赁及售租后的服务等一系列经济活动必须因地制宜，就地进行，而不可能像其他工业产品可以通过运输而到处流动。物业位置的固定性，也使得与之相连的管道、道路、电缆不能移动，否则就会丧失物业的全部或部分功能。

4. 价值保值性与增值性

一般说来，随着时间的推进，物业表现出明显的保值性与增值性。这是因为，随着社会生产力的发展、人口的增加和人民生活质量的提高，不论是生产还是生活，人类对土地的需求量是不断增长的。然而一定时期内，按照城市规划的要求，可用于物业建设的土地面积是有限的。由于土地面积的相对稳定性，使得土地供求矛盾日益尖锐，所以物业的价格一般也会不断上涨，具有保值和增值的倾向。但物业的保值与增值在很大程度上还要取决于供求关系等市场因素，因而从投资性这点上来说，物业同样也有贬值的风险。

5. 形式多样性

没有两个完全相同的物业存在于世界上，这是物业区别于其他一般商品的重要特性。由于地理位置、历史文化、经济社会发展水平，包括投资商的偏好、国家政策等的差异性，物业存在的形式也千差万别，既有风格的差异，也有区域范围大小之别。

10.1.3 物业管理的定义

物业管理的含义

物业管理这个名称同物业一样，是一个新概念，它蕴涵着以下几方面的内容：

（1）物业管理是通过对物业及其设备、设施的管理来为业主和使用人服务。因此，可以说它管理的对象是物——物业以及设备设施等，服务的对象是人，可以是自然人，也可以是法人。

（2）物业管理作为一种经济行为，是通过提供有偿的劳务来获取经济效益。这种劳务，无论是体力还是脑力的，都紧随着现代科技的进步和管理理念的更新，不断趋向先进。

（3）物业管理从法律角度而言，是以合同、契约为中介的信托管理。物业管理企业将按照合同、契约的规定享受其权利并履行其义务。

（4）物业管理还同社区建设有着密切的关联。社区建设中的创建“文明小区”、“安全小区”、“卫生小区”等活动都有赖于物业管理的服务水准和管理质量的提高。

物业管理的区域有居住型、非居住型和综合型三大类。

（1）居住型。用作居住的物业或物业小区（也可称作住宅小区、住宅群等），可以是多层建筑或高层建筑，也可以是独立式或连体式的花园别墅所组成。居住型物业小区不包括与之配套的生活服务网点，如商店、学校、医院等。

（2）非居住型。除居住用途之外，物业与物业区域的其他使用功能大体可有这样几类：商办性质的，如商场、购物中心、办公楼、商务楼等；文教卫生性质的，如影院、剧场、体育场馆、宾馆酒店、度假村、学校、医院等；生产性质的，如厂房、仓储、机场、码头、车站等。

（3）综合型。由居住型和非居住型物业混合在一起。这种类型的物业区域，有些是由于城市开发建造过程中规划不周密而造成的，有些则是因其特殊需要而形成，如学校内有宿舍，同一小区内既有住宅又有商办楼。

综上所述，物业管理可定义为：它是指专门机构受物业所有人的委托，依照国家有关法规和合同，运用一定的管理方式和手段对物业的房屋建筑及其设备、设施和周边环境进行维护、修缮和整治，并且向业主和使用人提供多方面的综合性有偿服务，以创造一个适合人们生活、工作的社区环境的过程。

10.1.4 物业与物业管理的区别与联系

1. 联系

首先，物业管理是对现有物业进行管理。如果没有物业，物业管理就失去了实施对象，物业管理也就无从谈起。其次，物业管理可以延长物业的使用寿命，使物业保值、增值。物业借助于管理使其保持良好的使用功能。再次，对于开发商，良好的售后物业管理是房屋销售的最有利的促动因素，是对房屋销售的有力支持。因此，许多开发商将物业管理看作是销售的后续环节。

2. 区别

首先，本质不同。物业具有实体性，是指各类有价值的土地、房屋及其附属市政、共用设施、毗邻场地等，可以比喻为硬件，是有形资产。而物业管理是指一类行业，属于第三产业中的社会服务行业。为物业的所有业主、租户和居民提供服务，其工作范围相当宽泛，工作性质多元化，可以比喻为软件，更多情况下，提供的是无形的服务。

其次，服务对象不同。物业既可以为生活服务，也可以为生产或行政管理服务。既可以充当生产资料，又可以充当消费资料，当物业是住宅时，就是消费资料；是厂房、商店时，就是生产资料。有的物业可以是生产资料，也可以是消费资料。例如，某一整体物业，一部分用于住人，一部分用于生产经营，有的物业今天是生产资料，随着经营方式和经营范围的变化，明天又可能是消费资料。

而物业管理的服务对象是物业的所有人和使用人，是针对物业所有人或使用人在使用物业的过程中所产生的对物业各方面功能的种种需求而发生的管理与服务。

再次，效用性不同。物业的效用性是指物业可以对人类各种活动提供的使用价值，即人们因占有、使用物业而得到某些需求的满足。

物业管理是对现有物业进行管理，围绕正常发挥物业的功能而对业主实施的各种管理与服务，使物业的使用者能够保持正常的生活和工作秩序。

最后，价值实现方式不同，物业价值是由物业的效用、物业的相对稀缺性和物业的有效需求三者共同决定的。物业价值=物业自身价值+物业管理价值。物业的价值还包括在其建造过程中所发生的工程建设费用，主要受物业形成时工程成本的影响。

物业管理价值是物业管理公司通过完善的管理和优良的服务，不断地完善和增加物业的功能，使物业效用最大限度地发挥，从而增加的那份物业价值。相对来说，物业管理为物业所提供的增值空间取决于管理理念和管理水平，具有人为因素，即通过管理行为可以改变物业的价值。

10.1.5 物业管理的性质

1. 物业管理的基本属性

物业管理属于第三产业的服务性行业，其基本出发点是根据社会生产力发展水平和人们对工作和生活需求的变化，运用现代管理科学、环境生态科学等先进的维修养护技术，运用经济手段来管理房产物业，为物业业主、用户以及居民提供所需要的全方位、多层次的管理服务。同时，物业管理企业运用物业独特的造型设计以及整体规划，向用户展示物业的历史和本地区人们的文化习俗。另外，可以在居住物业中通过举办文化艺术活动，让居民在浓郁的艺术氛围中受到熏陶。由此可见，物业管理是集科学性与艺术性为一体的，除具有管理的性质之外，还附加有许多非实物性、不可见的、包含人文科学的延伸在内的特殊性质的服务。

2. 物业管理的经济性质

物业管理的管理对象是物业，服务对象是人，物业管理是集管理、经营、服务于一体的有偿劳动。物业管理的经济性质表现在：物业管理坚持有偿服务原则。这是市场经济条件下第三产业的基本特征，也是行业存在的基本条件，经济性为物业管理的收费提供了依据，为维修、保养物业提供了资金来源，为延长物业的使用寿命提供了经济保证；良好的物业管理为用户提供必需的物业使用功能，使物业满足人们需要的能力不断提高，从而达到物业增值的目的；良好的物业管理可以提高物业投资的经济效益，使物业投资得以较快地回收。

3. 物业管理的社会性质

物业管理工作是一项社会性很强的工作，它涉及方方面面。首先，它是城市精神文明建设的一个重要标志，通过物业服务使城市的建筑物保持良好的外观形象和使用效能。其次，它是保障物业业主合法经营、人民生活安定、社会稳定的重要一环。再次，物业管理还承担社会管理的使命。就具体工作而言，物业管理公司要和各级政府、政法、公安、医疗等部门加强联系，随时向物业的使用人传达新的政策和法令，协助开展工作。比如，当某种传染病流行时，物业管理公司就可以和医疗单位取得联系，通知并组织住户及时采取预防措施。还有诸如预防接种、普及医疗教育等。此外，公民选举、入门普查等社会工作，都可以由物业管理公司来组织实施。由于物业管理公司有详细业主档案，且对于所管物业的使用、居住、工作人员比较熟悉，对于侦察犯罪也会有所帮助。

4. 物业管理的生态环保性质

追求人类自身发展与所处的生态环境相和谐是物业管理的既定初衷，也是物业管理追求的最终目标。物业管理工作架起了外部环境和家庭内部环境之间相互协调的桥梁。

物业管理生态环保性质表现在：物业管理比较注重环境卫生和周围绿化的管理，对美化市容具有不可低估的环境效益；物业管理规范了业主自身行为，对业主提出物业使用的外部、内部的规范性要求，使其与整个物业的环境相和谐。

10.1.6 物业管理的作用

与传统的房屋管理模式相比，现代物业管理更适合于市场经济体制下对存量房地产的管理，更体现出物业管理具有许多传统房屋管理所不具备的巨大作用。从国外和国内开展物业管理的实践看，物业管理的巨大作用主要体现在五个方面。

1. 物业管理可以确保物业功能的正常发挥，并且延长物业的使用年限

物业建成后，一是要受到自然环境因素的作用而发生损坏，如震力、重力、风力、大气与水的侵蚀作用等；二是在使用过程中要受到人为因素的作用而受到破坏，如设计、施工质量较差，建筑材料不合格，使用不当等情况。因此，随着时间的推移，房屋的结构部位、围护部分、装修、上下水及其设备管道等，就会影响物业功能的正常发挥，诸如电梯中途停止运行，便池漏水，屋面漏雨，门锁开关失灵，煤气、供热、空调、供水、供电中断，阳台栏杆、雨栅倒塌，装饰层脱落等，不仅作用功能不能正常发挥，还会过早达到危房程度或损坏，甚至酿成伤害事故，以致影响用户生活（住宅）、工作（写字楼）与生产经营（商用与工业物业）的正常进行。而良好的专业化、综合性的现代物业管理则可以有效地解决上述问题。物业管理向业主和用户所提供的管理、服务，不仅确保物业功能的正常发挥，还可以通过不间断的经常性养护使得物业的寿命延长，经济学上称之为物业增值。这种作用之所以能够实现，源于物业管理的几个特点：一是物业管理企业拥有专业服务人才，可以提供专业性服务（如特殊设备的养护、维修、更新）；

二是物业管理企业作为业主委员会聘用的企业，可以及时向业主、用户提供服务，避免了“扯皮”现象；三是物业管理打破了传统管理体制的条块分割，对所统管物业实施综合性、一体化的管理，提高了工作效率。

从国内外的实践来看，物业管理的这个作用是十分明显的。在物业管理较先进的深圳，各类物业呈现一种“常用常新，井然有序”的景象，这与一些不搞物业管理的地区，物业“一年新、二年旧、三年破”的现象形成了鲜明的对比。

2. 物业管理能够为物业的业主和用户创造并保持一个安全、舒适、文明、和谐的生活与工作的环境氛围

物业管理的主要任务，就是通过对物业的管理，对住用人的服务，为业主和租户创造并维持安全、舒适、和谐的居住、工作的环境和氛围。物业管理之所以能够起到这种作用，有两个方面的原因：

其一，物业管理通过管理和服务，为业主和用户提供了良好的“硬件”环境。清洁卫生的环境、功能正常发挥的附属设备、高水平的公共设施服务、良好的社区活动场所以及康乐设施。这些硬件环境可以为居民提供舒适的居住环境，为租户提供更有效率的工作环境。

其二，物业管理的工作通过其管理的物业推动和协调在这些物业内进行各类活动的业主、用户、租户之间的社会关系、人际关系，建立起互惠互利、和谐共处的邻里关系，使物业得以发挥良好的社会效益。这就是物业管理向业主和租户提供的“软件”环境，从目前国内居住物业管理的实践来看，多数物业管理企业都为业主，用户开展了多种多样、丰富多彩的社区活动，成为业主和用户信任、依赖和倍感亲切的一个社区组织。这已成为中国物业管理的突出特点，许多物业管理公司管理的小区，有着浓厚的人文环境氛围，开展各类文化活动。利用公众节假日，物业管理公司举办文学艺术活动、体育旅游活动、科技知识活动等，既增进了居民间的友谊和感情，又培养和增强了他们现代意识，竞争意识、文明意识和道德意识。

物业管理在工作与生活的环境和氛围的营造中产生的社会效益是巨大的。“住宅是塑造人的工厂”。住宅社会学的研究表明：良好的居住环境，不仅能减少人的烦恼、焦虑、矛盾、摩擦以及某些危害社会的行为，还会形成互助、互谅的社会风气，促进身心健康。这是社会稳定和人民生活素质提高的重要前提和保证，也是社会公德建设的一个重要内容。

3. 完善的物业管理可以使物业保值、增值

物业管理的“保值”、“增值”作用有两个方面：一方面，物业管理的养护、维修、更新，延长了物业的使用寿命，避免了其有形的价值损耗，起到了保值、

增值作用；另一方面，也是更为重要的方面，则在于物业管理的管理、服务、经营，不仅创造和维持了良好的住用环境，而且其对物业的重新装修、功能改造和设备更新等都起到了始终保持经济上的适应性的作用，避免了物业因经济上的不适应和环境不配套而产生的功能上、经济上的减价和折旧，形成无形损耗。这是物业管理对物业保值、增值所做的最重要的贡献。

4. 物业管理有助于提高城市管理的专业化、社会化、现代化水平

从宏观的角度上分析，物业管理是城市规划、建设的合理延伸，是城市管理的重要组成部分之一。

良好的物业管理可以使城市建设中大量投资所形成的物质实体——各类物业得以发挥最大的经济效益和社会效益。

良好的物业管理作为一种先进的市场经济体制下的管理制度，促进了管理的专业化、社会化，提高了管理的效率。这对改革我国的城市管理，提高其效率是一个有意义的启示和范例。同时，如果我们把城市管理的具体内容分为建成区管理、在建区管理和市政设施管理三大部分，那么物业管理作为建成区管理的主要内容而构成了城市管理的重要组成部分，填补了行政管理、纪律管理、司法管理之间的一个空白点：对家庭周边的服务与管理。这一部分的管理十分重要，对于保持社会稳定和城市景观改善的意义重大。

5. 物业管理可以拓宽劳动就业领域，吸纳较多的城乡剩余劳动力

城市的发展离不开第二产业的发展与发达，城市的繁荣则离不开以第二产业为基础的第三产业的兴旺与发达。世界各国经济发展的历史和现实都证明，发达国家第三产业的增加值已达到当年国内生产总值的 65%左右，发展中国家也已达到 40%以上的水平，而我国只有 30%左右。这说明，我国解决城乡剩余劳动力就业问题的主要途径和措施就是大力发展第三产业。物业管理是城市服务业的组成部分，作为第三产业的一个部门，在吸收城乡劳动力就业方面可以起到十分重要的作用。

物业管理服务范围的扩大，拓宽了劳动力的就业领域，物业管理涉及的范围很广，物业的管理及附属设施的维修、养护本身就需要大量的劳动力，与物业管理相联系的社区更为劳动力就业开辟了广阔的天地。

10.2 物业管理的产生与发展

10.2.1 物业管理的产生

物业管理作为一种房屋管理的模式，在世界上已有一百多年的历史。它最早

起源于英国。19 世纪 60 年代，欧洲的资本主义进入高度增长时期，尤其是英国，对劳动力需求猛增，大量农村人口涌入城市，使城市原有的各种住房及其设施不堪重负。一些开发商趁机修建了一批简易住宅低价租给贫民和工人家庭居住。由于简易住宅设施简陋，环境脏乱，使得承租人拖欠租金严重，甚至人为破坏房屋设施的情况也时有发生，业主利益受到严重损害。当时有一位名叫奥克维亚·希尔的女士迫不得已为其名下出租的物业制定了一套规范租户行为的管理办法，要求承租人严格遵守，居然行之有效，取得了意外的成功。这套方法不仅改善了居住环境，还缓和了业主与承租户之间的对立关系，很快被其他业主仿效，并引起政府有关部门的重视。物业管理这一行业从此诞生，被普遍推广于世界各国，并不断发展成熟。

现代意义的物业管理在我国起步较晚，开始于 20 世纪 80 年代初期。1980 年，计划经济逐渐向市场经济过渡，城市建设事业迅速发展，房地产经营管理体制的改革步伐加快。1981 年 3 月 18 日深圳第一家涉外商品房管理的专业公司——深圳市物业管理公司的成立，标志着物业管理在中国大地的兴起，也意味着现代意义的物业管理在中国诞生了。作为一个新兴的行业，物业管理刚开始还只是在沿海部分大中城市中出现，并且还只是作为房地产开发的附属，尚未在全国普遍推广。1990 年，物业管理的独特功能逐步引起人们的关注。1993 年建设部房地产业司在广州召开第一届全国物业管理研讨会和深圳市物业管理协会的成立标志着我国物业管理进入了新的时期。1994 年 4 月，建设部颁布了我国自 1949 年以来第一个物业管理规章《城市新建住宅小区管理办法》，确立了物业管理在房地产行业中的独立地位。1995 年又把物业管理提到城市管理体制改革的配套工程这样一个高度，要求全社会给予关心和支持。1997 年又要求物业管理在广度上从新建区向建成区延伸，并向市场化方向发展。目前，物业管理这一与千家万户有着密切关系的行业，已得到各级政府、房地产业人士的高度重视，也为广大群众极大关注和支持，它必将更为蓬勃地向前发展。

10.2.2　我国物业管理业的现状

我国解放以后，由于在住房问题上过分强调福利性，否认了它应有的商品属性，结果否定了房地产业作为一种产业的地位。长期的福利制低租金分配住房政策，使得国家在住房建设上只有投入，没有产出；住房建成分配使用后，国家还要承担对房屋管理维修的费用。结果住房建得愈多，压力愈大，当失去管理和维修的能力时，就会出现大量房屋失修现象。据 20 世纪 80 年代初统计，全国直管公房失修失养率达到 50%以上。房产管理部门是国家机关，不关心经济效益，全行业长期亏损，无法核算经济效果，靠吃国家财政过日子。职工吃房租，修房靠补贴，职工的经济利益与单位的经济效益不挂钩，房管单位缺乏内在的动力和外部竞争压力，不抓经营，不研究管理，房屋淘汰速度加快，房屋倒塌伤人事件时有发生。这种管理体制既给国家财产造成了重大损失，也使住户很不满意，改革的必要性已非常明显。

改革开放以来，随着经济体制改革的展开，特别是城市土地有偿使用和住房商品化改革的实施，房地产业作为一个行业的地位逐渐得以确认，房屋与城市土地的商品属性逐渐回归。社会主义市场经济体制的确立，极大地推动了房地产业的发展。适应这种发展状况，房地产管理也从单纯的行政管理开始向经营管理转变。

但是，从当时的情况来看，在房地产综合开发过程中，仍然普遍性地存在着“重建设、轻管理”的现象，加上传统消费观念、管理体制、管理经费等方面的原因，房屋管理依然力量薄弱、手段落后、制度不健全，建设与管理脱节的情况还比较明显。随着城市建设的加快，特别是高层办公楼、商业大厦及住宅小区的涌现，使这些问题更加明显。造成这种后果的根本原因是房产管理体制存在缺陷，开发单位“只管出售或交付使用，而不管售后服务”。

房地产业的迅速发展，加快了建设现代化城市的步伐，也使“管好房”显得更加重要。结合新的形势，反思传统的思维方式和管理体制，人们发现要做好这一工作，必须改革房产管理体制，转换机制，将管理体制从原来的行政管理模式转向专业化、社会化的管理模式。

20 世纪 80 年代初期，我国开始探索和尝试物业管理，并首先从住宅管理开始实验。在这一过程中，为破除传统住宅管理体制的弊端，借鉴国外的先进经验，探索一条专业化、社会化、经营型的住宅管理新路，作为经济特区的深圳和沿海开放城市的广州，首先借鉴香港的经验，推出了物业管理业务。

1981 年 3 月，深圳市第一家涉外商品房管理的专业公司——深圳市物业管理公司诞生。该公司作为一家以管理商品房为主的公司，它在经济上独立核算，自负盈亏。它借鉴香港先进的房管方法和经验，并结合特区的实际情况，对旧体制进行了改革。改革的核心是政企分开，所有权与经营权分离，由单纯管理性公司向服务经营型公司转变，按照商品化、企业化管理的原则，建立起“综合收费，全面管理服务，独立核算，靠企业自身经营运转”的商品化房管体制。新体制理顺了市场经济形势下房产经营部门与管理部门之间、管理部门与业主、租户之间的关系，使房地产管理工作从过去的行政性、福利性，走上了专业化的有偿服务的管理轨道。

1985 年底深圳市房管局成立后，对全市住宅区进行调查研究，肯定了物业管理公司专业化、社会化、企业化的管理经验，并在全市推广这种做法。深圳市房管局还进一步从财务管理、监督、专业队伍的组织、目标承包管理责任制的推行等方面予以调控，以加快住宅区管理向规范化、制度化、专业化方向发展。到 1988

年，由企业实施管理，房管局进行监管的住宅区管理体制在深圳市已基本形成。

广州于 1981 年开始在新建的东湖新村试点实行新型住宅区管理方法。开发商东华公司参照香港屋村管理经验，在新村内组建了管理处。管理处的职责主要是维护小区规划布局和楼房外貌，制止乱搭乱建；负责楼内公共区域和楼外道路、空地的清洁卫生；统一种植和管养花木，美化、绿化环境；统一实行治安管理；向住户提供多种服务。尽管初期的管理水平较低，但仍然受到好评。这引起了有关部门和社会的重视。1984 年末，广州房地产经济研究会到东湖新村进行考察，写出了论文《城市住宅管理要向多层次的综合服务与经营管理型发展》。这篇论文在全国范围内对东湖新村的物业管理起到了很好的宣传作用。接着，广州市的房地产研究团体和行业协会又积极向政府提出推行新型住宅区管理的建议，并于 1986 年 10 月初与市房地产管理局联合召开了“广州市住宅小区管理和服务专题研讨会”。会后，市房地局和房地产研究会联合向市政府提出抓好住宅小区管理和服务的专题报告，同时编印出版了《住宅小区的管理和服务》一书。1986 年以后，广州市政府、市建委和房管部门把住宅区管理提到议事日程上，不断组织经验交流，出台措施，推动物业管理工作的开展。

在受到不断肯定的背景下，东华实业股份有限公司在开发建成广州五羊村住宅小区后，立即组建了东华物业管理公司，对该住宅小区进行专业化物业管理。东华物业管理公司在实践中不断完善小区的物业管理模式，塑造了优美整洁、文明安全、方便舒适的小区居住环境。五羊村在 1988 年广州市住宅小区评比中获第一名；1991 年获“广东省优秀住宅小区”称号；1992 年又荣登国家模范文明住宅小区的榜首。

1993 年 6 月，深圳市物业管理协会正式成立，它表明我国物业管理进入了一个新的时期。在深圳、广州等沿海城市几年的试点后，1994 年 3 月，建设部颁布了《城市新建住宅小区管理办法》，指出了推行物业管理的重要意义，强调新建小区必须推行物业管理。在这种形势下，住宅小区推行社会化、专业化管理模式，由物业管理公司实施统一专业化管理成为深化房地产管理体制改革的一项重要政策。其含义也在不断拓展——已不再仅指住宅小区的管理，而且指商业大厦、办公楼宇、旅游酒店以及工业大厦的管理，从管理制度和法规上也有了一个统一的要求，尽管这个制度并不完善。到目前，全国许多大中城市都在积极推行物业管理，取得了很大的成绩。专业管理公司的数量迅速增加，规模也在不断扩大，物业管理市场的竞争局面初步形成。

从深圳诞生我国现代第一家物业管理公司起，我国的物业管理走过了 20 多年的历程。尤其是近年来，我国的物业管理业有了长足的进步，在借鉴香港、新加坡等地区、国家的经验基础上，初步形成了具有中国国情特点的物业管理体制和模式，总的来说，有以下几个特点：

（1）开发管理一元化。迄今为止，开发商包揽建成后的物业管理业务的所谓“谁开发、谁管理”已是不争的事实。这种做法，在相当程度上适应了市场经济的需要。由于管理主体就是房地产开发商，因而能从开发之前的规划设计、布局造型等方面一开始就为今后的物业管理考虑，并在施工建设过程中，在材料的选择、设施的安装以及施工质量等方面进行监督，为售后的物业管理打下了基础。当然，这种体制在法律、管理、服务质量、人员素质等方面存在许多问题。在业主委员会成立之后，应当进行招投标方式重新确定物业管理企业。

（2）多种模式并存。由于一方面大量建成的楼宇投入市场，作为商品房出售，售后管理纳入物业管理轨道，另一方面原有的尚未售出的直管公房还要继续按原来的管理体制操作，因而出现了多种物业管理模式并存的局面。①由原房管部门转制而成的企业化物业管理模式。这种模式在加强对直管公房的修理和出租管理的基础上，面向居民扩大经营服务范围，实行有偿服务。②由房屋管理部门组建的专业化物业管理企业模式。这种模式的做法是，房产开发公司、业主、物业管理公司与街道办事处、派出所等单位共同组成住宅区管理委员会，对住宅区物业管理的重大问题做出决策。物业管理公司自主经营，自负盈亏，可以通过开展各种有偿服务、多种经营来筹措经费，增强竞争能力。③由房地产发展商组建的企业化物业管理企业模式。这种专业性的物业管理公司不仅可以管理开发商自己建造的物业（如前所述），一些规模较大、资质较好的物业管理公司还不断拓展市场，扩大经营规模。尤其是一些外资或中外合资的物业管理公司，以其卓越的管理水平和服务质量在高档物业的管理中占据了较大的市场份额。

上述三种模式中，第一种模式由于仍是代表政府经营公有房产的企业，仍未跳出单位的房屋管理、服务、维修的老路子；第二种模式把过去以产权为依据的行政性福利型管理，改为按地区进行的有偿服务的专业化管理，较好地适应了市场经济的要求和产权多元化的发展趋势，不失为可以选择的一种模式；第三种模式的物业管理公司，在与其母体脱钩后资金独立经营、自负盈亏，走市场化道路，在有关法制不断完善，与社会各方面配合协调得当的作用下，将会显示出无比的优越性，这也是新建物业管理模式的主要方向。

（3）标准的多层次性。由于物业质量与居住水准的多层次性，从一般新村居住房到高级豪华的公寓别墅，从普通办公楼到高档涉外写字楼，对物业管理的要求差距很大。目前一般形成这样三种层次：①保障型或称经济型，即物业管理将做好最基本的物业维修保养，环境清洁安全等工作，以保障基本生活要求。②改善型。在保障型基础上根据需求逐步提高管理服务的标准，以适应生活改善后对居住小区的改善要求。③舒适型。以高标准、高质量进行服务管理，其中一部分同国际接轨，实施全方位的管理与服务，创造舒适宜人的物业环境。

■10.3　物业管理基础理论

10.3.1　物业管理的原则

为了保证我国物业管理行业的健康发展，结合我国国情和物业管理的现状，物业管理应包括以下几项原则。

1. 经济效益与社会、环境效益并重的原则

物业管理作为一种市场化的经济行为，当然要按照企业化的原则来操作，要重视经济效益，否则物业管理企业难以生存、发展。但是，在注重经济效益的同时，不应忽视社会效益与环境效益，要正确认识这两种效益的重要性以及它们与经济效益的关系：

（1）社会效益在于通过管理治安、交通、卫生、绿化以及繁荣社区文化等工作，解决居民对生活、生产、教育娱乐等方面的要求，从而促进小区在社会生活中的积极作用，有利于倡导文明的社会风尚和亲善的人际关系。要正确认识社会效益的重要性，物业管理就不能单纯考虑经济效益，有些事情虽在经济上只有蝇头小利甚至无利可图，但却有很大的社会效益，物业管理就应尽力而为。

（2）环境效益在于融洽小区的社会生活与城市环境、生态环境之间的关系。物业管理既要开展多种经营，以满足小区内业主和用户的需求，以此增强企业的经济效益，同时又要创造一个整洁、优美、健康卫生的环境。要正确认识环境效益的重要性，物业管理同样也不能只考虑经济效益。有些事情虽然经济上有利可图，但污染环境，破坏生态平衡或者影响到居民的平静生活，则坚决不为。

经济效益和社会效益、环境效益三者是相互影响、相互制约的。将这三者组成一个有机的整体，不因此失彼，或因彼失此，摆正三者之间的关系，即在经济效益的基础上讲究社会效益，追求环境效益，这是物业管理应追求的目标。物业管理企业是独立核算、自主经营、自负盈亏、自我约束、自我发展的经济实体。因此，物业管理企业在实施管理和提高服务的同时，必须依照市场经济规律的要求，实行有偿服务，按照谁享用、谁受益、谁负担的原则，由使用人、受益人分担物业管理费用。作为经济实体的物业管理企业，其是否实现利润是衡量物业管理企业市场经济成效的重要标志之一，所以物业管理企业无论从何种角度来经营，必须以企业未来利润的最大化为目标。

2. 公平竞争原则

既然物业管理是市场经济的产物，就应鼓励公平竞争，优胜劣汰。对物业的

经营管理权通过招投标的方式获得，就是把选择权交给物业的业主，这是市场经济遵循的基本原则。1994年1月，深圳市住宅局成功地组织了全国第一次物业管理项目招投标，效果相当好。这种方式已在《深圳经济特区住宅区物业管理条例》中以法规的形式确定下来。通过招投标的方式获得物业管理和经营权，不仅可以激励企业加强内部管理，提高服务水平，增强自身实力，而且可以使我国的物业管理企业同国际惯例接轨，给所有的物业管理企业以平等的参与机会，让物业管理行业走向世界。

3. *以人为本的原则*

“以人为本”的管理哲学作为一种思想，许多年来，被众多的企业家在不同的企业成功地运用。概括地说，它的内涵是：第一，人是企业的根本，企业因人而存在，也因人而衰落；第二，人是一切活动的出发点和落脚点，企业存在的目的就是满足人们的需求，企业也因提供需求而得到回报；第三，人既是管理的主体，也是管理的客体；第四，管理的目的就是为“人”营造出一个符合要求的环境或制度。

以人为本，服务第一的原则，要求物业管理企业的一切工作都要以业主、用户利益为重，一切为业主和用户着想，以上乘的服务和优质的管理，营造一个安全、舒适、方便、整洁的工作和生活环境。物业管理服务面对的是具有不同职业、不同年龄、不同文化层次的人，应当针对不同的需求，创造多样性，全方位服务的特点。

在物业管理领域，由于物业管理的实质就是由“人”提供对“物业所有人”服务的管理，它的核心内容是升华了服务与被服务时人与人的关系。因此，在物业管理领域，“以人为本”的管理理念可以得到更好的演绎，有更多的发挥空间。几家经营比较成功的物业管理公司，其成功的原因就是在物业管理中提出的建立起以“人”（包括住宅区的住户和物业管理从业人员）为中心的管理，始终把“人”摆在物业管理的主导地位，一切工作都紧紧围绕着人的客观实际和需求展开，这是当前建立科学、完善的物业管理体系，提高物业管理行业整体水平的成功经验。

在物业管理工作中遵循“以人为本”的管理思想，就要在管理工作中，尊重人，理解人，关心人，在有形的服务中灌输无形的经营理念，营造和谐温馨的物业人文环境，增强物业的凝聚力。在住宅开发过程中，充分考虑人们的各种需求，使建成的物业符合人们生活和工作的各种要求，让住户置身于环境优美的家园中。物业管理企业可以围绕物业开展各种具有特殊文化内涵或经济内涵的活动，给物业注入理念和文化，使静态的物与动态的人更贴近，使服务者和被服务者更贴近。

4. 民主管理的原则

物业管理既需要物业管理企业专门管理人员和工程技术人员，通过现代化的专业设备进行专业化管理，也需要业主和用户的群众性参与，两者应紧密结合，相互促进。特别是随着社会的发展和人们整体素质的提高，公民参与管理的欲望和能力都得到了空前的提升。另外，关乎各业主的重大利益问题也需要业主委员会做出决策。

5. 业主自治管理与专业管理相结合的原则

业主在物业管理中应处于主导地位，在住宅物业辖区内或多个业主共同拥有的物业内应成立业主委员会，以业主委员会为权力核心，由业主委员会聘请专业物业管理企业实施管理。业主自治既体现在对重大问题进行决策和对物业管理进行监督上，也体现在签订和遵守业主公约上。物业管理企业在接受了业主委托后，应按照业主的意志和要求，通过专职的管理人员，对物业实施专业化的管理。

6. 统一的、全方位、高层次管理服务的原则

随着房地产市场的发展，住房制度改革的深化以及物业产权私有化的扩大，一方面，一项物业拥有多个产权单位或个人；另一方面，一项物业的整体结构相连，其设备也互相贯通，具有整体性。这就决定了对物业的管理只能通过统一、综合的管理，才能使物业与环境相协调，充分发挥物业的功能作用，而不能继续沿用传统房屋管理的各自为政，分散管理的办法。同时，随着人们居住条件的改善，生活水平的提高，人们对物业管理的要求也会增加。因此，除了物业管理的基本业务和专项业务，即物业的日常维护保养和治安、环境、消防、绿化及车辆交通外，人们还会要求增加一些特约服务和便民服务，诸如车辆保管、房屋代管、代购商品、家庭护理、接送小孩以及教育、卫生、娱乐、商业网点等，物业管理应实行统一的、全方位、高层次的物业管理服务，以满足业主的不同需要。

7. 实行合同制聘用的原则

物业管理企业通过合同或契约的签订，用法律契约的方式来明确业主和物业管理企业的权利、责任和义务。接受业主的委托后，按照业主的意志与要求对物业实施管理，从而摆正了“主人”和“管家”的关系。业主是“主人”，管理人员只是“管家”。这种变行政性管理的终身制为企业化经营的聘用制，有利于形成富有活力的竞争市场。由于业主有权选择物业管理企业，所以物业管理企业就必须靠自己良好的经营和服务来获得业主的信任，才能挤入和占领物业管理市场。这样可以从根本上促进服务态度的改变，促进服务质量和管理水平的提高。

10.3.2 物业管理的模式

物业管理模式也就是物业管理类型，是根据房产经营管理体制的特征而划分的不同管理类型。物业管理类型是和国家的房地产管理体制紧密相连的，是关于对房地产全过程管理而拟定的规章、制度、方法的完整体系。物业管理模式按以下三种方式划分：

1. 按房地产管理体制发展过程划分的物业管理模式

由于房地产产权主体的不同，我国的物业管理模式有以下两种类型。

行政–福利型管理模式。在我国传统的房地产管理模式下应运而生的管理模式是行政–福利型的，是与房屋使用和住房分配的福利性质相联系的模式，这种模式的典型特征是：房屋的分配是行政性或福利性的，管理是行政性的，房屋的产权归国家所有，使用权归使用人。房租低廉且不能满足房屋日常维修的需要。在这种模式下，物业管理的经费主要来自财政拨款，使国家在投资建造房屋之后，还要继续提供房屋的维修费用。在房地产投资领域，不能形成资金的良性循环。

行政性和专业化管理相结合的模式。这种模式出现在我国的住房制度改革以后，主要适用于单位自买、自建的自管公有住房，这种模式的特点是：房屋的产权部分商业化，由独立核算、自我运转的专业管理部门对房屋进行综合管理，有偿服务。这是半市场化的物业管理模式。在这种模式下，房屋的维修费用大部分来自所收取的房租，但由于房租的水平过低，还需要产权单位补贴一部分物业管理费用。

2. 按物业用途划分的模式

物业有多种用途，物业的类型按用途来划分，分别有居住物业、商业物业、工业物业、特种物业等。物业管理也可以依据用途来划分管理的类型。

（1）居住物业的管理。居住物业是指居民可以在其中生活的空间和与之相连的生活必要条件，即住宅以及附属的设备和设施。对此类物业管理的中心工作是为业主提供舒适、安全、便利的居住环境。这种物业是目前物业管理企业所经办的主要类型。所管理的对象可大可小，小到一栋住宅楼或一个住宅单元，大到一片居住区，像住宅小区或一个区域。

（2）商业物业的管理。商业物业的管理包括商业卖场、写字楼、贸易中心、会展中心、餐饮服务场所等能够带来经济收益物业的管理。在这种模式下的管理，突出的是物业为经营活动的开展所能做出的贡献以及物业的保值增值的潜力。管理的中心内容是为房屋的使用人提供进行商业活动的基本条件和配套服务，时刻保持物业的良好运转状态和精致美观的外部形象。

（3）工业物业的管理。随着生产企业数量的增加和生产方式的改变，生产企业只负责进行生产，对工业物业实行托管的模式逐渐被大型现代化企业所接受，使这些企业能集中精力进行生产加工和产品开发，而把日常的企业生产用的房屋维修、设施、环境、治安、配套服务的管理业务交给专业化服务公司。

（4）特种物业的管理。特种物业是指除了上述几种类型物业之外的房屋及其附属设施，主要包括：

A 文化教育类物业，包括学校、图书馆、博物馆、档案馆、文化馆等。

B 体育类物业，包括体育场馆、健身房、游泳馆、网球馆等。

C 卫生类物业，包括医院、卫生所、疗养院、药检所等。

D 娱乐类物业，包括影视剧场、歌舞厅、卡拉 OK 厅、游乐场等。

E 其他物业，包括行政办公场所、机场、码头、高速公路、水利、农田基本建设设施、公用建筑、园林、寺庙、教堂、宗祠、山庄、教养院、监狱、公共墓地等具有特种用途的房屋建筑物。

3. 按运行方式划分的模式

市场化、专业化、社会化的管理模式。这种模式是我国物业管理发展模式的终极目标，是在房屋产权关系理顺、经济关系明晰、产权人权益相对独立的前提下按照市场经济规律运作的管理模式，目前对住宅物业管理已粗具雏形。这种模式的特点为：房屋的所有权完全归所有者所有，由具有法人资格的专业化公司对其实行统一管理与服务。同时，这种服务在房屋维修的基础上扩展到市政、环卫、治安、供水供电、配套设施、特色或特约服务等全方位的综合服务和管理。这种模式下的管理，由按照独立核算、自负盈亏、自我运转、自我完善、自我发展的现代企业制度原则建立的物业管理企业来实施。

三种不同的管理模式来自于不同的改革阶段和不同的外部经济条件，随着市场经济体制的逐步完善，完全市场化的管理模式必将成为物业管理行业的主要模式。

10.3.3　物业管理的基本环节

物业管理是一个完整的系统工程，从物业的规划设计开始到物业建成投入使用后管理工作的正常运行，由若干环节组成。根据物业管理工作的特点，按照先后顺序，物业管理的基本环节是：①

1. 物业管理的早期介入

（1）早期介入的概念。所谓早期介入，是指物业管理企业在接管物业以前的

---

① 赵善嘉：《物业管理概论》，上海三联书店，2000年，53。

各个阶段（项目可行性研究阶段、建筑物规划方案设计阶段、施工阶段等）就参与决策，制定出物业管理方案，并从管理和运作的角度为开发商提出从楼宇设计、施工监管、设备选用、功能规划、房屋租赁、工程交接等多方面良好的建设性意见。

熟悉物业管理的基本环节，争取物业管理工作的早期介入，对于搞好物业管理工作具有重要的意义。有些物业管理企业在工程规划设计阶段通过问卷的形式了解未来业主对房屋的喜好和要求以确定和修改开发方案，在工程施工的过程中，把未来的住户请进工地做监理，设立住户代表监督站，让未来的业主做工程质量的监督员，为后续的物业管理打下良好基础，取得了很好的效果。

（2）早期介入开发的意义。在传统的做法中，人们常把物业开发看成是开发商、设计院和施工单位的事，开发商委托设计院做规划设计，绘制出图纸，然后又委托施工单位建筑施工。但是等到房屋造好投入使用后，却常常出现这样或那样的问题。有些情况是开发商没有注意开发区的综合配套；有些情况是设计单位在设计时未考虑到某些实际需要；有些情况是施工单位选用材料不当以及施工中遗留下来的建筑质量问题等。如何避免物业开发过程中的这些问题，确保物业建设质量和使用功能的完善，除了开发商、设计单位、施工单位应认真执行国家有关规定和严格把关外，在当前物业市场不断完善的过程中，物业管理企业积极参与物业开发的全过程，尤其是居住物业的前期工作是一种有效措施。其积极意义体现在以下几个方面：

首先，能够完善物业的使用功能。在市场经济的大潮中，开发商要保持和提高自己物业产品的竞争力，在开发时就要高起点，充分考虑人们对物业产品和工作居住环境需求的不断变化，不仅要重视房屋本身的工程质量，更应该考虑房屋的使用功能、布局的合理、建筑的造型、建材的选用、室外的环境、居住的安全和舒适、使用的方便等。一宗物业的使用可以有上百年的时间，而现代科学技术在日新月异地发展，人类社会发展变化的速度越来越快，人们的生活方式包括对住房的需求，对住房质量的要求，不可能停留在原有的水平上，而物业这种凝聚着巨大物化劳动和财富的不动产，不可能像更换家用电器和机械设备那样简便易行。那么，物业的开发建设从规划设计开始，就应有长远的眼光，既要考虑目前的实际，又要考虑几十年的发展中物业的可用性和适用性。因此，在物业开发的规划阶段，物业管理公司可以采取积极参与的态度，就物业建成以后的使用和管理问题充分发表意见。比如，可以对房型的设计、供电供水、污水处理、电信、道路、绿化、管线走向、服务配套设施及平面布局等问题提出建设性意见。

其次，能够避免房屋设计的缺陷。在房屋设计时，设计人员往往按照一般规定，直接采用国家建筑设计标准。但实际上中国疆域辽阔，地理环境与经济发展水平差距悬殊，对房屋的需求也有较大的差别，这就必然要对设计提出不同的要求，这就不是一个标准所能包括的。比如，在海南，高温时间较长，空调用电量特大，尤其是旅游酒店和商业大厦若没有空调，经营就会受到影响，按国家建筑设计标准设计的普通电路就不能承载这样重的负荷。而在北方，房屋设计就要考虑取暖问题。类似这些影响房屋日后使用的问题，有时设计人员很难预料、估计，而有经验的物业管理企业却十分清楚这些问题的存在及其造成的后果。所以，物业管理企业从日后管理的角度及时向设计单位提出自己的意见，就能使设计单位避免设计缺陷。

最后，协助监理施工质量。建设部已有明文规定：我国的施工建设要实行建设监理制。工程质量监理公司的职责虽然是保证施工质量，由于物业管理公司在物业的管理和使用方面拥有第一手资料，并作为潜在客户、业主的楼宇验收接管代表，在物业的建设过程中参与监理，可以加强房屋建造质量管理。这样，在施工单位自我质量管理、开发单位检查管理、监理公司的质量监理的基础上，又增加了物业管理公司替未来用户的监督管理，不仅强化了房屋建造中的生产技术的监控，而且还落实、保证了质量监督的组织措施，从而确保房屋建造质量，能够为竣工验收和接管验收打下基础。由于物业管理公司对物业开发的早期介入，因此，在物业建成验收前，物业管理公司已对将验收的物业的各种情况都相当熟悉，这样可以提高验收工作的质量，缩短验收的时间。对于验收中发现仍需整改之处，因为情况比较清楚，也容易交涉和协调，使验收工作不至于成为“走过场”的程序，便于日后对物业的管理。

由于早期介入物业开发，物业管理公司又对该物业的整体情况相当熟悉，这对该物业的管理、养护、维修，可以说带来许多便利。一是方便了物业管理中维修养护计划的安排；二是方便了物业管理中的检修，特别是可以缩短检修时间；三是能够或比较容易保证维修质量；四是方便了改造、搭建、拆除等改进工程及设备的重换等；五是良好的施工质量能够大量节约物业在使用过程中的维修费用，这是最重要的一点。所有这一切，提高了物业管理工作效率和工作质量，为物业管理公司向住户提供良好的服务打下了基础。

2. 物业管理的接管验收

（1）接管验收的含义。接管验收是指物业管理公司接管开发公司、建设单位或个人委托的新建房屋或原有房屋时，以物业主体结构安全和满足使用功能为主要内容的再检验。

在完成接管验收后，整个物业连同设备就应移交给物业管理公司。之所以履行这一程序是因为物业在完成验收后，就进入了使用阶段，而使用管理是由物业管理公司来进行的，加上物业管理公司参与了前期设计和施工，对于各种情况十分清楚，而且早已为投入使用做了各种准备，包括制定管理规章，组织人员进行岗位培训等。另外，在房屋产权分散的情况下，也只有物业管理公司代为接管验收，才能保证全体业主的权益不受侵犯。当物业管理公司向业主移交时，移交过程中还有许多与管理有关的程序需要完成，如签订管理公约、预交水电费押金、领取《住户手册》等。

（2）接管验收的作用。接管验收是物业管理过程中重要的一个环节。如果物业管理公司在接管验收时马虎从事，放宽标准，最后可能自食其果。因为一旦接管合同生效，物业管理公司就必须承担合同中规定的义务和责任，而且物业在日后使用中出现的问题必须由物业管理公司和业主来解决。因此，物业管理公司应充分利用自己在工程验收中的权利和争取质量补偿的权利。一方面考虑质量问题对自己日后管理的影响，另一方面还应站在业主的立场上，充分维护业主的权益。接管验收的作用主要体现在：明确交接双方的责、权、利关系，通过接管验收和接管合同的签订，实现权利和义务的转移，在法律上界定清楚各自的义务和权利；确保物业具备正常的使用功能，充分维护自身和业主的利益。通过物业管理公司的早期介入和接管验收，能进一步促使开发商和施工企业按标准进行设计和建设，减少日后管理中的麻烦和开支。同时，能够弥补部分业主专业知识的不足，从总体上把握整个物业的质量，为后期管理创造条件。

通过接管验收，一方面使工程质量达到要求，减少日常管理过程中的维修、养护工作量；另一方面，根据接管中的有关物业的文件资料，可以摸清物业的性能和特点，预防管理事务中可能出现的问题，计划安排好各管理事项，建立物业管理系统，发挥专业化、社会化、现代化的管理优势。

3. 用户入住

用户入住是指住宅小区的居民入住或商贸楼宇中业主和租户的迁入。用户入住是物业管理公司与服务对象的首次接触。为了入住手续及日后管理工作的顺利进行，物业管理公司需要做大量的工作。首先，应及时将入住通知书、入住手续办理程序通知、收楼须知、收费通知书寄交给业主，以方便业主顺利办好入住手续。其次还应向用户发放《用户手册》，并举办学习班宣传贯彻物业管理的各项规定，便于日后管理。物业管理公司与全体用户代表签订公共契约后，组织用户搬迁入住。迁入新房的用户，一般都要对房屋进行不同程度的装修，物业管理公司应对其进行管理，以保证物业的安全和其他用户的合法权益。

4. 日常管理

日常管理是经常性的管理和服务，包括以下内容：

（1）物业区域的安全管理。物业区域的安全管理通常由物业管理公司的安保部负责实施。机构设置因管理区域的规模、特点不一而有所不同，一般设部门经理，下设保安队长或班长、保安人员（保安人员又可分为门卫人员、车库人员、监控人员、巡逻人员)。具体指物业管理企业配备企业的保安人员，利用一定的技术防范措施对管辖的物业区域通过站岗、值班、看守和巡逻等管理行为，以确保区域内业主生命财产安全和良好的生活秩序，创造安宁、舒适的环境氛围，实现安居乐业的管理宗旨。

物业管理企业应当履行下列物业保安责任：聘请物业保安人员，配置必要的设备，组织实施安全巡逻和安全检查，维护公共秩序；消除物业管理区域内的不安全隐患，落实防火、防盗、防破坏、防爆炸等安全防范措施；健全落实各项物业保安管理制度；对聘用的物业保安人员实施培训和管理；接受物业所在地房地产行政管理部门和公安机关的监督管理；根据合同提供其他物业保安服务。

（2）物业区域的保洁管理。保洁管理是环境管理中最经常、最普遍的一项基础工作，是提供优雅、舒适、清洁的生活环境和工作环境的主要组成部分。保洁管理就是指物业管理公司对所管辖的区域有计划、有条理、有程序、有目标的，并按指定的时间、地点、人员进行日常的清洁服务，结合精神文明建设，依照规范服务的要求对使用人进行宣传教育、专业管理，并使其能自觉养成良好的卫生习惯，遵守规章制度，保持物业区域容貌整洁，减少疾病，促进身心健康，以提高物业区域使用环境的效益。

保洁管理是一项服务性很强的工作，不同类型、不同档次的物业对楼宇公共部位清洁管理的质量要求也不同，物业管理企业要根据自己所管辖物业的特点和实际情况制定一套相应的对保洁管理的具体要求，通过物业管理者和使用者共同从制度上、管理上、精神上、文化上的规范努力，达到安全、整洁、舒适、优美、和谐的生活环境和工作环境。

保洁管理应从计划管理、制度管理、检查管理着手，以制定管理制度、做好保洁设施建设和做好环卫宣传为基本措施，并将管辖区域的公共场地、楼宇区外生活废弃物为保洁管理范围，以道路保洁、绿化保洁、楼道保洁、外墙基面保洁、公建部分保洁、设备设施保洁六项工作为主。

（3）绿化管理的实施。绿化管理可根据实际情况和实际需要出发，可设专业部门，也可与清洁管理部门合并，绿化管理部门至少设一个绿化养护专业组兼带管理职责。如条件许可，针对现时业户崇尚家庭美化，可以考虑设花圃组和服务组，对外经营。如果绿化管理委托专业公司实施的，必须配备专人担当管理职责。

（4）房屋的修缮管理。在物业管理中，房屋修缮管理是物业管理中的基础管理，是指物业管理单位对房屋进行维修与养护的管理，包括房屋的施工管理、质量管理、料具管理、安全管理、资金管理等，衡量物业管理的水平，很大程度上取决于房屋修缮管理的水平、时效和质量。因而，在整个物业管理中，房屋修缮管理占有极其重要的地位。

房屋修缮管理可维持和恢复房屋原有的质量和使用功能，增强房屋住用安全性能，延长房屋的使用寿命，提高居住质量；保证房屋的质量和房屋价值的追加，可使房屋保值、增值。为业户、单位和国家增加财富；美化环境，美化生活，促进城市经济发展；克服或消除房屋建设中设计或施工缺陷，完善使用功能；树立物业管理单位在业户中的信誉，塑造良好的形象，为开拓业务、走向市场奠定基础。

与此同时还有房屋设备修缮管理。所谓房屋设备，就是指附属在房屋建筑体上的水、电、煤、安全防范系统等设备，是房屋建筑的有机组成部分，没有水、电、煤等附属设备配套的房屋建筑不能算是完整的房屋。所谓修缮管理，就是指按照一定的科学管理程序和制度，按照一定的技术管理要求，对水、电、煤等设备进行日常养护和维修。如果设备经常损坏和处在瘫痪状态的房屋建筑也是功能混乱和不健全的物业。如果把房屋看作是人体的躯干，那么房屋设备则好比是人体的血液循环系统。因此，房屋设备修缮管理是物业管理单位企业化管理的一个极为重要的基础管理工作，对于保障物业功能的正常发挥起着重要的保证作用。

现在常见的设备包括：供电系统、给排水系统、电梯设备、空调设备、供暖系统、燃气设备、通信设备等。一些现代化大厦更增添了自动报警、楼宇自控、电脑网络等高技术设施。物业管理公司能否保证这些设备的正常运行，直接涉及到房屋的使用水平。

物业管理公司工程部一般下设几个小组分别负责各项设备的日常养护和维修，如水电组、供暖设备组、电梯组、消防设备组等，工程部应该注意对设备的日常保养，定期还要进行全面的检查，及时更换零部件，排除故障，保障水、电、气、暖的正常供应，延长设备使用寿命。

■10.4 国外及我国香港物业管理的发展概况

国外对物业管理业的管理主要是依法管理。政府负责制定各种法律和规定，由各个职能部门按照法律和规章的内容实施管理。一般来说，国外不设专业的物业管理的行政主管部门，只要符合条件，任何人皆可按《公司法》要求申请成立物业管理公司。各国大多通过物业管理行业的行业自律组织和学术研究机构——行业协会制定行业自律准则，组织人员培训，交流管理经验，评定企业类别和审定专业人员的资质，以达到行业自身保护与物业管理水平共同提高之目的。

10.4.1 美国的物业管理概况

美国是一个以土地私有制为基础的国家，私人土地占美国国土面积的58%，这就决定了物业管理的基本内容必然是运用现代化的管理工具和方法，以保护和提高业主房屋价值、增加业主收入为目标，全方位地满足顾客（承租人）的各种需求，从而达到促进物业管理企业自身发展的目的。从内容和特点上看，美国物业管理主要表现为如下四个方面。

1. 严格资质管理，确保行业基本素质达到规定要求

第二次世界大战以后，由于新经济政策的影响，美国的房地产业逐渐恢复并取得了长足发展，如何帮助业主选择有能力和有资质的管理企业以及人员就显得十分必要。承担这项任务的是全美房地产经纪人协会物业管理学会（IREM）。IREM 成立至今已有 60 多年历史，一直致力于物业管理的教育培训和资格认定工作。IREM 是通过 AMO 与 CPM 的资格认定来把住物业管理企业资质与物业管理人员素质关的。AMO 证书是对于管理单位来说的，CPM 证书是对于管理人员来说的。AMO 的含义是合格管理机构，它是颁发给房地产管理公司的唯一称号。获 AMO 称号的公司至少要拥有一名 CPM，并从事房地产管理业务至少三年。目前美国共有 660 家公司拥有这个称号，管理着 420 亿美元的居民住宅和 340 亿美元的商业楼宇。CPM 即有证物业管理师，是颁发给在经验、教育和职业道德规范上有杰出表现的专业物业管理者。要获得 CPM 执照，必须经过候选和正式获取两个阶段。取得正式执照必须符合五个方面的要求：一是五年以上的管理经验；二是成功地念完三门以上的专业课；三是至少有一年以上全职有效地进行物业管理计划的决策和组织活动的经历；四是成功地接受过有关职业道德的教育；五是必须获得分会和总会的批准。尤其严格的是，CPM 的资格是不搞“终身制”的，一旦违反 IREM 制定的职业道德条款，物业管理人员即被取消 CPM 的资格。目前，全美 CPM 执照的拥有者仅为 15 000 人，管理着全美 8770 亿美元的物业资产。

在美国，IREM 所颁发的 AMO 和 CPM 执照仍然是极有限的。因此，在美国拥有 AMO 与 CPM 执照是很难得的。

2. 社会分工加快，专业服务不断发展

在美国，物业管理经历了一个从自主管理向承包管理演化的过程。自主管理也称为内部管理，这在美国房地产发展的初期是一种主要的物业管理形式。但是，随着社会分工的发展和物业管理内容的不断增多，这种管理形式的弊端越来越明显，业主也感到精力和专业知识明显不够，承包管理应运而生。业主开始聘请物业管理公司和人员进行物业管理活动。与物业管理相伴而产生的专业服务公司也迅速发展，保安、清洁、绿化、工程维修等服务内容开始从综合业务中分离出来，这为物业管理的社会化进一步创造了条件。一些物业管理公司的管理层人数显得非常精干。电脑的使用更促使了物业管理的进步。物业管理公司与服务公司通过合同契约的形式，建立起了广泛的联系，并以此作为行使权力、履行义务的依据。

3. 严格法律规定，规范物业管理公司行为

美国是一个法治严格的国家，法律、法规非常完善。这一特点在物业管理中也充分体现出来了。《联邦住宅法》是为了避免在肤色、宗教、民族、性别和年龄等方面的歧视而制定的。政府采取一些措施，督促业主和管理者公平处理与承租人的关系，对违法者政府将及时给予处罚。《保护残疾人法》更要求在各物业管理公司所管的楼宇和公共场所、娱乐场所必须设有残疾人专用的轮椅通道、停车位，要求在这些场所的电话、饮水管、电梯的按钮必须以轮椅为高度，还要求设有把手和专用卫生间以及宽敞的门位等。

在美国，与物业管理相关的安全问题、环境问题、健康问题等，有许多法律、法规都做了规定。这些规定通过物业的开发建设的各个过程被落实下来。这使得美国的物业管理在一开始就具有了良好的基础。

4. 设施配套完善，物业管理内容丰富

如果配套设备不够完善，就会影响到物业管理的水平。在美国，经过近百年的开发建设，市政公建配套已达到相当高的水平。所有的建筑在前期建设时，除了像其他国家一样要做好水、电、通信等配套外，美国还十分强调车库的建设，一般楼宇都留有地下车库，有的车库竟然留了五六层。另外，电脑的使用非常普遍，给物业管理带来了极大的方便。如在安全监控、冷热装置的调控方面电脑就发挥着积极的作用，电脑在房地产信息和法律的传播方面也功不可没，极大地促进了房产交易量的增加和市场的规范。

10.4.2 加拿大的物业管理概况

与美国一样，加拿大在物业管理方面也非常强调法治建设。但是在具体实施上，国内各地的情况有所不同。法律规定房屋建筑管理是省政府的责任，省政府可将其权力下放给市级政府。各个省市政府可根据自己的实际情况，制定本地区的区域性法规，但不得与联邦有关法规发生矛盾。在加拿大，物业管理方面最基本的法规是由加拿大研究理事会负责编制的《全国建筑规范》，它首次公布于 20 世纪 40 年代，至今已经过多次修改，它是各省制定地方物业管理方面的条例和规范的重要依据。《全国建筑规范》援引七个制定标准的机构出版的 190 多个不同的规范和标准，成为权威的物业法典。除此之外，加拿大的主要物业规范与标准还有全国居民住宅标准、农村建筑标准和新建筑节能标准、管道规范、防火规范、电气规范、天然气用具设备及安装规范等。

第二次世界大战前，加拿大制定了《全国住房法》，用于指导全国居民住房建设、交易和管理活动，以求促进新房屋建造、现有房屋的翻修更新和改善居住条

件。经过多次修订完善，该法已成为加拿大住房政策的总纲领。《加拿大抵押和住房公司法》也是一个重要的法律文件。加拿大在住房方面的总体指导思想是：承认私人住房的所有权；私人购置房产时政府给予鼓励和帮助；通过“社会住房计划”向低收入家庭提供住房。

加拿大联邦政府专门成立了一个名叫“加拿大抵押和住房公司”的国有机构，以引导住房市场走向，加强对住房建设的调控力度。该公司的任务是贯彻住房法，推动住房建设、修复和更新，改善居民的住房条件，并通过住房建设，拉动投资增长，创造就业机会，节省能源，促进经济增长。

在加拿大，家庭经济条件较差，政府予以资助。在加拿大 70%的住房是通过房产市场实现交易的，这是加拿大人获得住房的主要渠道。加拿大的住房抵押贷款业务非常发达，中等以上收入的家庭都可以通过抵押贷款方式购买住房。对此政府虽不予以资助，但提供贷款保险协助。其余 30%为社会住房。

10.4.3 新加坡的物业管理

新加坡独立较晚。在刚刚独立的时候，城市住房十分短缺，引发了许多摩擦和矛盾，直接威胁到社会的秩序。为解决城市住房问题，新加坡政府开始推行公共建屋计划，为中低收入家庭提供优惠住宅。在实施这一计划的过程中，政府成立了建屋发展局，负责公共组屋的建设、分配、管理工作。经过几十年的努力，目前近 90%的新加坡公民居住在近 70 万单位组屋内，人均居住面积已达 20～30 平方米。在这些居民中，90%是居住在自己所拥有的组屋内，基本实现了“居者有其屋”的目标。

新加坡建造的住宅大致可以分为公共组屋和私人住宅两类。对于“组屋”，我们通过字面可以了解它的含义：除了有房屋的一个套间、单元的含义外，还有民居是整个城市建设的有机组成部分的意思。组屋有一房式、二房式、三房式之分，现在已向四房式、五房式过渡。私人住宅中又分为花园洋房与共管式公寓。共管式公寓是由个别小业主购买的，但必须由政府建造和管理。

新加坡是东西方文化交融的国家，政府注意吸收西方文化的长处，又注意保留东方民族的优秀传统。在组屋设计中，这一点表现得也很明显——既有西方文化色彩（父母和子女各有自己的卧室），也体现了东方文明（鼓励成年子女与父母同住，以照顾老人），所以三代同堂或四代同堂的居民，如果申请购买政府的组屋，除了住房面积较大以外，政府还将给予其他方面的优惠。

公共组屋一般由市镇理事会负责管理。市镇理事会管辖的地区参照政治选区进行划分，可在单一选区建立市镇理事会，也可以在一组选区内建立市镇理事会。新加坡现有 81 个选区，23 个市镇理事会。

市镇理事会作为一个法人组织，成员至少有 6 位，最多的有 30 位。市镇理事会主席一般由选区内的国会议员担任。市镇理事会的主要任务是管理和改善管辖区域内的公共产业。这里的产业含义包括三个方面：组屋区的公共场地、商店、市场。组屋内部的管理由国家发展部下属的建屋发展局担当。

为了搞好公共组屋的管理工作，市镇理事会经常举办一些活动，以加强居民与政府的合作，共同营造一个居民安居乐业的居住环境。在新加坡，居住小区的管理制度非常完善，执行效果也非常好。物业管理部门编写了《住户手册》、《住房公约》和《防火须知》等，把搬进新居后应注意的事项和有关知识，详尽地告诉住户，以明确住户的权利和义务、物业管理部门的权利和责任等，加强对居住小区的管理。

10.4.4 瑞典的物业管理

瑞典政府住宅政策的目标是使每个国民都能获得一套足够宽敞、舒适且环境优美的住房。目前，瑞典住房的数量和质量，都已跨入了世界最高水平的行列。

1. 公房建设与物业管理

瑞典公房建设和物业管理工作主要由公房经营公司负责。

公房经营公司始建于20世纪40年代，其主要作用是影响住房市场，调节供求，而不是去占领住房市场。公司经营住房的宗旨，是向社会成员提供价廉物美的住房，经济上自负盈亏，但不赚钱。现在瑞典有150万居民居住在由300家经营公司管理的80万套公房中，占瑞典全部住房的21%。

瑞典有一个全国住房经营公司协会，其主要任务是加强地区之间的联系和交流，研究如何改进管理技能。各城市公房经营公司属市政府管辖，公司经理由政府指派，公司既承担公房建设，也负责公房经营管理和维修。

公房建设由市政府编制和下达计划，公房经营公司组织实施。公房经营公司十分重视住宅小区建设，从总体布局到详细设计都有具体规划，对整个住宅区规模、道路交通、公共服务设施等都予以全盘考虑，并注重对环境绿化和空间的艺术处理。住宅小区直接为住户服务的市政配套工程和洗衣房、汽车库、公共用房和儿童娱乐设施等由住房建设单位负责建设；商业网点等营利设施由获利单位建设；幼儿园、医疗所和老年活动场所等社会福利设施由市政当局建设。住宅小区外的市政配套工程按法律规定由主管部门负责，市政府的最主要工作是负责小区在开发中各单位之间的关系协调。住宅小区在规划设计和施工阶段，公房经营公司的物业管理人员可以提出建议和意见，目的是保证住宅质量，在交付使用后便于使用和管理。

公房经营公司负责对公房进行管理和维修。公司分区分片建立管理机构，并设管理所和管理点，管理人员大多数经过专业培训。每个管理员负责管理 100～

300 户，管理点设在居民楼内，点上设有专业维修人员；管理所设在住宅区内，负责日常维修和管理工作，难度较大的修缮项目或重大修缮技术问题，由公司技术人员协助解决：各级管理维修人员按少而精的原则配备，用工量小的工作如换玻璃、涂油漆等，不配备专职人员，需要时从社会上雇佣。

公房租金与维修方式有很大灵活性。住户可以自由选择室内装修的材料和装修标准，卫生设备由管理所负责安装，其超标准部分摊在住房的房租内。住户可以自行决定维修方式，如果室内维修由住户负责，房租内就可以减去室内维修费用。

瑞典住房存在着多种所有制形式，各种房屋经营条件基本相同，经济上都没有什么特别政策优惠，公房经营公司也不例外。在住房市场上，房屋供大于求，用户在选择住房地点、住房标准时，就有挑选余地。各种住房的经营管理者各自发挥优势，在平等基础上展开竞争，提高管理水平和服务质量，降低经营成本以吸引住户。

瑞典的公房经营公司具有如下特点：

（1）新建单元式公房比例大、比较集中，维修点分布合理，能充分利用现代化手段管理房屋。住户电话通知，维修车随叫随到。

（2）公司与住户联合会经常保持联系，听取意见，改进服务，同时定期谈判，制定合理租金标准，其租金一般比私人出租房的低。

（3）努力美化住宅区环境，如增添绿地、花木、艺术小品或公共活动场地等。

（4）为不同的住户提供不同的服务，如为老年人代购物品、医疗服务等。通过不断改进管理工作，提高服务质量，使所管公房质量越来越好，住房数量和住户越来越多。

2. 合作社住宅与物业管理

瑞典的另一种住房形式叫做全国合作社住宅。其建设和物业管理主要由全国住房合作社联盟负责，该组织由数个省、市级的住房合作协会组成。

住房合作协会按照会员入会时间长短和储蓄额的多少，决定用户取得住房的次序。住房费用由住户采取分期付款的方式偿还。房价的 70%为抵押贷款，利率按市场利率计算，偿还抵押贷款的钱用个人所得税前的工资支付，这部分钱国家予以减免所得税，实际上是对买房人的补贴。分期付款的钱加上住房的维修费（室内维修自理）、集中供热费、公用水电费、污水处理费、卫生服务费、保险费以及设备维修费合起来，构成每年须交付的住房费用。用户搬进合作社住宅，就等于获得了永久的使用权。如住房须转让、转租、交换时，需要经过当地住房合作协会的批准，价格可以由双方自由商定。规定了“回购”制度，即收购会员要出卖的住房，以协助政府防止住宅方面的投机倒把行为。

瑞典住房合作社联盟认为，住宅建设仅仅是一两年时间，而住户居住要持续几十年以上，所以管理维护好住宅，为住户提供良好的服务非常重要。该组织大多数工作人员都从事管理工作，并注意不断提高管理技能和管理方式的现代化。住房属于合作社会员所有和使用，所以他们很重视发挥会员的作用。会员迁入新居后，就选举他们所信任的人参加管理委员会，其中有名委员由住房合作协会指派熟悉业务有经验的人承担，以便与其他委员一起有效地进行管理工作。管理委员会的成员都是兼职的。大的合作社（50户以上）有时雇佣一名专职管理员，维修工作由协会和住户分别承担，室内的一些设备维修由住户自己修理养护或委托协会维修，室外管理等比较复杂部件的维修由协会负责。此外，协会还为会员提供各种服务和咨询，开展各种技术培训，培养居民爱护住宅和环境的习惯。

10.4.5 我国香港的物业管理

香港的物业管理源自英国，根据英国的模式结合香港的实际情况进行了改造。香港先后制定了《多层建筑物（业主法团）条例》、《建筑物条例》等法规，由有关部门和管理人员按法律规定的要求定期进行检查，以确保物业管理工作的效率与质量。

20世纪50年代，香港九龙石硖尾的一场大火，使五万多人流浪街头。为解决这些人的居住问题，香港当局推出了香港公共房屋计划，这带来了房地产业的大发展。在这个过程中，香港当局成立了新的房屋署和房屋委员会，负责实施房屋发展计划。

专业物业管理从50年代由英国传入香港。为搞好公共房屋计划的落实，香港从英国引进物业管理人才，管理模式，并且参照当地的实际情况进行了改造。规范香港物业管理活动的主要法规是香港立法局于1970年制定的《多层建筑物（业主法团）条例》。房屋署作为香港当局物业管理的职责机构，它执行房屋委员会的决定，管理商场、工业大厦、公屋及“居者有其屋”的屋苑。由于管理的物业种类多、数量大，所以房屋署机构庞大，员工有1万多名。在香港，按照管理制度，住房大致包括根据“居者有其屋”计划建造的居屋、公共屋村、私人楼宇三种类型组成。 1989年，香港成立了物业管理公司协会，到现在，香港的物业管理公司已有五六百家。

1. 居屋的管理

香港根据“居者有其屋”计划而建造的居屋都是综合开发居住小区，由香港房屋署统一管理。香港房屋署规定：所有居屋业主必须签署一份《大厦公共契约》，根据法律设定各自的权利和义务，房屋署应承担居屋交付使用后5～10年的管理责任。所有业主必须按期缴纳管理费，承担相关的各项开支。管理期满后，可以聘请私人物业管理公司代理。选择私人物业管理公司必须符合规定的条件。

2. 公共屋村的管理

公共屋村是由香港当局出资、香港房屋委员会建造的。公共屋村的居住者，必须是符合《轮候公屋登记册》条件的低收入者。公共屋村由香港房屋署负责管理。其管理模式与居屋的管理类似，但也有其自身的特点。在一个标准的公共屋村，大约有 6000 住户，由屋村办事处负责管理。

3. 私人楼宇的管理

香港是市场经济最发达的地方，也是有钱人的社会。根据香港的管理体制，香港当局对私人楼宇管理持尊重业主自治的态度，政府通过立法支持业主成立群众性社会组织，办理注册登记后成为社团法人，实施自我管理，也可以再通过订立合同，实施楼宇的社会化管理。

参考文献

白志刚. 2001. 社区文化与教育. 北京: 中国劳动社会保障出版社

陈启能. 2002. 中国和加拿大的社区发展. 北京: 民族出版社

陈涛. 1997. 社区发展：历史、理论和模式. 中国人口资源与环境, 1

陈晏清. 1998. 当代中国社会转型论. 太原: 山西教育出版社

程玉申. 2002. 中国城市社区发展研究. 上海: 华东师范大学出版社

崔运武. 2002. 公共事业管理概论. 北京: 高等教育出版社

邓正来, 亚历山大. 1999. 国家与市民社会：一种社会理论的研究途径. 北京: 中央编译出版社

丁元竹. 1995. 社区研究的理论与方法. 北京: 北京大学出版社

樊明勇. 2000. 公共经济学. 上海: 复旦大学出版社

方明, 王颖. 1991. 观察社会的视角——社区新论. 北京: 知识出版社

高炳华. 1999. 物业环境管理. 武汉: 华中师范大学出版社

高富平, 黄武双. 2002. 物业权属与物业管理. 北京: 中国法制出版社

高鉴国. 2002. 中国社区工作者手册. 北京: 民族出版社

顾朝林. 1992. 中国城镇体系——历史现状展望. 北京: 商务印书馆

国务院发展研究课题组. 2001. 经济全球化背景下的政府改革：中国的经验、问题与前景. 管理世界, 4

侯玉兰, 侯亚非. 1998. 国外社区发展的理论与实践. 北京: 中国经济出版社

胡慧平. 2005. 国外物业管理的成功之道. 中国房地信息, 12

胡忠明. 2001. 现代城市街道道理. 广州: 广东人民出版社

黄少安. 1998. 产权、人权、制度. 北京: 中国经济出版社

黄序. 2002. 城市发展中的社区建设. 北京: 中国城市出版社

黄玉捷. 1997. 社区整合：社会整合的重要方面. 河南社会科学, 4

贾征. 2001. 社区服务与社会保障. 北京: 中国劳动社会保障出版社

金红磊, 王守宽. 2002. WTO 背景下的政府职能——界定和转变策略. 内蒙古社会科学, 2

李汉林. 1993. 中国单位现象与城市社区的整合机制. 社会学研究, 2

李惠斌. 2001. 社会资本与社会发展. 北京: 社会科学文献出版社

李力. 2002. 城市社区建设理论与实践研究. 沈阳: 辽宁大学出版社

李树军. 1999. 社会监督. 北京: 当代世界出版社

李秀琴, 王金华. 1995. 当代中国基层政权建设. 北京: 中国社会出版社

李亚平, 吴铎. 1997. 参与分享. 上海: 华东师范大学出版社

梁万富. 2001. 中国特色的城市社区建设. 沈阳: 辽宁大学出版社

林流. 1996. 新时期社区建设与管理. 上海: 上海人民出版社

刘伟能. 1997. 社区服务的理念、功能和特色. 中国社会工作, 2

刘小枫, 林立伟. 中国近现代经济伦理的变迁. 香港: 香港中文大学出版社

刘智峰. 1999. 中国政治体制改革问题报告. 北京: 中国电影出版社

娄成武, 孙萍. 2004. 社区管理. 北京: 高等教育出版社

陆学艺, 景天魁. 1994. 转型中的中国社会. 哈尔滨: 黑龙江人民出版社

路风. 1989. 单位：一种特殊的社会组织形式. 中国社会科学, 1

毛寿龙. 2000. 政治社会学. 北京: 中国社会科学出版社

桑玉成. 1999. 从五里桥经验看城市社区管理的体制建设. 政治学研究, 2

苏长河. 1999. 全球公共问题与国际合作：一种制度的分析. 上海: 上海人民出版社

苏驼. 1993. 社会调查研究方法. 天津: 天津人民出版社

孙立平, 王汉生, 王思斌. 1994. 改革以来中国社会结构的变迁. 中国社会科学, 2

谭玉林. 1988. 试论三种社会控制模式. 河南大学学报, 6

唐海洲. 2003. 物业管理纠纷评判依据及案例解析. 北京: 中国物价出版社

唐钧. 1992. 关于城市社区服务的理论思考. 中国社会科学, 4

陶铁胜. 2000. 社区管理概论. 上海: 上海三联书店

汪晖, 陈燕谷. 1998. 文化与公共性. 北京: 三联书店

王堤. 1998. 物业管理国际质量标准. 武汉: 华中师范大学出版社

王宏维. 1995. 社会价值：统摄与趋动. 北京: 人民出版社

王青山. 2001. 社区建设与发展读本. 北京: 中共中央党校出版社

王思斌. 1998. 社区工作导论. 北京: 北京大学出版社

王延中. 1991. 工厂办社会的形成原因及社会后果. 北京大学研究生学报, 2

王焱. 2000. 自由主义与当代世界(公共论丛). 北京: 三联书店

王冶英. 2001. 社区治安与社会稳定. 北京: 中国劳动社会保障出版社

王永兵. 2006. 从街道管理走向社区自治. 社区, 9

王振耀, 白益华. 1996. 街道工作与居民委员会建设. 北京: 中国社会出版社

王志军. 2006. 加强社区建设与管理的对策. 中国民政, 4

吴德隆, 谷迎春. 1996. 中国城市社区建设. 北京: 知识出版社

吴铎. 1999. 城市社区工作读本. 上海: 上海交通大学出版社

奚从清. 1996. 社区研究——社区建设与社区发展. 北京: 华夏出版社

夏学銮. 1998. 中国社会服务的内容体系、运行机制和其他. 社会工作, 1

项飚, 宋秀卿. 1998. 社区建设和我国城市社会的重构. 新华文摘, 3

徐永祥. 2000. 社区发展论. 上海: 华东理工大学出版社

徐震. 1984. 社区与社区发展. 台北: 正中书局印行

徐中振等. 1996. 社区发展与现代文明. 上海: 上海远东出版社

薛澜, 彭宗超, 张强. 2002. 公共管理与中国发展. 管理世界, 2

杨团. 2002. 社区公共服务论析. 北京: 华夏出版社

杨雪东. 2001. 第三条道路与新的理论. 北京: 社会科学文献出版社

于燕燕. 2001. 社区建设基础知识. 北京: 中国劳动社会保障出版社

俞可平. 1998. 社群主义. 北京: 中国社会科学出版社

俞可平. 2001. 治理与善治. 北京: 社会科学文献出版社

张贯益. 1998. 物业服务经济概论. 武汉: 华中师范大学出版社

张国庆. 2001. 行政管理学概论. 北京: 北京大学出版社

张静. 1999. 国家与社会. 杭州: 浙江人民出版社

张静. 1998. 法团主义. 北京: 中国社会科学出版社

张坤民. 1997. 可持续发展论. 北京: 中国环境科学出版社

张良, 何云峰, 郑卒. 1997. 公共管理导论. 上海: 上海三联书店

张文奎. 1993. 人文地理学概论(第 3 版). 长春: 东北师范大学出版社

赵梅琳. 1998. 物业管理计算机化. 武汉: 华中师范大学出版社

赵志强. 2001. 社区卫生与医疗. 北京: 中国劳动社会保障出版社

折晓叶, 陈婴婴. 2000. 社区的实践——“超级村庄”的发展历程. 杭州: 浙江人民出版社

郑杭生, 李迎生. 1996. 我国社会转型加速期与城市社会问题. 东岳论丛, 6

郑杭生. 2001. 社会学概论新修. 北京: 中国人民大学出版社

郑康. 2006. 城市社区管理体制改革探讨. 经济与管理, 9

郑也夫. 1994. 代价论——一个社会学的新视角. 北京: 三联书店

郑易生, 钱薏红. 2000. 深度忧患——当代中国的可持续发展问题. 北京: 今日中国出版社

中国城市社区党建研究课题组. 2000. 中国城市社区党建. 上海: 上海人民出版社

周维强. 2002. 地方政府机构的理念创新. 大连干部学刊, 2

周一星. 1997. 城市地理学. 北京: 商务印书馆

周翼虎, 杨晓民. 1999. 中国单位制度. 北京: 中国经济出版社

后　记

作为华中科技大学公共管理学院城市管理系列教材之一，本书得到了华中科技大学“新世纪教学改革工程”项目基金的支持。本书是集体劳动的结晶，由吴开松提出全书的体例和大纲，吴开松、刘国旗、杨照东、何科方等参加编写。其中刘国旗负责编写第1～3章，杨照东负责编写第4、6、9章，何科方负责编写第5、7、8章，吴开松负责编写第10章。最后由吴开松统稿。

本书的编写和出版得到了“中国MPA之父”、华中科技大学公共管理学院名誉院长夏书章教授的亲切关怀。在编写过程中，华中科技大学公共管理学院院长徐晓林教授、副院长刘建平博士、马彦琳教授等提供了许多宝贵的帮助与支持，借出版之机对他们表达深深的谢意。同时也要特别感谢教务处许晓东处长、易元祥副处长和柳柏枝科长的关心。感谢复旦大学姜国俊博士对本书提出的宝贵建议。

为使本书顺利出版，科学出版社的徐蕊和陈亮编辑也付出了大量辛勤劳动。在此，对他们表示衷心的感谢！

为编写此书，还参考引用了一些学者的研究成果，没有他们的前期研究，我们会摸索更长的时间，对这些专家和学者特此深表谢意。

编著者
2006年5月